ZIRAN ZIYUAN FENGYU
JINGJIXUE

自然资源丰裕经济学

孙永平／著

人民出版社

责任编辑:陈　登
封面设计:姚　菲

图书在版编目(CIP)数据

自然资源丰裕经济学/孙永平 著. —北京:人民出版社,2022.5
ISBN 978-7-01-024112-8

Ⅰ.①自…　Ⅱ.①孙…　Ⅲ.①自然资源-资源经济学　Ⅳ.①F062.1

中国版本图书馆 CIP 数据核字(2021)第 246064 号

自然资源丰裕经济学

ZIRAN ZIYUAN FENGYU JINGJIXUE

孙永平　著

人民出版社 出版发行
(100706　北京市东城区隆福寺街 99 号)

北京汇林印务有限公司印刷　新华书店经销

2022 年 5 月第 1 版　2022 年 5 月北京第 1 次印刷
开本:710 毫米×1000 毫米 1/16　印张:18.25
字数:234 千字

ISBN 978-7-01-024112-8　定价:50.00 元

邮购地址 100706　北京市东城区隆福寺街 99 号
人民东方图书销售中心　电话 (010)65250042　65289539

目　录

第一章　绪　论

资源并不是天生的,是逐渐变成的。

——[美]埃里克·齐默尔曼

自然资源不是预先给定的……其有用性是以文化的、历史的、技术的和地理环境为条件的。

——[美]迪安·哈宁克

第一节　自然资源概述

一、自然资源的界定

目前,学术界尽管对于自然资源没有一个统一的定义,但是,却也大同小异。例如,《辞海》对自然资源的定义为:天然存在的自然物。如,土地资源、矿产资源、水利资源、生物资源、气候资源等,是生产的原料来源和布局场所。联合国环境规划署(UNEP)对自然资源的定义为:在一定的时间和技术条件下,能够产生经济价值,提高人类当前和未来福利的自然环境因素的总称。《大不列颠百科全书》对自然资源的定义为:人类可以利用的自然生成物以及生成这些成分的环境功能。《中国资源科学百科全书》对自然资源的定义为：自然资源是人类可以利用的、自然生成的物质与能量。它是人类生存与发展的物质基础。世界银行（1997）提出了自然资本（natural capital）的概念，一国农业用地、牧场、森林和地下资源——包括金属、矿产、煤、石油和天然气的价值即为自然资本。与实物资本和人力资本不同，自然资本不是通过有目的的投资创造出来的。

可见，自然资源是一个立体的、系统的概念。它既包括自然资源存在的天然属性，也包括自然资源对人类经济发展的有用属性；既包括自然资源的来源，也包括自然资源发挥功能的场所。由于本书是从经济增长的角度探讨自然资源对经济增长的影响，所以把自然资源界定为：在一定的经济技术条件下，自然界中存在的并能够为人类经济发展所利用的一切自然生产要素。

二、自然资源的特点

从经济学的角度来看，自然资源主要具有以下三个方面的特点：

第一，相对的稀缺性。相对于人类无穷无尽的欲望，大自然提供的自然资源总是稀缺的。其实，正是自然资源的有限性与人的欲望的无限性之间的矛盾，才导致经济学在努力解决这种矛盾的过程中应运而生。所以，经济学的逻辑起点就是自然资源的稀缺性，也只有稀缺的自然资源才会进入经济学的视野。

第二，绝对的有限性。许多自然资源的形成是一个漫长而复杂的自然过程，因而许多自然资源数量是固定的、可耗竭的。随着人类社会经济的发展，这些固定的、可耗竭的自然资源终究有被用完的一天，从这个意义上讲，许多自然资源也是绝对有限的，这是不以人的意志为转移的。

第三，地理分布的不均匀性。自然资源在数量或质量上都显著存在地域差异，资源的需求中心和供应中心往往位于不同的区域，因而自然资源的跨区域流动就是一个实现资源最优配置的基本途径。

第四,环境的负外部性。自然资源的开采和利用往往伴随着环境污染或者生态系统破坏,从而导致负外部性,对人类健康和生态系统稳定构成威胁。

三、自然资源的分类

从自然资源数量变化的角度,可以把自然资源分为以下三种:

1. 可耗竭性自然资源。包括煤、石油、天然气和其他各种矿产资源。它是经过漫长的地质年代形成的,其储量有限,开发利用之后不能再生,最终会枯竭。

2. 稳定性自然资源。这类资源具有固定性和数量稳定性的特征。如土地资源,包括农用土地、城市土地等。尽管土地资源的总数量不会减少,但是如果人类过度开发和利用,就会导致土地质量下降。

3. 可再生性自然资源。这种资源总是以一定的速率不断再生,同时又以一定的速率不断消失,如动物、森林等。

四、自然资源丰裕的度量

自然资源丰裕的度量一直是自然资源研究中的一个难题,限于资料的可得性以及资源相互之间的不可比性等因素,国际上没有一种方法能够完全精确地度量自然资源的丰裕程度,只能用一些尽可能接近实际的指标作为自然资源丰裕程度的代理指标。所以,在讨论自然资源丰裕如何影响经济增长时,如何度量自然资源丰裕一直是学者们争论的焦点。一些学者质疑自然资源丰裕的度量指标。例如,Wright 认为,如果说资源依赖型国家经济增长是失败的,那主要是自然资源依赖的度量指标构造失败造成的,因为很多造成经济增长失败的原因与资源本身毫无关系。[①] 尽管选择了不同的自然资源丰裕的度量指标,

---

① Wright, G., "Resource Based Growth, Then and Now", Stanford University, Prepared for the World Bank Project (June 2001), p.2.

但是,自然资源丰裕与经济增长之间的负相关性却是他们的共同结论。

学者们在度量自然资源丰裕时,纷纷引入了一些替代变量,包括初级产品的出口与 GDP 的比值①、初级产品部门的就业比例②、人均耕地数量③、能源储量④、自然资源租金占 GDP 的比重⑤等。一些学者也用双重指标来衡量。此外,关于自然资源丰裕的度量,不同学科和不同的学者所采用的指标也有较大差异,资源学往往用潜在的可开采资源数量表示资源丰裕,经济学往往用已开采的资源数量表示资源丰裕。因为,只有开采出来的自然资源才能对经济增长产生实质影响,潜在的储量在没有开采出来之前,并不对经济增长构成直接影响。

综合上面的分析,本书所指的自然资源丰裕并不是某一个单一的指标,而是在考虑数据可得性的前提下,尽量从多角度考察自然资源丰裕对经济增长的影响。

第二节　经济学视野中的自然资源

人类发展经济的历史实质上是一部人类利用自然资源的历史,人与自然资源结合的具体方式从根本上决定了社会经济发展的道路。例如,对人类社会经济发展至关重要的财产制度的变迁,实际上是人口增长与可供利用的资源之间的紧张冲突的结果。⑥ 但是,在经济学发展的几百年时间里,经济学家们却一直无法就自

---

① Sachs & Warner,"Natural Resource Abundance and Economic Growth",NBER Working Paper,No.5398(1995).

② Gylfason,Thorvaldur,"Natural Resources,Education,and Economic Development",*European Economic Review*,Vol.45,No.4(May 2001),pp.847-859.

③ Adrian Wood & Kersti Berge,"Exporting Manufactures:Human Resources,Natural Resources,and Trade Policy",*The Journal of Development Studies*,Vol.34,No.1(1997),pp.35-59.

④ Stijns,Jean Philippes,"Natural Resource Abundance and Human Capital Accumulation",*World Development*,Vol.34,No.6(2006),pp.1060-1083.

⑤ Hamilton,J.D.,"What is an Oil Shock",*Journal of Econometrics*,Vol.113,No.2(2003),pp.363-398.

⑥ North,Douglass C.,"Institutions",*Journal of Economic Perspectives*,Vol.5,No.1(1991),pp.97-112.

然资源与经济增长之间的相互关系达成统一的共识,学术界自然也不存在一条能够把自然资源与经济增长联系起来的"铁律"。[1] 本章将对已有的关于自然资源与经济增长的相关文献进行回顾和系统梳理,为进一步分析提供一个文献基础。

最早开始系统关注自然资源与经济增长之间相互关系的经济学家是马尔萨斯,他认为丰富的自然资源和肥沃的土地是经济增长的必要条件,土地报酬递减是最终制约经济增长的重要因素,因此对经济增长的前景持悲观论。马尔萨斯的观点一直都受到许多人的批评,恩格斯曾经就把马尔萨斯的理论称作是现存最冷酷无情、最野蛮的理论。但是,我们必须注意的是,在人类经济发展的历史长河中,马尔萨斯的观点也并非完全没有历史依据。由于森林的过度开采、荒漠化和土地流失,导致了曾经辉煌的玛雅文明的衰落,土壤的盐碱化导致了美索不达米亚文明的消亡,因此,他得出"源于资源退化的经济衰退并非鲜见"的结论。[2] 此外,1890—1920 年由于对自然资源的过度开采和破坏,在美国国内掀起了一场声势浩大的,以罗斯福总统为代表的"保护运动"。"保护运动"的支持者们认为,过快消耗不可再生的自然资源将使美国的经济增长存在极限,即使技术进步也无法避免,因此自然资源的开采越慢越好。针对当时的自然资源保护运动,霍特林(Hotelling)通过构建数学理论模型分析认为,市场经济中追求利润最大化的生产者,将以社会最合理的速度采掘不可再生资源,因而美国的经济增长是可持续的。[3]

从马尔萨斯去世的 19 世纪中叶直到 20 世纪 70 年代初,主要工业化国家并没有爆发由资源约束而导致的经济停滞,反而维持了一个世纪的快速经济

---

[1] Wright, Gavin, "The Origins of American Industrial Success, 1879–1940", *American Economic Review*, Vol.80, No.4(1990), pp.651–680.

[2] Brander & Taylor, "The Simple Economics of Easter Island: A Ricardo-Malthus Model of Renewable Resource Use", *The American Economic Review*, Vol.88, No.1(1998), pp.119–138.

[3] Hotelling, Harold, "The Economics of Exhaustible Resources", *Journal of Political Economy*, Vol.39, No.2(1931), pp.137–175.

增长。当时占据经济学主流地位的新古典经济学完全忽略了自然资源在经济发展中的作用。新古典经济学家对经济增长普遍持乐观态度,认为自然资源对于经济增长而言并不是一种重要的生产要素和必要条件,自然也就不能左右一个国家的未来。因此,尽管霍特林的文章被认为是自然资源经济学的开山之作,但其重要性在此后的40多年却一直被经济学界所忽略。

然而,20世纪70年代连续两次出现的世界性石油危机,使得主要工业化国家的经济增长明显减速。这就激发了部分经济学家对自然资源约束与经济增长之间关系问题的重新关注。1972年,罗马俱乐部发表了一份题为《增长的极限》的著名报告,深刻阐述了环境的重要性以及资源与人口之间的基本联系。报告认为,由于世界人口增长、粮食生产、工业发展、资源消耗和环境污染这5项基本因素的运行方式是指数增长而非线性增长,全球的增长将会因为粮食短缺和环境破坏于21世纪某个时段内达到极限。继而得出了要避免因超越地球资源极限而导致世界崩溃的最好方法是限制增长,即"零增长"的结论。报告所表现出的对人类前途的"严肃的忧虑"以及对发展与环境关系的论述,具有十分重大的积极意义,激起了广大学者的激烈讨论。哈特维克(Hartwick)探讨了在可耗竭资源约束下实现可持续发展的条件,认为如果能够把从有效率的不可再生资源开采活动中获取的租金储蓄下来,用于再生产的资本投入,那么产出和消费水平不会随着时间改变。这就是所谓的哈特维克准则①。索洛(Solow)②、斯蒂格利茨(Stiglitz)③、达斯古普塔和希尔(Dasgupta和Heal)④等利用增长模型对可耗竭

① Hartwick, John, "Intergenerational Equity and the Investing of Rents from Exhaustible Resources", *American Economic Review*, Vol.67, No.5(Dec.1977), pp.972-974.

② Solow, R.M., "The Economics of Resources or the Resources of Economics", *The American Economic Review*, Vol.64, No.2(1974), pp.1-14.

③ Stiglitz, J., "Growth with Exhaustible Natural Resources: Efficient and Optimal Growth Paths", *Review of Economic Studies*, Vol.41(1974), pp.123-137.

④ Dasgupta, P.S., Heal, G.M., *Economic Theory and Exhaustible Resources*, Cambridge: Cambridge University Press, 1985, pp.1-10.

资源的最优开采、利用路径进行了分析,其结论是相对乐观的:技术进步条件下,即使自然资源存量有限,人口增长率为正,人均消费持续增长仍然是可能的,这三篇文献后来被合称为 DHSS 模型。1980 年以后世界主要资源产品价格开始下降,这似乎验证了主流经济学家们的结论,增强了他们的信心。因此,20 世纪 80 年代,有关"资源约束"的议题在主流经济学界又一次显得相对沉寂。

产生于 20 世纪 40 年代的发展经济学从发展中国家如何获得经济发展的角度探讨了自然资源禀赋对于经济发展的作用。初级产品出口论或剩余产品出路论认为丰裕的自然资源是发展中国家实现经济增长和发展的基础。纳克斯(Nurkse)强调自然资源对于经济发展的积极作用,认为丰裕的自然资源是一个潜在的收入来源,这些收入的一部分可以通过储蓄转化为资本,从而增加了资本积累,支持未来的经济增长。[①] 罗斯托(Rostow)进一步分析认为,丰裕的自然资源能够使发展中国家实现从欠发达向工业化的"起飞"。[②] 自然资源通过提供国内市场和投资资金,推动了一个国家的工业发展。因此,对于资源丰裕的新兴发展中国家而言,充分发挥本国的比较优势,发展资源密集型产业,是一条实现经济发展的可行路径。

但是,20 世纪 90 年代,一些学者的研究似乎彻底打破了这种沉寂。他们的一系列研究表明,许多国家尽管自然资源丰裕,初级产品出口产业蓬勃兴旺,却没能实现发展,经济表现不尽如人意[③④]。奥蒂(Auty)用"资源诅咒"来描述这一经济发展中的悖论。此后,其他一些学者的实证研究也揭示了"资源诅咒"的存在性。

① Nurkse,R.,*Problems of Capital Formation in Under-developed Countries*,New York:Oxford University Press,1953,p.163.

② Rostow,W.,*The Stages of Economic Growth*,Cambridge:Cambridge University Press,1960,pp.4-16.

③ Auty,R.M.,*Sustaining Development in Mineral Economies:The Resource Curse Thesis*,London:Rout ledge,1993,pp.2-12.

④ Sachs & Warner,"Natural Resource Abundance and Economic Growth",NBER Working Paper,No.5398(1995).

第三节 "资源诅咒"最新研究进展

尽管"资源诅咒"引起了不小的争议,但是却得到了学术界、世界银行和、国际货币基金组织等国际机构、民间非政府组织的普遍承认。同时,"资源诅咒"也激起了学者们的广泛研究兴趣。经济增长理论认为,制造业的发展、良好的制度、人力资本的积累、私人和外商直接投资、社会资本等都是经济增长的决定性因素,这些因素不仅解释了各国经济增长的差异,也揭示了经济持续增长的可能性。已有的文献表明,由于自然资源对上述经济增长的决定因素产生了"挤出效应",导致自然资源对经济增长的影响在总体上是负面的。

一、对制造业的影响

20世纪60年代,已是制成品出口主要国家的荷兰发现大量天然气,出口剧增,国际收支出现顺差,经济呈现繁荣景象。可是,20世纪70年代,荷兰遭受通货膨胀上升、制成品出口下降、收入增长率降低、失业率增加的困扰,这种现象被经济学家称之为"荷兰病"(Dutch Disease)。科登和尼瑞(Corden 和Neary)最早给出了"荷兰病"的正式经济学模型。他们认为,由于自然资源部门具有相对更高的边际生产率,导致物质资本和人力资本逐渐转移至自然资源产品部门,最终,造成制造业部门萎缩。[1] 近年来,有关"荷兰病"的最新实证研究主要集中在以下几个方面:

第一,自然资源诱发"荷兰病"具体途径。帕尔达(Paldam)的研究表明,资源产业的繁荣使得该产业出现高工资和高福利,从而挤压了制造业和服务业的良性发展,甚至引发罢工运动和政治派别的争斗,带来国家的不稳定。同时,自

---

① Corden,W.M.& Neary,J.P.,"Booming Sector and De-industrialisation in a Small Open Economy",*The Economic Journal*,Vol.92,No.368(1982),pp.825-848.

然资源的大量出口使得外汇供给增加,导致本币升值,使得本国制造业产品变得相对较贵,打击了制造业的出口竞争力①,减少了制造业和服务业的出口,最终制造业部门便因此而萎缩②。当一国的货币政策遵循泰勒规则时,名义利率会对名义汇率、物价水平和总产出的变动作出反应,制造业部门也不会因此而萎缩,国内不可贸易部门也不会因此而扩张,自然也就不会出现"荷兰病",只有当一个国的汇率政策以保持名义汇率不变为目标时,大量资本流入才会导致"荷兰病"。③

第二,具体国家的"荷兰病"诊断。贝思(Beine)等人认为,采用加元和美元之比 CAD/USD 作为石油和自然资源的价格排除了能源和商品价格之间的长期变化关系,从而导致轻易得出加拿大不存在"荷兰病"的错误结论。他们的实证分析表明,2002—2008 年间,自然资源出口导致的加元升值是在政府干预有限的条件下,制造业部门的萎缩就是市场优化调整的结果。其中,加元的升值解释了制造业劳动力下降的 42%,同一时期美元的贬值解释了剩下的 58%。这就表明加拿大也存在着"荷兰病",加拿大的未来经济增长同样面临着"荷兰病"的挑战。④ 石油价格和收益的上升,通过汇率升值,也打击了哈萨克斯坦非石油制造业的发展,从而使哈萨克斯坦的经济患上了"荷兰病"。⑤ 博茨瓦纳尽管具有较高的人均 GDP 的增长率,但是博茨瓦纳经济的多元化却并不成功,同样出现了"荷兰病"的许多症状。⑥

---

① Paldam,M.,"Dutch Disease and Rent Seeking:The Limits to Growth Revisited",*Brookings Papers on Economic Activity*,Vol.2(1997),pp.1-43.

② Herbertsson,Skuladottir & Zoega,"Three Symptoms and a Cure:A Contribution to the Economics of the Dutch Disease",CEPR Discussion Papers,No.2364(2000).

③ Lartey,E.K.K.,"Capital Inflows,Dutch Disease Effects,and Monetary Policy in a Small Open Economy",*Review of International Economics*,Vol.16,No.5(2010),pp.971-989.

④ Beine,Michel,C.S.Bos,& S.Coulombe,"Does the Canadian Economy Suffer from Dutch Disease?",*Resource & Energy Economics*,Vol.34,No.4(2012),pp.468-492.

⑤ Balázs Égert & Carol S.Leonard,"Dutch Disease Scare in Kazakhstan:Is It Real?",*Open Economies Review*,Vol.19,No.2(2008),pp.1-25.

⑥ Pegg,S.,"Is There a Dutch Disease in Botswana?",*Resources Policy*,Vol.35,No.1(2010),pp.14-19.

第三,"荷兰病"现象的扩展。像自然资源出口繁荣一样,国际援助数量的增加也会使受援国的国内消费需求增加,物价上涨,同时国际援助的流入也使得本国货币的汇率升值,最终导致出口制造业部门失去竞争力,从而患上"荷兰病"。[1] 不仅仅自然资源出口繁荣和国际援助会导致"荷兰病",就是国际汇款的增加也会使非贸易部门产品的需求增加,国内物价上升,本币升值,导致劳动力从制造业部门转移到非贸易部门,最终打击了制造业的发展,诱发"荷兰病"。[2]

根据经济增长理论,制造业部门普遍存在着规模报酬递增和"干中学"。相比之下,自然资源部门缺乏联系效应以及正外部性,对人力资本的要求也非常低,所以专业化于资源采掘业,经济发展本身极有可能退化为一种"无技术工业化",短期的资源收入就会削弱长期的经济增长。

二、对良好制度的影响

不仅自然资源丰裕会影响一国的制度质量,一国既有的制度也会影响自然资源的开发和利用,进而影响经济增长。所以,自然资源丰裕与制度质量之间的关系一直以来也是学者们关注的热点,最新的研究成果主要集中在以下两个方面:

第一,自然资源丰裕如何影响制度质量。各种社会集团都试图攫取自然资源开采所获得的经济租金,从而造成"贪食效应",弱化了一国的制度质量。[3] 特别是石油和矿物等自然资源租金诱发了寻租行为,从而弱化了一国

[1] Rajan,R.G.,Subramanian,A.,"Aid,Dutch Disease,and Manufacturing Growth",*Journal of Development Economics*,Vol.94,No.1(2011),pp.106-118.

[2] Acosta,Pablo A.,E.K.K.Lartey,F.S.Mandelman,"Remittances and the Dutch Disease",*Journal of International Economics*,Vol.79,No.1(2009),pp.102-116.

[3] Tornell,P.& A.Lane,"The Voracity Effect",*American Economic Review*,Vol.89,No.1(1999),pp.22-46.

的制度质量。所以,制度弱化才是"资源的诅咒"产生作用的真正原因。由于发展中国家的制度建设不完善,在美国阿拉斯加州能够很好发挥作用的国民基金计划,在很多发展中国家并不能够很好地实施。通过比较博茨瓦纳、印度尼西亚和挪威三个自然资源丰裕,但却成功避开了汇率升值对制造业的挤出效应的国家后,发现国民基金计划损害政府战胜"荷兰病"的能力。① 根据Gylfason 的研究,如果自然资源部门的产出占国民财富的比例上升 15%,透明国际的腐败评分将下降 2 个百分点。可见,石油和矿物等自然资源诱发贪婪的寻租行为,弱化了一国的制度质量,进而对长期的经济增长施加了负的影响。②

自然资源租金改变了政治领导人的激励和约束,即改变了政治领导人在位时的收益和进行权力斗争的可能性,也就改变了政治领导人的选择。所以,政治领导人既可能把自然资源租金用于基础设施建设和制度建设等有利于经济增长的方面,也可能被用于损害经济增长的方面。③ 尖端资源(指宝石、黄金等具有较高租金的资源)与较低的制度质量具有更明显的相关性。因为,一方面,尖端资源很容易被一小部分人控制,从而恶化一国的收入分配,损害了社会资本的形成;另一方面,控制尖端资源的政治精英为了维持自己的地位可能反对工业化和现代化,从而阻碍了经济增长。④

第二,既有制度如何影响自然资源丰裕与经济增长的关系。有研究表明,制度因素对资源诅咒现象有明显的影响,而且用实证方法得出当制度质量的

---

① Hjort,Jonas,"Citizen Funds and Dutch Disease in Developing Countries",*Resources Policy*,Vol.31(2006),pp.183-192.

② Gylfason, T.," Natural Resources, Education, and Economic Development ",*European Economic Review*,Vol.45,No.4(2001),pp.847-859.

③ Caselli,Francesco & Tom Cunningham,"Leader Behavior and the Natural Resource Curse",*Oxford Economic Papers*,Vol.61,No.4(2009),pp.628-650.

④ Bulte,E.H.,R.Damania,R.T.Deacon,"Resource Intensity, Institutions, and Development",*World Development*,Vol.33,No.7(2005),pp.1029-1044.

衡量指标高于 0.93 这一门槛值时,自然资源与经济发展正相关,否则两者负相关。① 自然资源租金而不是自然资源本身诅咒了经济增长,在制度相对较弱的国家,自然资源租金可能诱导了政府的功能失调和高成本行为。② 而且,"资源诅咒"往往出现在民主总统制国家,而没有出现在民主议会制国家;就自然资源对经济增长的影响而言,一个国家实行的是总统制还是议会制,远比这个国家是民主国家或者是专制国家重要;在实行部分选举制的国家比实行全面选举制的国家更容易遭受自然资源的"诅咒"。③ 在民主制度相对较差的国家,自然资源倾向于诱发腐败,从而拖累经济增长,而且结果具有很高的稳健性。④ 自然资源对经济增长的"诅咒"在外贸开放度相对较低的国家更加严重,增加外贸开放度就可以减弱自然资源的"诅咒"。⑤ 后苏联时代的转型国家如果没有良好的制度,自然资源就会挤出制造业。⑥

在一些发展中国家,由于产权安排不合理或者不明晰,资源租金收入往往更易于被个别私人所获取。既得利益者为了确保当前和未来对自然资源的排他性占有,便会通过现金或者股票的形式大肆贿赂政府官员。由于自然资源的产权不明晰,自然资源所有权很容易被私人控制,导致自然资源收入无法形成国家财富,既得利益者也会通过贿赂当权者来确保自己对自然资源的占有。

① Mehlum, H., K.Moene, R.Torvik, "Institutions and the Resource Curse", *The Economic Journal*, Vol.116, No.508(2006), pp.1-20.

② Kolstad, I.& A.Wiig, "It's the Rents, Stupid! The Political Economy of the Resource Curse", *Energy Policy*, Vol.37, No.12(2009), pp.5317-5325.

③ Andersen, Jørgen Juel, Silje Aslaksen, "Constitutions and the Resource Curse", *Journal of Development Economics*, Vol.87, No.2(2008), pp.227-246.

④ Bhattacharyya, S. & Roland Hodler, "Natural Resources, Democracy and Corruption", *European Economic Review*, Vol.54, No.4(2010), pp.608-621.

⑤ Arezki, Rabah & V.D.P.Rick, "Can the Natural Resource Curse Be Turned Into a Blessing? The Role of Trade Policies and Institutions", *Oxcarre Working Papers*, Vol.7, No.55(2008).

⑥ Horváth, Roman & A. Zeynalov, "Natural Resources, Manufacturing and Institutions in Post-Soviet Countries", *Resources Policy*, Vol.50(2016), pp.141-148.

另外,自然资源丰裕的国家的政府往往缺乏制度创新的动力。因为,在自然资源丰裕的国家,政客通过贿赂和良好武装的军队比通过引导型经济增长政策,更加容易维持权力。例如,制度的失败是导致也门经济遭到资源的"诅咒"的最根本原因。因为失败的制度导致外来工人的汇款增加,寻租和腐败盛行,也为后来的动乱埋下了隐患。[1] 所以,在经济自由度高的国家,资源开发对经济增长的负效应可以转变为正效应。[2]

三、对人力资本积累的影响

人力资本作为经济增长的基本要素之一,在经济发展的各个阶段都具有至关重要的作用,低人力资本积累会阻碍经济的增长。最穷国与最富国的差异大致有近 1/4 来源于人力资本差异,低人力资本积累会阻碍经济的增长[3],因此高人力资本积累在很大程度上弥补了自然资源对于经济增长的负效应[4]。资源型产业是资源和资本密集型的,对技术和人力资本的要求相对较低。因此,无论是资源型企业对研发活动的投资意愿和动力,还是资源型产业的从业人员对人力资本的投资意愿和动力都比较低。所以,即使政府有提高教育投资的热情,个人却没有接受更多教育的意愿。相反,在资源贫乏的中国台湾地区和韩国,不论是政府还是个人都热衷于教育投资,这在很大程度上推动了他们的经济增长。

比较日本、韩国和泰国三个国家之间经济发展的差异,发现相对于日本和

---

[1] Ansari, Dawud, "Resource Curse Contagion in the Case of Yemen", *Resources Policy*, Vol.49 (2016), pp.444-454.

[2] Farhadi, Minoo, M.R.Islam & S.Moslehi, "Economic Freedom and Productivity Growth in Resource-rich Economies", *World Development*, Vol.72(2015), pp.109-126.

[3] Hall, R.E.& C.I.Jones, "Why do Some Countries Produce So Much More Output Per Worker than Others", *Quarterly Journal of Economics*, Vol.114, No.1(1999), pp.83-116.

[4] Bravo-Ortega, C., De Gregorio, J., "The Relative Richness of the Poor? Natural Resources, Human Capital and Economic Growth", Policy Research Working Paper, 2005.

韩国,泰国经济增长缓慢的原因是低教育水平,而低教育水平是由丰裕的土地资源诱导的。[1] 自然资源在国民财富中的比例与总教育年限、初等教育入学率、成人识字率及教育的公共支付等变量之间呈现负相关关系。[2] 其中的一个重要原因是自然资源丰裕通常会导致发展初期的收入分配差距较高,从而使得人力资本积累的良性循环难以形成。[3] Gylfason 对 1980—1996 年间 104 个国家的数据分析表明,一国的初级产品出口份额上升 1.5%,则中学生入学率将下降 1%,这种负相关关系即使在富庶且资源丰裕的芬兰、丹麦、挪威、瑞典和冰岛等北欧 5 国同样成立[4],因为自然资源依赖对于教育公共支出具有反向影响[5]。因此,资源丰裕的发展中国家为了获得长期的增长,应该把资源收益用于提供教育等公共产品。

四、对私人和外国投资的影响

一个过分依赖自然资源的经济,非常容易受到自然资源价格变化的影响,从而增加了本国和外国投资者的经济风险。根据国际经验,初级产品价格在一到两年内的波动率超过 30%。根据研究,1972—1992 年间初级产品出口比例高的国家,贸易条件变动幅度比工业化国家大 2—3 倍。贸易条件的恶化给

① Bounlouane Douangngeune, Yujiro Hayami, Yoshihisa Godo, "Education and Natural Resources in Economic Development:Thailand Compared with Japan and Korea", *Journal of Asian Economics*, Vol.16(2005), pp.179-204.

② Stijns,Jean Philippes, "Natural Resource Abundance and Human Capital Accumulation", *World Development*, Vol.34,No,6(2006), pp.1060-1083.

③ Birdsall,N.,T.Pinckney & R.Sabot, "Natural Resources,Human Capital,and Growth", in *Resource Abundance and Economic Development*, R. M. Auty, Oxford:Oxford University Press, 2001, pp.57-76.

④ Gylfason, T., "Natural Resources, Education, and Economic Development", *European Economic Review*, Vol.45,No.4(2001), pp.847-859.

⑤ Cockx,Lara & N.Francken, "Natural Resources:A Curse on Education Spending?", *Energy Policy*, Vol.92(2016), pp.394-408.

发展中国家希望出口初级产品积累资本制造了难题,①使得政府难以对经济发展做出有效的长期规划②。同时,由于有石油收益,加之期望未来会有更高收入,一些政府就会大量举债。另外,实际汇率的上升使得举债的利息更加便宜,但是当石油价格开始下降,实际汇率下降,那么政府往往没有资金支付相比较更加昂贵的利息,从而使得政府财政陷入困境。自然资源产品价格的骤升骤降增加了本国和外国投资者的风险,国内私人投资也就难以形成。③ 这也是 20 世纪 50 年代早期的发展经济学家例如普雷维什和辛格等人希望发展中国家实施进口替代战略的原因之一。

汇率的不稳定影响贸易投资和进出口,致使投资水平下降和进出口萎缩。④ 资源产出的骤升骤降导致利率和汇率的波动,从而增加了本国和外国投资者的风险,经济增长所需的社会投资也就难以实现。但是,金融系统的发展可以抑制石油贸易条件的波动性⑤,产业的多样性同样可以抵消波动性的影响⑥。石油开采对经济的负面冲击被"全球化组装"所塑形,因为全球化和国内的政治竞争逼迫政府使用资源收益提供社会服务,从而挤出了私人和社会投资。⑦

① Mikesell, R., "Explaining the Resource Curse, with Special Reference to Mineral -Exporting Countries", *Resources Policy*, Vol.23, No.4(1997), pp.191-199.

② Davis, G. A. & J. E. Tilton, "The Resource Curse", *Natural Resources Forum*, Vol.29, No.3(2005), pp.233-242.

③ Herbertsson, Skuladottir & Zoega, "Three Symptoms and a Cure: A Contribution to the Economics of the Dutch Disease", CEPR Discussion Papers, No.2364(2000).

④ Dixit, Avinash K.& R.S.Pindyck, *Investment under Uncertainty: Investment under Uncertainty*, Princeton: Princeton University Press, 1994, pp.659-81.

⑤ Moradbeigi, Maryam & S.H.Law, "Growth Volatility and Resource Curse: Does Financial Development Dampen the Oil Shocks?", *Resources Policy*, Vol.48(2016), pp.97-103.

⑥ Joya, Omar, "Growth and Volatility in Resource-rich Countries: Does Diversification Help?", *Structural Change & Economic Dynamics*, Vol.35(2015), pp.38-55.

⑦ Siakwah, Pius, "Are Natural Resource Windfalls a Blessing or a Curse in Democratic Settings? Globalised Assemblages and the Problematic Impacts of Oil on Ghana´s Development", *Resources Policy*, Vol.52(2017), pp.122-133.

五、对社会资本的影响

社会资本作为经济发展的重要决定因素,近年来已经得到经济学家的普遍承认。在许多资源丰裕的国家,社会团体弱小而且分散,没有共同的决心以实现共同的目标;政府机关缺乏执政能力、可信度和政策的一致性;社会关系的特点是不信任和缺乏透明度。因此,整体国家的社会资本水平较低,从而拖累了经济发展。[①] 资源贫乏国家应该从大多数人的立场出发,重新分配自然资源资产,加速社会资本的积累,以提高社会运行效率,为快速平稳的经济增长创造条件。[②] 社会资本可以通过把劳动力引导到技术创新部门,从而阻断"资源诅咒"的传导机制。[③] 分散的自然资源分布可以提高政治信任。但是,由于矿区居民所获得的经济收益较小,影响了政治信任,相反非矿区居民的政治信任反而会更高。因此,资源开发不仅影响了居民之间的信任,也影响了居民对政府的信任,从而降低了社会资本,使得很多政策执行的成本显著上升,不利于资源型国家或者地区的长期增长。[④]

六、对暴力冲突的影响

和平的政治环境是一个国家发展经济的基本条件。许多资源丰裕国家常年处在武装冲突或者战火之中,但这并非偶然地巧合,很多学者的研究表明,自然资源丰裕在一定程度上诱发了国内冲突与战争,增加了本国和外国投资

① Woolcock, Michael, Lant Pritchett, Jonathan Isham, "The Social Foundations of Poor Economic Growth in Resource-rich Economies", in *Resource Abundance and Economic Development*, R. M. Auty(ed.), New York: Oxford University Press, 2001, pp.76-94.

② Auty, Richard M. & A.H. Gelb, "Political Economy of Resource-Abundant States", *Resource Abundance & Economic Development*, 2001, pp.126-145.

③ 万建香、汪寿阳:《社会资本与技术创新能否打破"资源诅咒"?——基于面板门槛效应的研究》,《经济研究》2016年第12期。

④ Miller, Rebecca, "Natural Resource Extraction and Political Trust", *Resources Policy*, Vol.45 (2015), pp.165-172.

者的政治风险,从而拖垮了国内的经济增长。所以,暴力冲突也是"资源诅咒"的重要传导机制之一。近年来,最新研究成果主要集中在以下两个方面:

第一,自然资源丰裕如何影响暴力冲突。科利尔和霍夫勒(Collier 和 Hoeffler)是最早开始系统研究自然资源丰裕与国内战争之间的关系的学者,他们成功地使学术界开始关注暴力冲突的经济根源。他们的研究发现,自然资源丰裕与国内战争爆发和持续时间之间存在显著的线性相关性,自然资源丰裕不仅倾向于增加战争爆发的风险,还倾向于延长国内战争的持续时间。①其后,科利尔和霍夫勒的一系列研究表明:自然资源丰裕只对某些类型的战争有影响;在面板数据样本条件下,自然资源财富增加了爆发国内战争的风险,但是,在超过一定的临界值之后,降低了这种风险;自然资源对经济增长的影响具有较强的稳健性,并不会随着自然资源丰裕度量指标的改变而改变。②许多武装集团的经济来源已经从冷战前的捐助逐渐转变为自然资源收益。一方面,自然资源是武装冲突的重要经费来源,尽管很少有战争仅仅是为了争夺自然资源的控制权,但是自然资源作为重要的经费来源却会改变交战双方的议程和策略。另一方面,一个国家对自然资源的依赖度以及自然资源的易冲突性和易掠夺性,却在很大程度上增加了社会的脆弱性,从而提高了武装冲突的风险。③ 由于钻石具有高价格、不易毁坏、全球可贸易等特点,所以对钻石开采权的争夺往往诱发了国内的军事冲突,从而拖垮了国内的经济增长,其后的实证分析也表明了钻石财富与经济增长之间的负相关性。④

① Collier,P.& A.Hoeffler,"Resource Rents,Governance and Conflict",*Journal of Conflict Resolution*,Vol.49,No.4(2005),pp.625-633.

② Collier,P. & A. Hoeffler, "Testing the Neocon Agenda: Democracy in Resource - rich Societies",*European Economic Review*,Vol.53,No.3(2009),pp.293-308.

③ Billon,P.L., "The Political Ecology of War: Natural Resources and Armed Conflicts", *Political Geography*,Vol.20,No.5(2001),pp.561-584.

④ Ola Olsson, "Conflict Diamonds",*Journal of Development Economics*, Vol.82,No.2(2003), pp.267-286.

第二,自然资源类型与暴力冲突。自然资源丰裕已经成为暴力冲突的一个典型特征,但是,自然资源丰裕与暴力冲突之间并不存在单一的连接关系。矿产资源禀赋增加了国内暴力冲突的风险,但是农业资源却降低了这种风险,而且农业资源对暴力冲突的影响是矿产资源的两倍。[1] 但是,并非所有的自然资源都会诱发暴力冲突,只有石油、非燃料矿产和毒品与暴力冲突之间存在因果联系,合法的农产品与暴力冲突并不存在因果联系。同时,自然资源并不必然使得暴力冲突持续的时间更长或者更严重,有时也有可能缩短暴力冲突的时间和推动反对派之间的合作。[2]

第三,质疑自然资源丰裕与暴力冲突爆发之间的关系。自然资源与暴力冲突密集度之间的关系并不明确,自然资源既有可能加重暴力冲突,也有可能缓和暴力冲突。[3] 但是,自然资源丰裕也可以借助收入效应,降低暴力冲突的概率。而且自然资源与暴力冲突之间的因果联系也应该是暴力冲突是"因",自然资源依赖是"果"。有可能资源稀缺——而不是资源丰裕——更容易诱发暴力冲突。所以,不应该把自然资源丰裕看成是对和平和发展的"诅咒"。[4]根据1970—1999年间的数据检验自然资源与战争之间的关系,结果发现在死亡1000人以上的战争中,自然资源与战争的爆发之间并无相关性。但是,在死亡25人以下的战争中,能源财富增加了战争爆发的危险。[5]

---

① Welsch. H. , "Resource Abundance and Internal Armed Conflict: Types of Natural Resources and the Incidence of 'New Wars'", *Ecological Economics*, Vol.67, No.3(2008), pp.503−513.

② Ross, Michael L. , "How Do Natural Resources Influence Civil War? Evidence from Thirteen Cases", *International Organization*, Vol.58, No.1(2004), pp.35−67.

③ Wick, Katharina & E.H.Bulte. , "Contesting Resources−rent Seeking, Conflict and the Natural Resource Curse", *Public Choice*, Vol.128, No,3(2006), pp.457−476.

④ Brunnschweiler, Christa N. & Erwin H. Bulte, "Natural Resources and Violent Conflict: Resource Abundance, Dependence, and The Onset of Civil Wars", *Oxford Economic Papers*, Vol.61, No.4(2009), pp.651−674.

⑤ De Soysa, Indra & Eric Neumayer, "Resource Wealth and The Risk of Civil War Onset: Results from a New Dataset of Natural Resource Rents, 1970−1999", *Conflict Management and Peace Science*, Vol.24, No.3(2007), pp.201−218.

七、对收入分配的影响

资源开发是提高国民收入的重要渠道之一,但是如果我们将视野扩展到全球范围,我们就会发现资源开发尽管可以在一定程度上降低贫困率,但是会在很大程度上恶化当地的收入不平等。例如,拉美地区自然资源丰裕的国家,在发展过程中收入不平等会进一步恶化。[1] 资源开发并不是"单一律"地恶化收入分配,而是与政府、制度、产业类型、经济发展阶段和政治体制等其他因素具有一定的相关性。自然资源丰裕通常会导致发展初期的收入分配差距较大,从而使得人力资本积累的良性循环难以形成。而且宝石、黄金等具有较高租金的资源很容易被一小部分人控制,从而恶化一国的收入分配。矿产资源财富既有可能恶化收入不平等,也有可能改善收入不平等,其中政府的作用是至关重要的。[2] 当自然资源直接被用于出口而不是作为国内生产的中间投入品时,拥有自然资源的家庭与没有自然资源的家庭之间的收入差距将会不断恶化。[3] 在劳动力可以自由流动的条件下,资源部门繁荣在短期内会降低收入不平等,但是会随着经济的增长而逐步下降,这个过程一直持续到资源部门繁荣对经济增长的冲击消失。[4] 在种族差异较大的社会,自然资源会增加收入不平等,但在种族差异较小的社会,自然资源会降低收入不平等。[5]

———————————

① Leamer, E. E. , H. Maul, S. Rodriguez & P. K. Schott, "Does Natural Resource Abundance Increase Latin American Income Inequality?", *Journal of Development Economics*, Vol.59, No.1(1999), pp.3-42.

② Ross, M. , "How Can Mineral Rich States Reduce Inequality?", in *Escaping the Resource Curse*, J. D. Sachs, J. E. Stiglitz & M. Humphreys, New York: Columbia University Press, 2007, pp.236-255.

③ Buccellato, T.& M. Alessandrini, "Natural Resources: A Blessing or a Curse? The Role of Inequality", *SOAS Working Paper*, 2009, p.98.

④ Goderis B.& Malone S. W. , "Natural Resource Booms and Inequality: Theory and Evidence", *Scandinavian Journal of Economics*, Vol.113, No.2(2011), pp.388-417.

⑤ Fum, R. M. , H. Roland, "Natural Resources and Income Inequality: The Role of Ethnic Divisions", *Economics Letters*, Vol.107, No.3(2010), pp.360-363.

由于产权安排不合理或者不明晰,资源租金往往更易于被个别私人所获取,既得利益者为了确保当前和未来对资源的排他性占有,便会通过现金或者股票的形式大肆贿赂政府官员,导致资源收益无法形成国家财富,从而恶化一国的收入分配,这种状况在发展中国家尤为突出。为了避免资源丰裕国家或区域出现"资源诅咒"现象,宜建立私人成本—社会成本—稳定基金三级收益分配机制。① 成功规避"资源诅咒"的资源丰裕国家和地区的经验显示,矿业收益的合理分配、使用与转化有助于改善区域发展环境、提升可持续发展能力,并避免经济增长的大起大落。②

八、对技术创新的影响

根据经济增长理论,创新是任何一个国家或地区经济长期持续增长的主要根源。因此大量文献集中分析了如何能够通过创新促进资源型地区经济高速增长。如果有产业结构的改变和内生创新,资源的枯竭并不会改变长期可持续增长路径。可见,产业结构的改变和内生创新才是避免资源诅咒的良方。③ 资源收益决定了制造业产品的需求,而制造业是创新的源泉,所以资源收益通过对工业产品的需求,推动了制造业的发展,从而激励了创新活动,促进经济长期增长。④

以此观点为基础,学者们对于资源型地区如何实现创新进行了一系列研究。一些学者认为良好的制度与政策设计是推动资源型地区进行创新的关

① 张复明、景普秋:《资源型经济的形成:自强机制与个案研究》,《中国社会科学》2008 年第 5 期。

② 景普秋:《基于矿产开发特殊性的收益分配机制研究》,《中国工业经济》2010 年第 9 期。

③ Bretschger, L.& S.Smulders, "Sustainability and Substitution of Exhaustible Natural Resources How Structural Change Affects Long-term R&D-investments", *Journal of Economic Dynamics & Control*, Vol.36, No.4(2012), pp.536-549.

④ Peretto, P.F. & S. Valente, "Resources, Innovation and Growth in the Global Economy", *Journal of Monetary Economics*, Vol.58, No.4(2011), pp.387-399.

键。例如,挪威之所以能够从丰裕的自然资源中受益,主要是因为其具有功能良好的国家创新体系,而制度又是激发创新体系中参与者之间互动的关键要素。还有一些研究认为建立资源产业与非资源产业的良好互动机制是促进创新实现的关键。① 北欧和澳大利亚等资源丰裕的发达国家之所以能够取得高水平的经济发展,是因为本国技术密集型产品的供给者和专业化的知识服务业,促进了资源产业与非资源产业的良性互动,技术从其他部门流入资源产业,激发其创新活动,支撑了资源产业的可持续发展。②

另外一些研究则主要关注阻碍资源行业创新的各种因素。煤炭、天然气、石油、铁矿石等典型资源行业都具有明显的垄断特征,资源所有权和资源收益被少数人占有,阻碍了创新发展的可能性,因为只有在适度的竞争环境下,企业才有创新的动力③,所以资源行业以寡头垄断为主的市场结构阻碍了创新。发展中国家经常采用的"飞地"式开发模式,使得资源产业无法与其他产业发生互动,从而成为阻碍创新的重要因素。④

九、资源型城市发展

还有大量的文献把研究视角锁定在资源型城市。我国学者对资源型城市问题的研究始于 20 世纪 80 年代,最早关注的是煤炭城镇综合发展以及工矿城镇的合理布局问题。20 世纪 90 年代以后,资源型城市面临的问题愈来愈突出,对资源型城市的研究也进一步深入,研究对象从矿业城市扩展到一般资

---

① Saether, B., A.Isaksen & A.Karlsen, "Innovation by Co-evolution in Natural Resource Industries: The Norwegian Experience", *Geoforum*, Vol.42, No.3(2011), pp.373–381.

② Fagerberg, J., D.C.Mowery & B.Verspagen, *Innovation, Path Dependency, and Policy*, Oxford: Oxford University Press, 2009, pp.1–29.

③ Sachs & Warner, "The Curse of Natural Resources", *European Economic Review*, Vol.45, No.4 (2001), pp.827–838.

④ Fuchslocher C.T., "Understanding the Development of Technology-intensive Suppliers in Resource-based Developing Economies", *Research Policy*, Vol.39, No.2(2010), pp.268–277.

源型城市,研究内容也由经济环境协调发展转入城市转型。一大批学者对资源型城市的界定、资源型城市数量、面临的主要问题、可持续发展的总体战略、转型的成本、转型的思路和对策等不同方面做了研究。

近年来,关于资源型城市转型问题的研究视角更加细密。资源枯竭型城市普遍面临产业转型与社会稳定之间的"两难矛盾",而一些资源枯竭型城市的产业转型效果之所以不尽如人意,主要原因是没有处理好产业转型与社会稳定的关系。就油气型资源城市而言,发展民营经济和加大对外开放程度是规避"资源诅咒"的关键因素。① 矿产资源开发利用通过社会经济活动间接作用于资源和环境,而环境和生态的保护是实现可持续发展的前提,因此,在开发利用矿产资源时,一定要考虑环境的承载力。自然资源的有限性和资源开采企业与资源所在地之间在管理体制上的分割,导致资源型区域发展过程中各要素之间协同不足。创业能力不足是我国资源型区域产业转型困难的深层原因,所以积极推进资源型企业创业,提高创业扩散能力,是实现资源型群落产业转型的关键。当资源进入枯竭期时,就业就成为资源型城市最为严峻、最具挑战性的重大问题,而充分利用宏观政策的引导、服务和协调,以及制度的规范和保障来促进劳动力市场的有效运行是资源枯竭型城市就业问题的最优选择。

第四节 "资源诅咒"的争论及其意涵

一、学术界的争论

限于资料的可得性以及资源相互之间的不可比性等因素,学术界没有一

---

① 张在旭、薛雅伟、郝增亮、马颖:《中国油气资源城市"资源诅咒"效应实证》,《中国人口·资源与环境》2015年第10期。

种方法能够完全精确地度量一国自然资源的丰裕程度,只能用一些尽可能接近实际的指标作为自然资源丰裕程度的代理变量。尽管"资源诅咒"得到了大多数学者的支持,也得到世界银行、国际货币基金组织等机构的承认,但是"资源诅咒"作为一种理论假说有许多不严谨和不完善的地方,质疑之声在所难免。这些质疑从多个方面提出了很多具有针对性批评意见。

第一,质疑自然资源丰裕的度量指标的有效性和准确性,进而反对"资源诅咒"悖论的存在。早期的文献往往用初级产品出口占 GDP 的比重——资源依赖——来作为资源丰裕的代理变量。但是,资源依赖是一个非常糟糕的代理变量,因为在大多数的资源诅咒模型中,资源依赖往往是一个内生变量。正是由于这种内生性,导致了资源依赖与冲突爆发直接的正相关性。[1] 用初级产品出口占 GDP 的比重作为资源丰裕的代理变量,并不能真实地反映客观情况。因为很少国家直接出口自然资源,而是出口自然资源密集度较高的工业产品。因此,很多造成经济增长失败的原因与资源本身毫无关系。[2] 如果用一个国家自然资本总存量的净现值度量自然资源丰裕,研究发现资源财富借助于收入效应,降低了冲突,特别是大冲突爆发的概率。因此,他们认为,缺乏对资源财富的外生测度变量是资源与发展和冲突实证研究工作面临的重要障碍,也使得确定两者的因果关系变得非常困难。[3]

第二,制度质量、政治体制也不是自然资源诅咒的传递机制。一些学者批评早期的研究"资源诅咒"的学者使用了天真的计量经济学(naive econometrics),得出资源依赖与制度质量之间存在负相关性,但并不意味着前者弱化

---

① Bulte,Erwin & Christa Brunnschweiler,"The on-going Debate on Natural Resources and Development",*Vox EU*,No.28(2012).

② Stijns,Jean Philippes,"Natural Resource Abundance and Human Capital Accumulation",*World Development*,Vol.34,No.6(2006),pp.1060-1083.

③ Brunnschweiler,Christa N. & Erwin H.Bulte,"Natural Resources and Violent Conflict:Resource Abundance,Dependence,and The Onset of Civil Wars",*Oxford Economic Papers*,Vol.61,No.4(2009),pp.651-674.

了后者,更为可能的原因是制度质量差的国家似乎很难吸引制造业或者服务业的投资,所以只能依靠初级产品出口。因此,没有证据表明资源财富越大制度质量就越弱。资源依赖较大的国家大体上都较为贫困,正是较低的 GDP 导致了较少的民主。[①] 在收入分配高度不公社会,自然资源财富推动了民主,因为精英并不害怕通过解放穷人导致的重新分配。相反地,当收入分配比资源财富分配更加公平时,加强了独裁体制。因为领导者并没有面临重新分配的要求,所以他们可以通过收取贿赂或者强迫对手配置资源租金。[②] 石油和矿产资源依赖在长期内并没有推动独裁统治。反而可能是,独裁统治导致了对自然资源的长期依赖。而且这些结果具有较好的稳健性。[③]

第三,用自然资本作为衡量指标,并未发现"资源诅咒"。1997 年,世界银行推出了一个包括农业用地、矿产资源、石油资源和保护区域在内的自然资源财富指标——自然资本。人均自然资本最高的国家是澳大利亚、加拿大、新西兰和挪威,这些国家都位于世界上最富的国家之列。人均自然资本最低的国家是苏丹和马里。仅从矿产资源来看,处于顶端的是委内瑞拉和挪威,处于底端的是比利时、加纳和尼泊尔等。所以,从这些数据来看,很难说资源稀缺是经济快速增长的秘密。

二、"资源诅咒"内涵

围绕"资源诅咒"悖论的学术争辩不断出现,但是"资源诅咒"悖论的出现一定有其现实的经济基础,也一定有其理论基础。所以,必须抛开争论的喧哗

① Herb, Michael, "No Representation without Taxation? Rents, Development, and Democracy", *Comparative Politics*, Vol.37(2005), pp.297-317.

② Dunning, Thad, *Crude Democracy: Natural Resource Wealth and Political Regimes*, New York: Cambridge University Press, 2008, pp.xxi-xxii.

③ Haber, S.& Menaldo, V.A., "Do Natural Resources Fuel Authoritarianism? A Reappraisal of the Resource Curse", *American Political Science Review*, Vol.105, No.1(2011), pp.1-26.

外表,分析其本质内涵,仔细梳理其在资源经济学、发展经济学等相关学科的理论贡献。

布尔特和布鲁奇维尔(Bulte 和 Brunnschweiler)指出,由于处于一种似是而非的、吸引人的状态——把好东西变成了坏东西,"资源诅咒"经常出现在大众媒体中。可见,"资源诅咒"并不是一个非常严谨的学术概念,到目前为止应该仅仅是具有显著性的统计规律。[①] "资源诅咒"也不是铁律,但是也具有很强的反复趋势。考克斯赫德(Coxhead)甚至认为,"资源诅咒"是发展经济学塑造的众多富有神秘色彩的短语之一。[②] 因此,"资源诅咒"自提出之日起,就受到了巨大的质疑。从上面的综述中我们可以发现,"资源诅咒"反对方争论的焦点主要为:涵盖的自然资源范围和自然资源丰裕的度量指标。

关于涵盖的自然资源范围,"资源诅咒"文献确实没有统一的界定范围,不同时期关注的资源对象不同。"资源诅咒"最早关注的资源范围非常广泛,包括经济依赖的不可再生资源和可再生资源,例如木材、古柯、石油和钻石等。但是,随着围绕"资源诅咒"争论的继续,对世界经济至关重要的、能够在政策圈引起专注和施加影响的两种资源逐渐成为分析的焦点,它们是矿产资源、石油和天然气。关于这几种资源学术界已经进行了广泛的研究,以至于使分析的框架产生了巨大的局限,忽略了其他重要资源。近年来,水和土地资源也越来越得到关注。

早期的研究中用自然资源出口占 GDP 的比重作为资源丰裕的衡量指标,因此对资源出口的高依赖性确实与较低的经济增长和国内战争的风险联系在一起。其实,自然资源丰裕的度量指标在不同学科有较大差异,资源科学用潜

---

① Bulte, Erwin & Christa Brunnschweiler, "The on-going Debate on Natural Resources and Development", *Vox EU*, No.28(2012).

② Ian Coxhead:《国际贸易和自然资源"诅咒":中国的增长威胁到东南亚地区的发展了吗?》,《经济学(季刊)》2006年第1期。

在的探明储量来表示,经济学用已开采的资源数量来表示。由于不同国家人口和经济发展阶段存在较大差异,因此经济学也经常采用人均量来表示丰裕程度。研究中学者们引入的统计指标非常宽泛,例如,初级产品的出口占GDP 的比重、初级产品部门的劳动力比重、资源收益占 GDP 的比重、资源产业占 GDP 的比重、资源产业的投资比重和从业人员比重等。但是,自然资源丰裕与经济增长之间的负相关性却是他们的共同结论。

三、"资源诅咒"的理论贡献

就现实经济发展来看,资源型经济体腐败严重、内战频发、过分依赖资源产业、经济波动性较大、制造业发展缓慢等问题是普遍存在和有目共睹的,严重威胁到资源型经济体的经济发展。因此,"资源诅咒"悖论文献对主流经济学的贡献主要表现为:

第一,使得经济学家们把关于贫困和发展的讨论从早期帝国主义、依赖和外部干预等主流解释转移到国家经济规划和制度的失败和无效率。普雷维什(Prebisch)等人提出的"中心—外围"理论,以资本主义体系作为出发点,以"中心"与"外围"之间的不平等交换作为基本价值取向,以构建国际经济新秩序、摆脱依附关系作为基本的政策建议,简化了"中心"与"外围"的联系方式,对"中心"与"外围"的经济联系采取了全盘否定的态度。[①]"资源诅咒"研究文献最为可贵的地方,就是把研究的视角从带有强烈政治和意识形态的角度转向了对现实问题的分析,因而对于资源丰裕型发展中国家具有极为重要的理论和现实意义。

第二,使得经济学家们开始关注自然资源对经济增长的间接的、负面的影响,丰富了发展经济学的已有理论。已有的发展经济学文献往往关注的是自

---

① Prebisch, Raul, *The Economic Development of Latin America and Its Principal Problems*, New York: United Nations, 1950, pp.8-14.

然资源对经济增长的直接的、正面的影响,尤其是资源短缺对一国经济的影响,认为资源不足是发展中国家面临的重要约束因素之一,很少关注自然资源丰裕对一国经济的影响。"资源诅咒"悖论的出现使得发展经济学有必要扩展自己的理论视野,既要关注自然资源对于经济发展的直接影响,也要关注自然资源对于经济发展的间接影响。

当然,对"资源诅咒"悖论的质疑也并不是完全没有道理,作为并非严谨的经济学术语,难逃"哗众取宠"之嫌,因而未来的"资源诅咒"研究必须严格定义其研究的对象,并对自然资源丰裕的度量指标做出严格的界定,这样才能取得学者们的共识,从而推动其研究。

第二章　自然资源贸易与西欧
　　　　国家的崛起

　　巴比尔(Barbier)利用普雷维什和辛格建立起来的"中心—外围"理论,从历史视角试探性地分析了在经济发展过程中自然资源所起的作用。① 我们将遵从这一框架,把世界经济历史划分为三次"中心—外围"格局,并用更为翔实的数据和史实,分析每次"中心—外围"格局中自然资源利用与经济发展的关系。在第一次"中心—外围"格局中,伊斯兰国家为"中心",西欧国家为"外围";在第二次"中心—外围"格局中,西欧国家处于"中心"地位,澳大利亚、加拿大、新西兰和美国等后来成为欧洲殖民地的国家处于"外围";在第三次"中心—外围"格局中,西欧及其他发达国家处于世界经济的"中心",亚非拉广大发展中国家则处于"外围"。

第一节　第一次"中心—外围"格局的形成

　　自然资源是人类经济发展的基础,开发和利用自然资源是所有国家经济

---

① Barbier, Edward B., *Natural Resources and Economic Development*, Cambridge: Cambridge University Press, 2005, p.410.

增长的基本特征。本章将简要回顾主要发达国家早期,自然资源在经济发展过程中所起的作用,这对于当今发展中国家如何开发利用自然资源,促进经济增长具有重要的借鉴意义。

中世纪的伊斯兰帝国不仅仅占据着某些大河流域,或像古典时期那样拥有整块的地区,而且还横跨好几个地区,囊括了欧亚大陆很大一部分陆地。帝国疆域的扩大,消除了由来已久的地区孤立,促进了贸易的全面发展,使得一度中断的东西方贸易再度兴盛,并达到了新的高度。当时的拜占庭帝国首都君士坦丁堡地跨欧亚交通要冲,从事大规模的出口和转运贸易,成为当时的商业中心。商业贸易的发达也使得君士坦丁堡成为具有百万人口的大都市,并获得了"金桥"的美誉。当时的伊斯兰帝国征服了整个中东地区,而中东是所有横贯欧亚大陆的商路的枢纽,这里既有通往黑海和叙利亚各港口的陆路,又有穿过红河和波斯湾的水路。同时,渡过阿拉伯海可以到达印度西南部地区。当时的伊斯兰国家由于地理位置优越,是世界区域贸易与国际贸易的中心,自然也是世界经济与政治权力中心。斯塔夫里阿诺斯认为:"就经济标准而言,近代初期诸伊斯兰国家用现在的话来说都是发达国家。无疑,当时的西欧人也这样认为……"①芬德利(Findlay)认为,公元 1000 年到 1500 年间,北非和西亚的伊斯兰国家却迎来了自己发展的黄金时期②,是当时处于世界贸易和经济中心的"中心"国家;公元 1000 年,西欧、东欧、俄罗斯等地区仍然处于欠发达状态,为"外围"国家。从表 2.1 中我们也看到,公元 1000 年西欧国家的人均 GDP 只有 427 国际元③,低于当时的世界平均水平 453 国际元。而且,除

---

①　[美]斯塔夫里阿诺斯:《全球通史:从史前史到 21 世纪》,吴象婴等译,北京大学出版社 2006 年版,第 353 页。

②　Findlay,Ronald,"The Terms of Trade and Equilibrium Growth in the World Economy",*American Economic Review*,Vol.70,No.3(1980),pp.291-299.

③　国际元也称 Geary-Khamis Dollar,是一种在多边购买力平价比较中,将不同国家货币转换为统一货币的方法,是一种在特定时间与美元有相同购买力的假设通货单位。最初由爱尔兰经济统计学家 Geary 创立,随后由 Khamis 发展,这一术语在国际宏观经济的比较研究中被广泛应用。

了意大利,其他国家从公元元年以来,几乎没有经济增长,比利时和瑞士等部分国家甚至出现了倒退,西欧国家总体的人均GDP从公元1年的576国际元下降到公元1000年的427国际元;相比之下,伊朗和伊拉克的人均GDP从公元1年的500国际元增加到公元1000年的650国际元。西亚地区国家的平均水平也达到了621国际元,成为这一千年间经济增长最为显著的地区,这一时期也被学者们称为马尔萨斯停滞期(Malthusian Stagnation)。①

表2.1 公元1—1500年世界人均GDP

单位:1990年国际元

国家(地区)	1年	1000年	1500年	1600年	1700年
匈牙利	425	425	707	837	993
比利时	450	425	875	976	1144
丹麦	400	400	738	875	1039
芬兰	400	400	453	538	638
法国	473	425	727	841	910
德国	408	410	688	791	910
意大利	809	450	1100	1100	1100
荷兰	425	425	761	1381	2130
挪威	400	400	610	665	722
瑞典	400	400	651	700	750
瑞士	425	410	632	750	890
英国	400	400	714	974	1250
西欧	576	427	771	888	993
澳大利亚	400	400	400	400	400

---

① 根据Maddison(2003)的估计,在公元1—1000年,世界人均GDP几乎处于停止增长状态,从表2.1中我们可以看到,在某些区域例如西欧甚至出现了下降,因此一些学者(Galor和Weil,1998;Kremer,1993)把这一时期称为马尔萨斯停滞期。

030

续表

国家(地区)	1 年	1000 年	1500 年	1600 年	1700 年
新西兰	—	400	400	400	400
加拿大	400	400	400	400	430
美国	400	400	400	400	527
西欧分支	400	400	400	400	476
拉丁美洲	400	400	416	438	527
中国	450	466	600	600	600
印度	450	450	550	550	550
日本	400	425	500	520	570
伊朗	500	650	600	—	600
伊拉克	500	650	550	—	550
土耳其	550	600	600	600	600
西亚	522	621	590	591	591
亚洲	456	470	568	574	572
非洲	472	425	414	422	421
世界	467	453	566	596	615

资料来源:[英]安格斯·麦迪森:《世界经济千年史》,伍晓鹰等译,北京大学出版社 2003 年版。

第二节　西欧国家的崛起

在中世纪初期,由于连年不断的战争,饥荒和瘟疫的肆意横行,西欧大部分地区人口急剧减少,田园一片荒芜,生产力几乎处于停滞状态,所以,经济史学家把这一段时期称为马尔萨斯停滞期。以自给自足为特征的庄园自然经济占据着整个西欧,商业和贸易都不发达,经济缺乏活力,商人也被看作是玩弄贱买贵卖等诈骗手段的大发不义之财的骗子。根据普里恩(Prienne)的考察,当时的欧洲大陆商业交换及商人根本微不足道,甚至可以不承认它们的存在。

因为"既然没有买者,它还能向谁出售呢? 既然没有需要,它向哪里处置其生产品?"[①]在由伊斯兰国家为"中心",西欧为"外围"的格局中,世界贸易获得了空前发展。所以,公元1000—1500年人类终于走出马尔萨斯停滞期,人口增长率和人均GDP都获得了较大的提高。在这500多年的时间里世界平均人均GDP从436国际元增加到566国际元。从表2.2中我们可以看到,年平均人口增长率也上升到0.1%左右,世界总人口从2.68亿增加到4.38亿。

在第一次"中心—外围"格局形成初期,公元1000年左右,西欧大部分地区仍然处于欠发达状态,而此时西亚和北非的伊斯兰国家借助庞大的帝国和优越的地理位置,由于国际贸易的繁荣而迎来了他们的黄金时代(Golden Age of Islam)。当时的伊斯兰从俄罗斯进口蜂蜜、蜜蜡、皮货、木材,从东南亚进口热带香料,从苏丹进口贵金属和黄金,从西欧进口小麦、木材、葡萄酒、棉花、毛织品和橄榄油,从非洲和东欧进口奴隶。同时把生产成的白银、铁器、亚麻布、棉花和毛织品从西方运到东方,以换取丝绸、宝石、柚木和各种香料。西欧专业化于自然资源密集型产品的生产,并通过为商业和海上交通提供服务,最终走出中世纪的"黑暗",在以后的几百年间迅速崛起成为世界性的经济体,完成了由"外围"到"中心"的格局转换。从表2.1中我们可以看到,到公元1500年左右,西欧各国已成为世界上最富的国家,人均GDP从公元1000年的427国际元增加到公元1500年的771国际元,其中意大利更是从公元1000年的450国际元增加到公元1500年的1100国际元,成为当时世界上最富裕的国家。同时,整个西欧的经济总量也获得了巨大增长,仅仅处在当时的中国和印度之后。从表2.2我们可以看到,当时西欧的人口也获得大规模增长,从公元1000年的2556万增加到1500年的5726.8万。

---

① Henri Prienne, *Economic and Social History of Medieval Europe*, Minneapolis: Harvest Books, 1937, pp.101-111.

表 2.2　公元 1—1500 年世界总人口

单位:千人

国家(地区)	1 年	1000 年	1500 年	1600 年
匈牙利	500	700	2000	2500
比利时	300	400	1400	1600
丹麦	180	360	600	650
芬兰	20	40	300	400
法国	5000	6500	15000	18500
德国	3000	3500	12000	16000
意大利	8000	5000	10500	13100
荷兰	200	300	950	1500
挪威	100	200	300	400
瑞典	200	400	550	760
瑞士	300	300	650	1000
英国	800	2000	3942	6170
西欧	25050	25560	57268	73778
澳大利亚	360	400	450	450
新西兰	0	10	100	100
加拿大	80	160	250	250
美国	680	1300	2000	1500
西欧分支	1120	1870	2800	2300
拉丁美洲	5600	11400	17500	8600
中国	59600	59000	103000	160000
印度	75000	75000	110000	135000
日本	3000	7500	15400	18500
伊朗	4000	4500	4000	5000
伊拉克	1000	2000	1000	1250
土耳其	8000	7000	6300	7900
西亚	19400	20000	17800	21400
亚洲	168400	182600	283800	378500
非洲	17000	32300	46610	55320
世界	225820	267330	438428	556148

资料来源:[英]安格斯·麦迪森:《世界经济千年史》,伍晓鹰等译,北京大学出版社 2003 年版。

经济史学家们认为,世界性经济体的出现,使得西欧能够通过自然资源密集型产品贸易,获得较快的发展,而这对于西欧的崛起和两个多世纪之后发生的工业革命至关重要。因此,自然资源对经济增长的支撑作用是毋庸置疑的。

第三节　工业革命的自然资源基础

到现在为止,资本主义和工业革命被认为是英国崛起最适当的解释。但是,"资本主义"却解释不了荷兰 16、17 世纪的繁荣和 18 世纪的衰退。16、17 世纪的荷兰是欧洲最成功的经济,被称为"第一个现代经济"。但是,17 世纪末,荷兰的经济增长却后劲不足,进入 18 世纪,更是出现了人口增长停滞,城市化下降,经济陷入衰退。

近年来,有人对荷兰的能源利用问题进行了研究,认为荷兰在 16、17 世纪的黄金时代之所以在经济上取得突出的成就,其中一个重要的原因就在于它可以得到大量的泥炭(peat)。16 世纪时,西欧许多人口比较稠密的地区由于森林植被的衰竭,造成燃料稀缺。在所有的欧洲国家中,只有荷兰逐渐通过大规模地开发泥炭资源,使得黄金时代的荷兰的工业欣欣向荣,其中很多工业属于能源密集型的产业,例如制盐、制糖、啤酒酿造、酿酒、砖窑、制革等。所以,荷兰工商业的巨大成功,在于便宜的能源所造就的竞争优势,荷兰的经济因使用大量的泥炭而成功,也因泥炭资源的耗竭而衰退。

和荷兰相比,人们很自然地会想到英国经济持续增长的另外一个主要原因是"工业革命"。但是,以斯塔夫里阿诺斯为代表的西方学者近年来对近代早期欧洲经济史的解释中提出了新观点和新理论。他们认为,利润丰厚的商业企业,与同时发生的技术进步和制度一起,解释了工业革命在 18 世纪晚期达到"起飞"阶段的原因。但是,却解释不了为什么这种"起飞"首先发生在英国。斯塔夫里阿诺斯给出的答案是英国享有一个重要的有利条件:英国在基本采煤工业和炼铁工业方面占据领先地位。1789 年,法国大革命爆发的时候,英国每年大约生产 1000 万吨煤,而当时的法国仅能生产 70 万吨左右。因此,在当时交通运输成本昂贵的条件下,丰富的煤炭资源,使得煤炭在生活和生产中得到大量、广泛的使用,对早期英国经济的发展有重要意义。

英国早期的重要工业陶瓷生产、烧砖、玻璃制造和制铁业等都需要消耗大量的以木材为基础的燃料能源。但是,由于林木资源有限,限制了这些行业进行大规模的生产。当时的技术条件下,生产 1 万吨铁就得消耗大约 10 万英亩林地上的林木,制铁业对环境资源的破坏极大。因此,炼铁的高炉一般就设在森林附近。为了保护森林资源,伊丽莎白统治时期曾颁布法令限定炼铁厂的数目,并禁止在伦敦周围 22 英里内开设炼铁厂。最终,燃料价格上涨阻碍了炼铁业的发展,解决问题的唯一途径就是找到一种合适的燃料替代木炭来炼铁。

英国具有丰富的煤炭资源,因此把煤作为木炭的替代能源就成为自然的选择,其实也是唯一选择。所以,兰德斯就认为:"问题终究由于煤炭代替了木材而获解决。由于英国异常丰富的资源禀赋和便利的交通条件,使得这一高成本的工业转变为世界上最富有效能的生产行业,生铁产量急剧增加。"[①]到 1610 年前后,煤已能用于玻璃生产和烧砖;1640 年,焦炭被用于酿酒行业;1680 年,煤成为冶炼铅、锌、铜等金属的燃料。从 16 世纪中叶以来,英国经济越来越多、越来越广泛地依赖煤炭资源。1700 年,英国的煤产量已经达到 250 万至 300 万吨之间,超过法国产量的 30 倍,据估计,这一产量是整个世界其余地方煤产量总和的 5 倍。1800 年,英国的煤炭产量达到一年 1500 万吨左右,超过法国 20 倍,当时,整个欧洲大陆加在一起的产煤总量也不会超过 300 万吨。因此,如果没有大量的煤炭供应,很难想象工业革命能够在英国迅速和大

---

① ［英］大卫·兰德斯:《解除束缚的普罗米修斯:1750 年迄今西欧的技术变革和工业发展》(第二版),谢怀筑译,华夏出版社 2007 年版,第 95 页。

规模发展起来。

煤对英国工业革命的影响是非常全面的,不仅解决了木材等燃料短缺对英国经济造成的影响,还在一定程度上促进了英国工业革命时期许多技术的进步,例如,采煤中遇到的技术困难,导致了水泵和蒸汽机等重要技术的发明。煤也是当时英国的重要出口物资,1828 年英国煤炭出口为 25 万吨,到 1845 年上升到了 1100 万吨。所以,韦伯认为,"现代资本主义的胜利是由煤与铁决定的","煤与铁把技术与生产的可能性从有机物质固有的特征的局限中解放出来,从此工业就不再依赖于兽力和植物的成长了"[①]。

工业化后期,由于海外殖民地的发现,西欧国家面临的自然资源约束进一步放松。波梅兰兹(Pomeranz)认为,东亚(主要是中国和日本)与欧洲之间的重要差异,只有在欧洲拥有海外资源特权的背景下才有可能出现,如果没有海外资源,在人口迅速增长的条件下,欧洲也会像东亚一样内生地走一条劳动密集型道路,而非劳动集约型。这正如他所言:"如果不是既有煤又有殖民地,单独哪一项(主要指科学、技术和理念趋势)都不会有同样大的重要性;如果没有它们促成的资源制约的松弛,欧洲其他的革新不会独立创造出一个使其土地不会阻碍无限的人均持续增长的新环境。"[②]他也认为,新大陆使英国获得了意外的资源暴利(resource bonanzas),为英国提供了源源不断的资源密集型的初级产品,使得英国生产要素的相对价格发生了变化,从而更倾向于采用劳动节约型的生产技术,最终使英国进而欧洲地区摆脱了资源约束,产生了具有突变性质的工业革命,实现了经济增长方式的转变。

阿瑞吉(Arrighi)等人比较了以中国为核心的东亚国家与西欧国家长期的经济增长。他们的研究表明,欧洲在新大陆发现之前,与亚洲一样面临人口增

---

① [德]马克斯·维贝尔:《世界经济通史》,上海译文出版社 1981 年版,第 258—259 页。
② [美]彭慕兰:《大分流:欧洲、中国及现代世界经济的发展》,江苏人民出版社 2008 年版,第 82 页。

长和资源紧缺的压力,但是,新大陆的发现放松了欧洲面临的资源约束,使得欧洲可以从新大陆进口工业发展所需的资源,大量的劳动力从农业中释放出来,从而使得欧洲具备可以大力发展纺织品工业的良好条件。[①] 纺织工业的大力发展,使欧洲的劳动力供应开始变得紧缺,因此出现了纺纱机、蒸汽机等一系列以机器代替劳动力的生产和科技革命,使欧洲走上了劳动节约型、资源密集型的发展道路,并导致了工业革命的出现。总之,无论是公元1000—1500年的发展,还是公元1500年之后的发展,自然资源在西欧国家的发展中都扮演极为重要的作用,甚至一定程度上决定了发展道路的选择和技术进步的方向。

---

① Arrighi, Giovanni, Po-keung Hui, Ho-Fung Hung, Mark Selden, "Historical Capitalism, East and West", in *The Resurgence of East Asia: 500, 150 and 50 Year Perspectives*, G. Arrighi, T. Hamashita and M. Selden(eds.), London and New York: Routledge, 2003, pp.259-333.

第三章　自然资源贸易与其他发达国家崛起

第一节　第二次"中心—外围"格局的形成

到第一次"中心—外围"格局结束的 1500 年,西欧国家的人均 GDP 达到了 771 国际元,西亚伊斯兰国家的人均 GDP 只有 590 国际元,与 1000 年的 621 国际元相比,不但没有增加,反而出现了下降。当时的西欧国家不仅全面赶超了曾经的世界经济"中心"伊斯兰国家,也超越了世界平均水平 566 国际元,成为新的世界贸易和经济的"中心"。

15 世纪的最后几十年,由于航海技术的进步和新大陆的发现,更加巩固了西欧作为世界经济中心的地位。航海技术的进步使得西欧各国不仅可以向南经过非洲西海岸到达东方,也可以向西越过南美洲前往亚洲,欧洲与外界的联系也渐渐由地中海转变为大西洋。这就使得依赖优越地理位置,由伊斯兰国家控制的进行东西方大陆转运贸易的地中海变成了交通闭塞的内陆湖,失去了原有的经济地位,开始逐渐衰落。西欧突破了伊斯兰国家对东西方贸易的海上封锁和垄断,开始大量从事香料、茶叶和咖啡贸易。海上贸易逐渐占据了主导地位,由伊斯兰国家控制的横贯大陆的贸易解体了。

另外,新大陆的发现使得西欧各国既可以从殖民地获得廉价的自然资源,又能够把自己的工业产品的出口市场扩大,从而使得西欧通过大西洋三角贸易获得了空前的发展。例如,17世纪下半叶到18世纪,迅速发展的北美殖民地对各类制成品的需求直接刺激了英国工场手工业的发展。特别是北美对各种制成品的需求促使英格兰对外贸易在1700年左右,首次摆脱了对纺织品出口的单方面依赖,使其出口建立在对殖民地提供更广泛的商品和再出口殖民地商品的基础上。英属北美殖民地通过发展适宜向欧洲市场出口的农产品经济,确立了自身在大西洋地区中的经济地位。据统计,1700年英国与美洲殖民地之间的直接贸易占到英国贸易总量的六分之一,到1770年占到三分之一。① 这种出口型农业成为英属北美殖民地生存和进步的持续动力,而且促使北美殖民地的商业形成一种海洋性的外向型商业,而不是大陆性的内向型商业。② 与欧洲其他国家相比,英属北美殖民地的面积巨大,移民众多,经济发展更具自主性,也较好地继承和发扬了在西欧兴起的商业资本主义精神,这些都使得北美殖民地从地理大发现以前的蛮荒之地,发展为18世纪大西洋地区的新兴力量。

可见,东西方贸易和大西洋贸易将世界联系在了一起,形成了以贸易为主要内容的世界市场。贸易位置的不同将世界市场分为"中心"国家和"外围"国家。"中心"国家利用"外围"国家提供的原材料和廉价的劳动力,生产制成品并向"外围"国家销售,同时也控制着世界金融和贸易市场的运转。"外围"国家既是"中心"国家原材料、初级产品和廉价劳动力的来源地,也是"中心"国家制成品的销售地。当时的西欧诸国自然处于世界市场的"中心"地位。

---

① Ubbelohde, Carl, *The American Colonies and the British Empire*, *1607-1763*, Ahm Publisher Company, 1975, p.69.

② Robertson, M.Ross & James, L.P., *Readings in United States Economic and Business History*, Boston: Houghton Mifflin Company, 1966, p.22.

但当时的澳大利亚、加拿大、新西兰和美国等后来成为欧洲殖民地的国家仍然处在原始的欠发达状态,从表2.1中我们可以看到,在公元1—1700年的漫长历史时期,这些国家的人均GDP几乎没有任何增长的迹象,一直维持在400美元左右,从而处于世界经济的"外围"。在世界经济史上就形成了第二次"中心—外围"格局。西欧诸国,曾经的"外围"国家现在已经变成了真正的"中心"国家。

表3.1 1820—1913年主要国家和地区的人均GDP

单位:1990 国际元

国家(地区)	1820 年	1830 年	1850 年	1870 年	1890 年	1900 年	1913 年
匈牙利	1218	1399	1650	1863	2443	2882	3465
比利时	1319	1354	1847	2692	3428	3731	4220
丹麦	1274	1330	1767	2003	2523	3017	3912
芬兰	781	—	911	1140	1381	1668	2111
法国	1135	1191	1597	1876	2376	2876	3485
德国	1077	1328	1428	1839	2428	2985	3648
意大利	1117	—	1350	1499	1667	1785	2564
荷兰	1838	2013	2371	2757	3323	3424	4049
挪威	801	835	956	1360	1709	1877	2447
瑞典	819	870	1019	1359	1769	2209	3073
瑞士	1090	—	1488	2102	3182	3833	4266
英国	1706	1749	2330	3190	4009	4492	4921
西欧	1194	—	1567	1953	2483	2885	3457
澳大利亚	518	848	1975	3273	4458	4013	5157
新西兰	400	400	1144	3100	3755	4298	5152
加拿大	904	1000	1330	1695	2378	2911	4447
美国	1257	1376	1806	2445	3392	4091	5301
西欧分支	1202	1328	1763	2419	3372	4015	5233
墨西哥	759	—		674	1011	1366	1732
拉丁美洲	691	—	—	676	—	1113	1494
中国	600	—	600	530	540	545	552

续表

国家(地区)	1820 年	1830 年	1850 年	1870 年	1890 年	1900 年	1913 年
印度	533	—	533	533	584	599	673
日本	669	—	679	737	1012	1180	1387
伊朗	588	—	—	719	—	—	1000
伊拉克	588	—	—	719	—	—	1000
土耳其	643	—	—	825	—	—	1213
西亚	607	—	—	742	—	—	1042
亚洲	581	—	—	553	—	638	695
埃及	475	—	—	649	—	—	902
摩洛哥	430	—	—	563	—	—	710
非洲	420	—	—	500	—	601	637
世界	666	—	—	870	—	1261	1524

资料来源:[英]安格斯·麦迪森:《世界经济千年史》,伍晓鹰等译,北京大学出版社 2003 年版。

第二节 其他发达国家的崛起

1500 年之后,繁荣的大西洋三角贸易在促进以英国为代表的西欧国家工业经济强势发展和对外贸易繁荣的同时,也把美洲和非洲殖民地卷入日益发达的世界市场,使它们成为世界经济发展的"外围"。当时的西欧各国从它们的殖民地大量进口原材料,它们从加勒比地区进口糖,从美洲进口咖啡,从巴西进口金和其他原材料。西欧各国把这些原材料加工成工业产品或者经过简单的处理,再卖给美洲;它们通过工业产品在非洲换取奴隶,并把他们运到美洲为它们生产糖和咖啡,或者开采贵金属矿藏,这就是大西洋三角贸易的基本模式。典型的大西洋三角贸易模式和流向关系如图 3.1 所示。

在大西洋三角贸易盛行的接近 400 年的时间里(1500—1870 年),西欧分支国家尽管处于国际贸易的不利地位,但是却通过发展自然资源密集型的初级产品贸易,经济从一个欠发达状态转变为一个发达状态。英国在与其北美

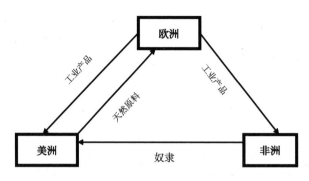

图 3.1　1500—1870 年的大西洋三角贸易

殖民地的贸易中,最为重要的是烟草和蔗糖贸易。1669—1701 年,英国从北美和西印度群岛进口的烟草价值年均 24.9 万英镑。1655 年,伦敦商人从巴巴多斯岛进口了 5236 吨蔗糖。1669—1701 年,英国从北美和西印度群岛进口的蔗糖年均总价值高达 63 万英镑。[①] 除烟草和蔗糖外,北美殖民地的毛皮、沥青、松脂、水稻、靛青、焦油等各种原料都大量出口到英国。1669—1701年,英国从北美和西印度群岛进口的各种食品、染料、木材和油的年均总价值分别为 4.6 万英镑、8.5 万英镑、1.4 万英镑和 1.9 万英镑。[②]

从 18 世纪中叶一直到 19 世纪早期,美国的出口品几乎都是自然资源产品,1803—1807 年,超过四分之三的出口产品是农产品,此外大约有五分之一的林业产品和海产品,制造业所占的比重则不超过 5%。[③] 这就说明 18 世纪中晚期一直到 19 世纪初期,美国的出口商品结构反映了美国的比较优势是以开发充足的自然资源作为基础的。由于北美新英格兰地区的自然环境并不优越,山石嶙峋,气候恶劣,无法种植能向英国或欧洲大陆大量出口的经济作物,

① McCusker,John.J.& Menard,Russell.R.,*The Economy of British America:1607-1789*,North Carolina:University of North Carolina Press,1991,p.150,p.159.

② Davis,Ralph,"English Foreign Trade:1660-1700",*Economic History Review*,Vol.7(1954),p.164.

③ [美]恩格尔曼、高尔曼主编:《剑桥美国经济史:漫长的 19 世纪》(第二卷),高德步等译,中国人民大学出版社 2008 年版,第 482 页。

所以,1775 年独立战争之前,北美新英格兰的对外出口和富裕程度一直落后于南方殖民地和后来居上的中部殖民地。

19 世纪晚期,加拿大已经是世界上最富庶的国家之一,它的人均国民收入水平与比利时和瑞士相当,只有澳大利亚、英国和美国比加拿大更加富裕。但是,加拿大在 19 世纪晚期仍然没有进入工业化时期,当时的制造业仅仅贡献了 25% 的国民收入,吸收了 22% 的劳动力。[1] 相比之下,天然生产部门——农业、渔业和林业的规模非常之大。当时的加拿大是典型的自然资源重度依赖型国家。所以,加拿大之所以能够在经济上获得成功,与其开发出资源密集型的大宗出口产品是密不可分的。19 世纪早期加拿大主导出口产品是木材,19 世纪 30 年代加拿大人均木材出口价值是美国人均棉花出口价值的 3 倍,整个 19 世纪木材都是加拿大的支柱产业之一。19 世纪上半叶加拿大的主导出口产品由木材变为小麦,可以说小麦和面粉的出口造就了 19 世纪下半叶加拿大的繁荣。麦迪森(Maddison)认为,澳大利亚在第一次世界大战之前所取得的经济成就并非因为其在技术进步和资本存量,而是因为其在资源方面的巨大优势。[2] 正如费兰蒂(Ferranti)等人指出的那样,澳大利亚、加拿大、芬兰、瑞典和美国的经济发展没有依赖它们的资源几乎是不可能的。[3]

在大西洋三角贸易盛行的近 400 年的时间里,美国、加拿大、澳大利亚、新西兰等当时处于"外围"的国家通过发展自然资源密集型产业,并与西欧国家进行贸易,最终获得了长足的经济发展,在第二次"中心—外围"格局中,实现了从"外围"到"中心"的转换。所以,亚当·斯密认为:"美洲的发现和经由好

---

① [美]恩格尔曼、高尔曼主编:《剑桥美国经济史:漫长的 19 世纪》(第二卷),高德步等译,中国人民大学出版社 2008 年版,第 44 页。

② Angus Maddison, *Dynamic Forces in Capitalist Development: A Long-run Comparative View*, Oxford: Oxford University Press, 1991, p.45.

③ De Ferranti, D., Perry, G., Lederman, D., Maloney, W., "From Natural Resources to the Knowledge Economy: Trade and Job Quality", *World Bank Latin American and Caribbean Studies*, No. 23440, 2002.

望角抵达东印度的航线的开辟,是人类历史上最伟大、最重要的两件事。"①根据麦迪森的估计,1820 年以来 4 个西欧分支国家美国、加拿大、澳大利亚、新西兰经历了比西欧或者世界其他地区更快的经济增长。在 1820—2001 年间,它们的总人口增长了 35 倍,而西欧的人口则增长了不到 3 倍;它们的 GDP 增长了 679 倍,而西欧的 GDP 只增加了 47 倍;它们的人均 GDP 从 1202 国际元上升到 26943 国际元,而同一时期西欧的人均 GDP 则只从 1204 国际元上升到 19256 国际元。"这些差距产生的部分原因是自然资源禀赋上的巨大差异。因为,在 1820 年,法国、德国和英国的人均土地面积平均为 1.5 公顷,而西欧分支国家则达到 240 公顷"。②

第三节　自然资源贸易与美国崛起

在 1870—1914 年,内燃机的发明解决了长期困扰人类的动力不足的问题。内燃机的发明又促进了发动机的出现,发动机的发明又解决了交通工具的问题,推动了汽车、远洋轮船、飞机的迅速发展,使人类的足迹遍布全世界,也让各个地区的文化、贸易交流更加便利,世界贸易的运输成本大幅下降,世界贸易迎来了新一轮的高潮。因此,西欧分支国家也迎来了新一轮发展机遇,它们通过更大规模的出口自然资源密集型产品,经济获得了长足发展,巴比尔(Barbier)更是把 1870—1913 年界定为"资源依赖型发展"的黄金年代(Golden Age of Resources-Based Development)。③ 这期间,美国的经济发展尤其突出,所以本节将专门考察美国崛起过程中,自然资源对经济增长的影响。

---

① [英]亚当·斯密:《国民财富性质和原因的研究》,商务印书馆 1997 年版,第 680—706 页。

② [英]安格斯·麦迪森:《世界经济千年史》,伍晓鹰等译,北京大学出版社 2009 年版,第 67 页。

③ Barbier, Edward B., *Natural Resources and Economic Development*, Cambridge: Cambridge University Press, 2005, p.410.

一、美国出口产品的结构与地位

18 世纪初期,美国国内商品出口量约占世界出口量的3%,占欧洲出口量的5%,而这时美国人口仅占世界人口的0.5%,相当于欧洲人口的2.5%。因此,根据美国的人均产品出口量,美国的贸易导向性是欧洲的2倍多,而出口导向性则是世界整体水平的5倍多。[①] 美国的出口产品几乎都是自然资源密集型产品,从表3.2中我们可以看到,在1820—1858年间,美国的出口品中仅原材料一项就占了60%。尽管制成品所占份额逐年增加,但是到1858年也只有12.6%。即便是1898年美国取代英国成为世界上第一经济强国,其原材料出口在所有出口品中所占的份额仍然高达32.9%,制成品则仅占17.1%。相反,在美国的进口产品结构中,1820—1898年,原材料进口的平均份额只有12.9%,而制成品进口的平均份额是44.4%。

表3.2　按经济分类衡量的美国出口和进口商品结构

单位:%

时间	出口					
	原材料	食品		半成品	制成品	总　和
		天然品	人造品			
1820 年	59.6	3.8	19.2	9.6	5.8	100
1830 年	62.7	5.1	16.9	6.8	8.5	100
1840 年	67.9	4.5	14.3	4.5	9.8	100
1850 年	62.2	5.9	14.8	4.4	12.6	100
1850—1858 年	60.3	7	16.1	4.1	12.6	100
1859—1868 年	41.3	14	23.8	5.3	15.7	100
1869—1878 年	44.1	15.2	20	4.7	15.9	100
1879—1888 年	34.2	20.9	25	4.8	15.1	100

---

① [美]恩格尔曼、高尔曼主编:《剑桥美国经济史:漫长的19世纪》(第二卷),高德步等译,中国人民大学出版社2008年版,第482页。

续表

1889—1898 年	32.9	17.1	25.9	7	17.1	100
1899—1908 年	29.2	12.7	21.7	11.9	24.6	100
1904—1913 年	32.3	7.7	16.8	14.8	28.3	100
进　口						
时间	原材料	食　品		半成品	制成品	总　和
		天然品	人造品			
1820 年	5.5	10.9	20	7.3	56.4	100
1830 年	7.9	11.1	15.9	7.9	57.1	100
1840 年	12.2	15.3	15.3	11.2	44.9	100
1850 年	7.5	10.3	12.1	14.9	54.6	100
1850—1858 年	8.7	11.2	14.4	13.2	52.5	100
1859—1868 年	13	13.9	17.7	13.1	42.3	100
1869—1878 年	15.7	15.5	21.4	12.8	34.6	100
1879—1888 年	20.6	15.4	18.5	14.5	30.9	100
1889—1898 年	24.7	17.7	17	13.9	26.7	100
1899—1908 年	33	12.4	13	16.6	25	100
1904—1913 年	34.6	11.9	11.8	17.7	24.1	100

资料来源:[美]恩格尔曼、高尔曼主编:《剑桥美国经济史:漫长的 19 世纪》(第二卷),高德步等译,中国人民大学出版社 2008 年版,第 495 页。

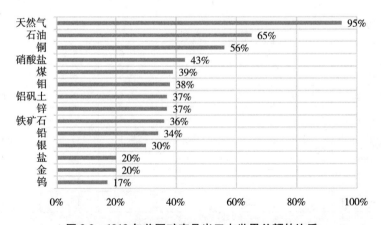

图 3.2　1913 年美国矿产品出口占世界总额的比重

资料来源:George Otis Smith, *The Strategy of Minerals:A Study of the Mineral Factor in the World Position of America in War and in Peace*, New York:D.Appleton and Company,1919.

美国很多矿产品在当时的世界市场上也占有重要地位。从图 3.2 中我们可以看到,20 世纪初期,美国的自然资源产量大国地位是无可匹敌的。1919 年,美国生产了全世界天然气产量的 95%、石油产量的 65% 和铜产量的 56%。在当时 14 种主要矿产中,美国有 12 种的产量为世界第一,只有铝矾土产量落后于当时的法国,金产量落后于南非,都位居世界第二。

二、美国出口产品的资源密集度

斯坦福大学著名经济史学家赖特(Wright)对 1879—1940 年美国进出口制造品的生产因素构成做了研究。他惊奇地发现,这段时期美国出口制造品的最为显著的特点不是资本密集,也不是技术密集,而是资源密集,即不可再生的自然资源含量高。从图 3.3 和图 3.4 中,我们还发现美国工业产品的自然资源密集度在大衰退前的半个世纪内一直呈现持续上升的态势。因此,赖特认为自然资源丰裕是 20 世纪初期美国的制造业能够保持技术领先的原因。[1]哈巴谷(Habakkuk)也认为,美国的工业化是建立在自然资源丰裕的基础之上的,自然资源的丰裕成就了美国 19 世纪的繁荣局面。[2]

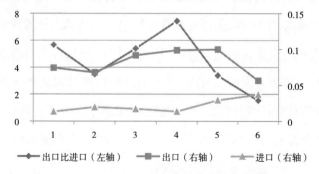

图 3.3 1879—1940 年美国工业产品的非可再生自然资源系数(直接使用)

[1] Wright, Gavin, "The Origins of American Industrial Success, 1879-1940", *American Economic Review*, vol.80, No.4(1990), pp.651-668.

[2] Habakkuk, H.J., *American and British Technology in the Nineteenth Century*, Cambridge: Cambridge University Press, 1962, pp.222-224.

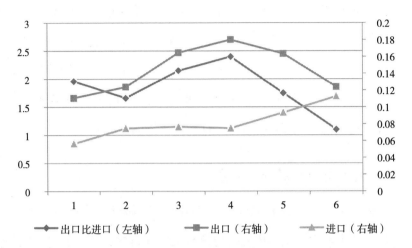

图 3.4　1879—1940 年美国工业产品的非可再生自然资源系数（间接使用）

资料来源：Eysenbach, *American Manufactured Exports, 1879-1914：A Study of Growth and Comparative Advantage*, Ayer Publishing, 1976, pp.297-301.

赖特认为，美国出口制造品的自然资源密集度在 1879—1929 年半个世纪的时间里呈现上升趋势，这一趋势确实说明，美国工业最初称雄于世界是和它的自然资源环境密不可分的。但是，美国出口制成品具有较高的自然资源密集度并不能低估美国的技术领先在推动工业发展方面的作用。比较表 3.3 和表 3.4 我们就发现，1917 年，美国自然资源行业工程技术人员的数量相比世界其他国家或者地区是非常多的，而且工种划分非常详细，涉及自然资源产品的勘测、开采、加工等方方面面。所以，尽管美国的自然资源优势在世界资源市场一体化过程中逐渐削弱，但是，美国的工业在第二次世界大战以后，仍然凭借"受过良好教育的劳工队伍、立足于科学的日益复杂的技术和科学研究上的世界领先地位"[1]，在全球保持领先优势。

---

① Gavin Wright, "The Origins of American Industrial Success, 1879-1940", *American Economic Review*, Vol.80, No.4(Sep.1990), pp.651-668.

表 3.3　1917 年美国自然资源行业技术岗位从业人员数量

单位:人

工　种	人　数	工　种	人　数
冶金	2920	矿石分析	718
开拓性工作	2325	排水	563
调查、开矿和测量	1935	蒸汽采掘	330
建造	1770	液压采掘	173
电气	1050	露天开采	165
设计与制图	945	疏浚	115
爆炸物	863	河堤码头建设	98
勘探	840	隧道挖掘	83
机械	735	杂项	1615

资料来源:Ablert H.Fay,"Census of Mining Engineers,Metallurgists,and Chemists",United States Bureau of Mines Technical Paper,No.179(1917),pp.8-9.

Gavin Wright,"The Origins of American Industrial Success:1879-1940",*American Economic Review*,Vol.80,No.4(1990),pp.651-668.

表 3.4　1917 年世界主要国家(地区)自然资源行业技术岗位从业人员数量

单位:人

国家或者地区	矿业工程师	化学家
非洲	74	13
澳大利亚	46	19
奥地利—匈牙利	7	24
加拿大	384	203
中美洲	74	15
古巴	68	60
欧洲	—	—
比利时	6	6
丹麦	1	19
法国	23	38
英国	116	117
德国	61	231

续表

国家或者地区	矿业工程师	化学家
荷兰	2	10
意大利	5	11
挪威—瑞典	19	21
俄罗斯	25	30
西班牙	7	5
瑞士	8	18
其他	22	10
未分类	101	171
远东地区	105	80
格陵兰	3	—
印度	11	
墨西哥	679	117
南美洲	241	34
西印度群岛	17	32

资料来源：Ablert H.Fay,"Census of Mining Engineers,Metallurgists,and Chemists",United States Bureau of Mines Technical Paper,No.179(1917),p.11.

由于在美国工业化过程中对自然资源的掠夺性开采，在美国国内掀起了一场以美国总统罗斯福为代表的"保护运动"。这就从一个侧面为我们提供了美国经济崛起过程中对自然资源的依赖程度的间接证明。

第四节　自然资源与日本的工业化

作为一个岛国，日本不仅缺乏自然资源，而且资源结构单一，因此日本一直被经济学家们认为是缺乏自然资源而成为发达国家的成功典型。但是，一些经济史学家对这种常规认识提出了挑战。1880—1899 年间，日本经济增长并未受到自然资源短缺的影响，反而通过出口初级产品和进口工业品，使得人均国民收入获得了很大的提高。尽管,在 1899—1931 年间,随着自然资源需求的增加、人口的增长和日本国内保护主义的抬头,自然资源短缺对日本经济的约束开始显现,但是也并未成为一个严重的问题。①

德川幕府统治的最后几十年(1800—1859 年),日本经济往往被认为是处于"马尔萨斯停滞期"。尽管日本土地资源有限,人口增长压力较大,但是这一时期的日本仍然通过出口劳动密集型的初级产品,例如棉纺织品、丝织品、米酒、糖、纸等,出口自然资源,例如银和铜等金属矿产,使得人均收入水平获得了稳步提高,从 1700 年的 570 国际元上升到 1820 年的 669 国际元,到 1850 年的 679 国际元,再到 1870 年的 737 国际元。因此这一时期日本的经济增长并没有受到自然资源短缺的影响。

1853 年,美国海军将领佩里率领舰队两次闯进江户湾,迫使日本开埠通商。德川幕府屈服于军事压力,1859 年正式把横滨开辟为自由贸易港,标志着日本全面向西方开放口岸通商。从 1859 年到 1899 年,日本经济迎来了新的历史时期。但是,资本缺乏和技术水平较低仍然是当时日本经济的典型特征,土地资源也远不及美洲和欧洲。正如利莫尔(Leamer)所言,对于一个自然资源禀赋较差、资本短缺和技术水平低下的国家,仍然可以通过出口初级产品获得经济增长。当时的日本除了通过出口初级产品获得经济增长之外,似乎没有任何其他可行的道路。② 实际上,从表 3.5 中我们也能看到,1880 年日本的国际贸易模式主要是出口具有比较优势的初级产品,进口技术密集型和资本密集型的工业制成品。

---

① Yasukichi Yasuba, "Did Japan Ever Suffer from a Shortage of Natural Resources Before World War Ⅱ", *The Journal of Economic History*, Vol.156, No.3(1996), pp.543-560.

② Leamer, E. E., H. Maul, S. Rodriguez, P. K. Schott, "Does Natural Resource Abundance Increase Latin American Income Inequality?", *Journal of Development Economics*, Vol. 59, No. 1 (1999), pp.3-42.

表 3.5　1880 年日本的主要出口和进口产品及数额

单位:1000 日元

出　口		进　口	
产品名称	总价值	产品名称	总价值
生丝	8607	棉纱	7700
茶叶	7498	毛料织品	5792
蚕蛋	1291	棉织品	5523
褐藻	697	煤油	1400
沙丁鱼	648	熟铁	1079
陶器	475	大米	434
铜	474	棉花	171
煤	460	铁轨	163
总计	28396	总计	36626

资料来源:Yasukichi Yasuba,"Did Japan Ever Suffer from a Shortage of Natural Resources Before World War
Ⅱ",*The Journal of Economic History*,Vol.156,No.3(1996),pp.543-560.

从表 3.6 中我们看到,直到 1896 年之前,日本一直是矿产品的净出口国,
到 1906 年左右一直是农产品的净出口国。后期日本实现了工业化,才从矿产
品出口国转变为进口国,也从农产品出口国转变为进口国。

表 3.6　1877—1936 年日本矿产品和农产品的进出口总额

单位:1000 日元

年代	矿产品		农产品	
	出口	进口	出口	进口
1877—1886 年	1320	1940	8730	260
1887—1896 年	5359	4560	13390	6500
1897—1906 年	16540	16860	18900	44670
1907—1916 年	23340	27580	31160	62530
1917—1926 年	42720	103580	61280	360740
1927—1936 年	41650	260650	55580	461100

资料来源:Yasukichi Yasuba,"Did Japan Ever Suffer from a Shortage of Natural Resources Before World War
Ⅱ",*The Journal of Economic History*,Vol.156,No.3(1996),pp.543-560.

第五节　总结与启示

丰裕的自然资源,特别是丰裕的煤炭资源,是工业革命之所以率先在英国萌芽的重要原因,而海外资源暴利的获取则加速了工业革命的进程。美国、加拿大、澳大利亚等西欧分支国家,通过与西欧开展自然资源密集型产品贸易,在经济上获得了长足的发展,最终完成了由"外围"向"中心"的格局转换。尽管日本一直以来被视作资源缺乏而获得长期经济增长的成功典范,但是,日本早期的发展同样是依赖自身的自然资源,而并未受到自然资源短缺的影响,反而通过出口初级产品和进口工业品,使得人均国民收入获得了很大的提高。通过对发达国家在早期发展经济过程中,自然资源与经济增长之间的关系的考察,我们至少可以得出以下重要的启示:

第一,在经济距离逐渐缩小,国际贸易分工不断垂直化和深化的今天,自然资源对产业结构升级的影响已经单一化,缺乏正反馈效用。根据"雁行理论",一国的产业结构依次由消费资料生产转向生产资料生产,或由轻工业转向重工业,进而转向技术密集型产业。在发达国家早期的发展过程中,国际贸易的运输成本较高,因此一国拥有丰富的自然资源就可以促进相关产业的发展,同时相关产业的发展也会促进自然资源产业的发展,自然资源产业与其他产业之间存在极强的正反馈,在这种正反馈作用下,产业结构不断优化升级,经济稳定持续增长。但是,在国际分工日益深化的大背景下,当今自然资源丰裕型发展中国家的自然资源产业发展,在很大程度上是建立在发达国家产业发展的基础之上,是由发达国家的产业发展所驱动的。在这种格局下,自然资源丰裕型发展中国家的自然资源产业始终被定位为原材料或者半成品供应,从而失去了自身不断优化升级的能力,更是无法带动其他产业的发展,所以这些国家产业并没有出现"雁行理论"所分析的产业结构优化升级,长期经济增长乏力。

第二,由于发达国家早期经济发展的历史条件和当今发展中国家经济发展面临的现实条件存在系统差异,在分析自然资源丰裕对当今发展中国家的经济增长的影响时,不应该立足于经济已经取得巨大成功的当今发达国家,不应该把当今发达国家作为参照系,去俯视经济增长滞后的发展中国家。如果我们无视自然资源丰裕的发展中国家选择当前发展路径的现实条件与自然资源丰裕的发达国家早期历史条件之间的差异,就无法深刻揭示自然资源丰裕对于经济增长的影响,更无法提出切实可行的政策建议,使当今自然资源丰裕型发展中国家摆脱资源依赖型增长"陷阱",进而帮助自然资源丰裕型发展中国家选择具有历史依据和现实可行性的发展道路,充分发挥自然资源丰裕对经济发展的正面效应,避免负面效应,实现经济可持续发展。

第四章　自然资源贸易与
发展中国家发展

第一节　发展中国家的自然资源状况

第二次世界大战之后,大批的亚非拉殖民地国家纷纷独立,由于这些国家经济上大多数比较落后,都面临着如何发展经济的问题,因此被称为发展中国家。石油、天然气和煤炭是世界上最重要的能源来源,不论是对发达国家还是对发展中国家的经济发展都具有重要影响。从表4.1中我们看到,根据世界能源组织的统计,2018年底分地区来看,全球石油总储量的48.3%位于中东地区,18.8%位于拉美地区,7.2%位于非洲,13.7%位于北美地区,亚太地区占了2.8%,而欧洲只占了0.8%。分国家或者组织来看,OECD国家占了14.7%,石油输出国组织占71.8%。所以,已探明的石油储量的67.1%位于中东地区和拉美地区的发展中国家。截至2018年底,天然气探明储量的38.4%位于中东地区,31.9%位于独联体国家,7.1%位于北美地区,4.2%位于拉美地区,7.3%位于非洲,9.2%位于亚太地区。分组织来看,OECD国家占了9.9%。可见,天然气的探明储量同样大部分位于发展中国家或者转型国家。截至2018年底,煤炭探明储量的24.5%位于北美洲,12.8%位于欧洲,17.9%位于独联体,42.2%位于亚太地区,中东地区和非洲合计占比1.4%,中美洲和南美洲合计占比1.3%。分组织来看,OECD国家占了47.4%。可见,石油与天然气的大部分分布在发展中国家,煤炭资源接近一半分布在发达国家。

表 4.1　经证实的全球化石能源储量分布占比

	石　油	天然气	煤　炭
北美洲	13.7%	7.1%	24.5%
中美洲和南美洲	18.8%	4.2%	1.3%
欧洲	0.8%	2.0%	12.8%
独联体	8.4%	31.9%	17.9%
中东地区	48.3%	38.4%	1.4%
非洲	7.2%	7.3%	
亚太地区	2.8%	9.2%	42.2%
OECD 国家	14.7%	9.9%	47.4%
非 OECD 国家	85.3%	90.1%	52.6%

注:时间截至 2018 年底;中东地区和非洲煤炭储量合计占比为 1.4%。
资料来源:英国 BP 公司:《BP 世界能源统计 2019》,见 https://www.bp.com/en/global/corporate/energy-economics/statistical-review-of-world-energy.html。

第二节　第三次"中心—外围"格局的形成

第二次世界大战以后,西欧各国的经济迅速恢复,实际上在 1947 年年中或者年末,除德国以外的大多数欧洲国家的工业生产已经恢复到第二次世界大战之前的水平。[1] 1949 年 5 月,普雷维什(Prebisch)向联合国拉丁美洲和加勒比经济委员会递交了一份报告《拉丁美洲的经济发展及其主要问题》,系统和完整地阐述了贸易条件恶化论。普雷维什指出,在传统的国际劳动分工

---

[1]　高德步、王珏:《世界经济史》(第二版),中国人民大学出版社 2001 年版,第 408 页。

下,世界经济被分成了两个部分:一个部分是"大的工业中心";另一个部分则是"为大的工业中心生产粮食和原材料"的"外围"。

1947 年开始实施的马歇尔计划在欧洲战后复兴的关键时刻,起到了"输血"的作用,它使得欧洲的工业得以重建并有能力出口,大大加速了欧洲经济的恢复。到 1952 年欧洲经济已经全面完成了恢复。从表 4.2 中看到,1952 年,西欧 12 国的人均 GDP 已经达到 8895 美元;西欧分支国家的人均 GDP 达到 16005 美元。形成强烈反差的是,当时拉美国家的人均 GDP 为 4378 美元,亚洲国家的人均 GDP 为 2926 美元,非洲国家的人均 GDP 为 1786 美元。到了 2016 年,西欧及其分支国家的人均 GDP 为 45171 美元,亚洲为 16084 美元,拉丁美洲为 13846 美元,非洲为 4741 美元。亚洲人均实际 GDP 增长了 4.5 倍,拉丁美洲增长了 2.2 倍,非洲增长了 1.7 倍。

表 4.2　1952—2016 年"中心"与"外围"经济发展状况

单位:2011 年美元

年份	西欧及其分支国家人均实际 GDP	亚洲人均实际 GDP	拉丁美洲人均实际 GDP	非洲人均实际 GDP
1952	12450	2926	4378	1786
1960	15063	3960	5442	2006
1970	20933	6458	7209	2967
1980	26490	10056	10167	3692
1990	32446	8725	9525	3430
2000	39761	10800	11009	3462
2010	42885	14490	13436	4562
2016	45171	16084	13846	4741

注:西欧国家包括:奥地利、比利时、丹麦、芬兰、法国、德国、意大利、荷兰、挪威、瑞典、瑞士、英国;西欧
　分支国家包括:澳大利亚、新西兰、加拿大、美国。
资料来源:根据 Maddison Project Database, version 2018 整理得到。见 www.ggdc.net/maddison for docu-
　　　　mentation and explanation of the data series。

从图 4.1 中可以看到,1952 年,西欧及其分支国家人均 GDP 是亚洲国家

的4.26倍,是拉丁美洲国家的2.84倍,是非洲国家的6.97倍。很显然,此时的西欧及其分支国家处于世界经济的"中心",而亚非拉广大发展中国家则处于世界经济的"外围"。这样的"中心—外围"世界经济格局在不同区域呈现出不同的演化特征,例如东亚国家与"中心"的倍数差距一直处于缩小趋势,与"中心"的差距越来越小,西亚国家与"中心"的倍数差距一直在2.5倍左右波动,但并没有缩小的趋势。非洲国家与"中心"之间的倍数差距在2000年之前,一直处于上升趋势,2000年达到顶峰,之后开始下降。拉丁美洲与"中心"之间的倍数差距一直在3倍左右波动,但也没有缩小的趋势。尽管,"中心"与"外围"的收入差距有所收敛,但是必须要注意的是到2016年西欧及其分支国家人均实际GDP仍然是亚洲的2.81倍,是拉丁美洲的3.26倍,是非洲的9.53倍。西欧及其分支国家处于"中心"的格局有所缓解,但是亚非拉地区国家处于"外围"的格局并没有发生实质性改变。

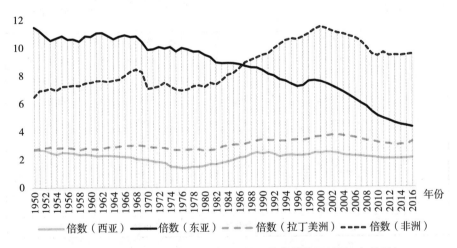

图4.1　1950—2016年"中心"与"外围"经济发展差距(2011年美元)

注:倍数为西欧及其分支国家人均实际GDP分别除以亚洲、拉丁美洲和非洲人均实际GDP。

资料来源:根据Maddison Project Database,version 2018整理得到。见 www.ggdc.net/maddison for documentation and explanation of the data series。

第三节　全球自然资源贸易

自然资源分布的不均衡性和需求的不均衡性就决定了世界自然资源贸易的基本格局,对于石油和天然气而言,发展中国家资源丰裕但需求相对较小是主要出口方,发达国家资源稀缺但需求巨大是主要进口方,因此,在制造业发展水平较低的发展中国家,通过出口自然资源获得发展是必然选择。从图4.2中我们看到,低收入国家自然资源租金占GDP的比重高于中等收入国家,也高于高收入国家。但是,在1985年之前,低收入国家和中等收入国家的自然资源租金占比差距很小,中等收入国家甚至高于低收入国家,但是都高于高收入国家。但是从1985年之后,三者之间的差距开始扩大,低收入国家经济增长更加依赖于自然资源租金,其占GDP的比重一直处于较高水平。但是2008年国际金融危机之后,低收入国家经济增长对自然资源租金的依赖性开始下降。中等收入国家的自然资源租金占GDP的比重在经历快速上涨之后,像低收入国家一样金融危机之后也开始下降,并逐渐向发达国家的占比收敛。发达国家则一直维持在较低水平。

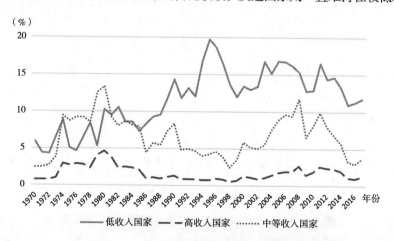

图4.2　1970—2016年自然资源租金占GDP的比重

注:自然资源租金总额是石油租金、天然气租金、煤炭(硬煤和软煤)租金、矿产租金和森林租金之和。
资料来源:World Bank,World Development Indicators,https://databank.shihang.org/.

　　就地理位置而言,统计显示,1970 年,自然资源租金占比高的国家相对较少,主要集中在非洲和西亚附近。到了 2017 年,有更多国家的经济增长更加依赖自然资源租金,这些国家大部分为资源丰裕国家,例如俄罗斯、蒙古、中亚国家和一些非洲国家。

　　从出口商品结构来分析,发现燃料出口占全部商品出口的比重,低收入国家并非是最高的。从图 4.3 中看到,除了 1992 年有一次高的涨幅之外,其余时期均低于高收入国家,也低于中低收入国家和中高收入国家。1992 年后,高收入国家的燃料出口占比进一步高于其他国家。

　　从图 4.4 中看到,低收入国家和中低收入国家的矿石和金属出口占全部商品出口的比重波动较大。但是,总体而言,低收入国家和中低收入国家的占比明显高于中高收入国家和高收入国家,在所有出口商品中处于更高的比例。中高收入国家和高收入国家的占比在 1962 年左右处于较高的比重,之后直线下降,并一直维持较低水平。

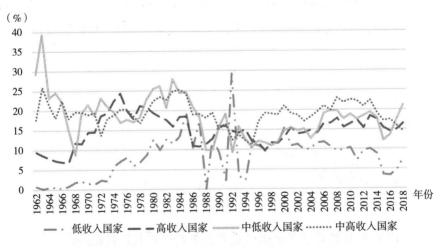

图 4.3　1962—2018 年燃料出口占全部商品出口的比重

注:燃料属于 SITC 第 3 类(矿物燃料)。

资料来源:World Bank,World Development Indicators,https://databank.shihang.org/.

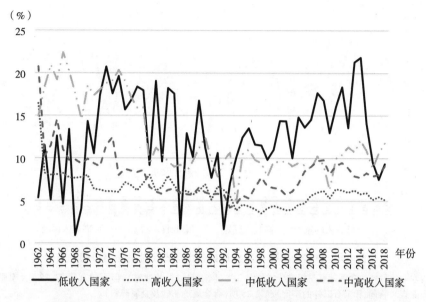

图 4.4　1962—2018 年矿石和金属出口占全部商品出口的比重

注：矿石和金属包括在 SITC 的第 27 节（未加工的肥料、未列明的矿物）、第 28 节（金属矿、废料）以及
　　第 68 节（有色金属）中。
资料来源：World Bank，World Development Indicators，https://databank.shihang.org/.

从图 4.5 中看到，低收入国家的农业原材料出口占全部商品出口的比重尽管处于下降趋势，但是一直处于较高水平。从 1990 年之后，更是显著高于其他收入组国家。中低收入国家农业原材料的出口占比也一直高于中高收入国家和高收入国家，但是 1990 年之后，它们之间的差距在逐渐缩小，并逐渐向高收入国家的占比收敛。

第四节　资源型发展中国家的经济增长

不论是第一次"中心—外围"格局，还是第二次"中心—外围"格局，许多处于"外围"的国家，通过与处于"中心"的国家，发展自然资源密集的初级产品贸易，最终完成了自身由"外围"到"中心"的格局转换。但是，在第三次"中

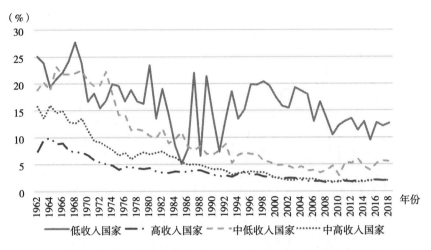

图 4.5　1962—2018 年农业原材料出口占全部商品出口的比重

注：农业原材料包含国际贸易标准分类的第 2 类（除燃料以外的原料），但不包含第 22、27 项（粗肥和
　　除煤炭、石油和宝石以外的矿产）和第 28 项（含金属的矿砂及金属碎料）。
资料来源：World Bank，World Development Indicators，https://databank.shihang.org/.

心—外围"格局形成初期，发展中国家通过发展初级产品贸易获得经济增长，
就受到了很多经济学家的质疑。最早提出贸易条件恶化理论的经济学家普雷
维什就指出，在世界经济的"中心—外围"格局中，由于初级产品贸易条件的
持续恶化，加深了"中心"和"外围"之间的不平等，依靠初级产品的国际贸易
不可能成为发展中国家经济增长的动力，反而是资源出口导向型发展中国家
贫困化增长的原因。

　　普雷维什考察了英国 1870—1930 年的出口商品价格和进口商品价格，发
现初级产品对制成品的贸易条件是趋于下降的。[1]　如果 1876—1880 年的价

---

　　[1]　贸易条件用出口商品的平均价格对进口商品的平均价格之比来表示，即贸易条件用出
口商品的平均价格对进口商品的平均价格之比来表示，即 $T = (P_x/P_m) \times 100$。其中，$P_x = \sum x_i P_i P_x = \sum x_i P_i$，$P_x$ 表示出口商品的平均价格，x_i 表示基期商品 i 占出口总值的比重，P_i 表
示商品 i 现期价格对基期价格的比率。$P_m = \sum m_j P_j P_m = \sum m_j P_j$，$P_m$ 表示进口商品的平均价
格，m_j 表示基期商品 j 占进口总值的比重，P_j 表示商品 j 现期价格对基期价格的比率。$T>100$ 表
示贸易条件的改善，$T<100$ 表示贸易条件恶化。

格比率为 100,那么,1936—1938 年初级产品对制成品的价格比率就下降到 64%,也就是说,1930 年购买同样数量的工业制成品需要比 1870 年多支付 56% 的初级产品。"中心—外围"理论的政策建议是非常明确的,它对"中心"国家与"外围"国家之间的贸易基本持否定态度,认为发展中国家应该放弃出口导向战略,进而依靠自身力量,发展本国经济,大力实行进口替代战略。

　　20 世纪 90 年代,许多国家尽管自然资源丰裕,初级产品出口产业蓬勃兴旺,经济增长的表现却差强人意。典型的例证便是 OPEC 国家与资源贫乏的瑞士、日本、东亚新兴经济体(中国香港、中国台湾、韩国和新加坡)之间迥然不同的经济发展结果。同样具有说服力的是,1960—1990 年,资源贫乏国家人均 GDP 的增长率为 3.5%,资源丰裕国家人均 GDP 的增长率为 1.3%,资源贫乏国家的发展比资源丰裕国家快 2—3 倍。[1] 1965—1998 年,OPEC 国家的人均 GDP 增长率只有 1.3%,而同一时期其他发展中国家的人均 GDP 增长率是 2.2%。[2] 从图 4.6 中,我们也能看到初级产品出口占 GDP 越高的国家,它的人均 GDP 的增长率就越低。

　　20 世纪 70 年代到 90 年代,全球发生了两次重要的能源危机,对能源出口国家的经济增长造成了重要冲击,导致其长期经济增长能力较弱。这一时期与早期研究"资源诅咒"学者关注的时期有所吻合。我们从图 4.6 中看到,1962—1970 年,C1、C2 和 C3 组之间比较,发现自然资源越丰裕,经济增长越慢。但是 C4 和 C5 组则刚好相反,自然资源越丰裕,经济增长越快,并没有完全呈现"资源诅咒"悖论。但是,1971—1980 年、1981—1990 年和 1991—2000 年这三个时期呈现出相同的特征,即资源越丰裕经济发展越慢,这三个时期也是研究"资源诅咒"的学者们最为关心的阶段。2001—2010 年和 2011—

---

　　[1]　[英]奥蒂主编:《资源富足与经济发展》,张效廉译,首都经济贸易大学出版社 2006 年版,第 3 页。

　　[2]　Thorvaldur Gylfason,"Natural Resources,Education,and Economic Development",*European Economic Review*,Vol.45,No.4(2001),pp.847-859.

2018 年这两个阶段,似乎存在一个资源丰裕的拐点,超过它经济增长的速度就会下降。但是拐点之前自然资源租金占 GDP 比重高的国家反而经济增长率较高。

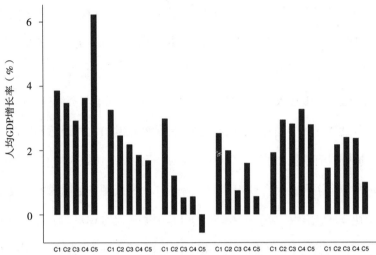

图 4.6　1962—2018 年分组显示的资源丰裕与经济增长

注:C 表示 1962—2018 年全球 214 个国家自然资源租金占 GDP 比重的平均值,C1、C2、C3、C4 和 C5 分
　　别表示把 C 的值 5 等分后的 0%—20%、21%—40%、41%—60%、61%—80% 和 81%—100%。显然,
　　C 的值越大,说明这一国家的经济越依赖于自然资源租金,也说明资源越丰裕。自然资源租金总额
　　是石油租金、天然气租金、煤炭(硬煤和软煤)租金、矿产租金和森林租金之和。
资料来源:World Bank,World Development Indicators,https://databank.shihang.org/.

在第二次世界大战以后,真正实现现代化的发展中国家或者地区其实都是一些自然资源稀缺的国家或者地区。比如,已经实现现代化的亚洲"四小龙"都是自然资源非常稀缺的国家。从图 4.7 中我们看到,速水佑次郎的研究表明,无论采用何种标准,日本和美国相比自然资源禀赋都极为匮乏,然而日本的人均收入达到了美国的平均水平,资源贫乏的韩国的人均收入也超过了拉丁美洲资源丰富国家的收入水平。速水佑次郎依据这些事实认为,自然资源禀赋并不是经济增长无法逾越的限制,甚至不是支持经济发展的必要条件。

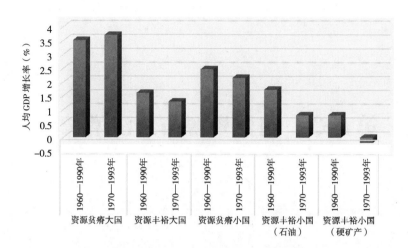

图 4.7　不同类型国家的经济增长

资料来源:[日]速水佑次郎:《发展经济学——从贫困到富裕》,科学社会文献出版社 2003 年版,第 491 页。

　　以上的分析表明,在第三次"中心—外围"格局中,处于"外围"的发展中国家始终处于不利的地位,经过几十年的发展,与"中心"国家的差距仍然较大,曾经的经济增长引擎——初级产品出口贸易,在第三次"中心—外围"格局中似乎已经面临极大的挑战。

第五章　自然资源与经济增长

尽管自然资源并非所有生产活动的直接要素,但却是一切生产活动的最终要素来源,是人类经济活动的基础,在一定程度上决定了人类经济发展的道路和模式。本章将从生产要素的角度,建立一个简单的包含自然资源的经济增长模型,分析自然资源对于经济增长的直接影响。

第一节　新古典经济学视野中的自然资源

1931 年,霍特林(Hotelling)在《政治经济学》期刊上发表了一篇名为《可耗竭资源的经济学》的文章,探讨了可耗竭资源对于经济增长的影响,被认为是资源经济学的开山之作。他认为,资源的稀缺是绝对的,因为不可再生资源的数量是一定的,不管是已发现还是未发现的,而人类对资源的需求是无限的。资源的稀缺是指获得资源的难度越来越大,也就是说,为获得资源的投入不断增加。例如对一个矿山来说,随着开采年限的增加,资源存量减少,开采的边际成本上升。因而,矿产品价格随开采边际成本增加而上升。他的研究认为,可耗竭资源的开采成本逐渐增加,在储量一定的情况下,要维持额外开采一单位可耗竭资源的现值不变,可耗竭自然资源的价格必须和利率以相同的速度增加,这就是著名的霍特林法则(Hotelling Rules)。用数学表示即 $p_t = p_0 e^{rt}$,p_t 为 t 期可耗竭资源的价格,p_0 为初期的价格,r 为利率,可见可耗竭资源价格 p_t 以一个固定的速度 r 增加。

然而,霍特林法则在实际经济活动中并没有得到有力的证明。一些资源产品的价格在时间序列上的变化规律,有些产品价格不仅不上升,反而下降,而有些资源产品价格是先下降后上升。从图 5.1 中我们可以看到,世界能源的价格并没有像霍特林法则说明的那样和利率保持相同的速度增长。因此,在霍特林的开创性研究之后,自然资源对于经济增长的影响在之后的近 50 年里,并没有得到经济学界的重视,这一时期的经济增长理论主要关注的是技术、物质资本、人力资本和制度。

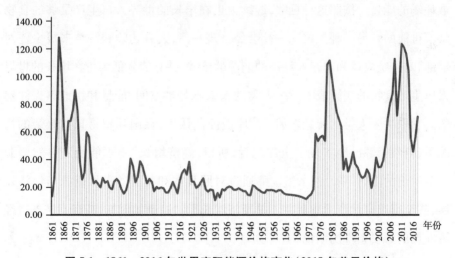

图 5.1 1861—2016 年世界实际能源价格变化(2018 年美元价格)

资料来源:英国 BP 公司:《BP 世界能源统计 2019》,https://www.bp.com/content/dam/bp/country-sites/zh_cn/china/home/reports/statistical-review-of-world-energy/2019/2019srbook.pdf。

20 世纪 70 年代初的世界性石油冲击,使得主要工业化国家的经济增长明显减速。同时,环境污染问题也越来越受到学术界的关注。1972 年,罗马俱乐部发表了《增长的极限》报告,认为由于世界人口的过快增长、资源存量的急剧下降和环境污染日益加重,全球的经济增长将会于21世纪某个时段内达到极限。这就激发了部分经济学家对自然资源约束与经济增长之间关系问题的重新关注。他们的结论是相对乐观的:技术进步条件下,即使自然资源存量有限,人口增长率为正,人均消费持续增长仍然是可能的。1980年以后,世界主要资源产品价格开始下降,这似乎验证了主流经济学家们的结论,增强了他们的信心。

1979年,舒尔茨在诺贝尔奖颁奖典礼的演讲很能代表当时的发展经济学和经济增长理论对于自然资源的看法。他认为,土地在经济增长中的作用被高估,而人的质量被低估。他指出:"有一种普遍的见解——自然地球观——,是适合生长食物的土地面积基本上是固定的,而耕作土地要供给正在被耗竭的能量。按照这种见解,继续为正在增长的世界人口生产足够的食物是不可能的。另一种见解——社会经济观——,人有才能和智慧来减少他对耕地、对传统农业和对正在耗竭的能源的依赖,并且能降低为正在增长的世界人口生产食物的实际成本……人类的未来不是被空间、能量和耕地事先注定的。它取决于人类的智慧发展。"[1]库兹涅茨认为,在国际贸易日益繁荣的情况下,自然资源已经实现了全球配置,所以,经济增长"不可能受到自然资源绝对缺乏的阻碍"[2]。速水佑次郎通过对照日本和美国的自然资源与经济发展,甚至得出自然资源禀赋并不是经济增长无法逾越的限制,甚至不是支持经济发展的必要条件的结论。[3]

---

① [美]舒尔茨:《穷人的经济学》,载王宏昌编译:《诺贝尔经济学奖金获得者讲演集1978—2007》,中国社会科学出版社2008年版,第54页。

② [美]库兹涅茨:《经济增长理论导论》,载莱卡希曼编:《国内外经济福利的国家政策》,转引自郭熙保主编:《经济发展:理论与政策》,中国社会科学出版2000年版,第226页。

③ [日]速水佑次郎:《发展经济学——从贫困到富裕》,李周译,社会科学文献出版社2003年版,第491页。

第二节 土地与经济增长

首先,假设土地的数量是固定不变的,所以土地的增长率为 0,即 $\dot{T}(t) = 0$。假设生产函数为 Cobb-Douglas 形式:

$$Y(t) = A(t)K(t)^{\alpha} T^{\beta} L(t)^{1-\alpha-\beta} \tag{5.1}$$

其中 $\alpha > 0$, $\beta > 0$, $\alpha + \beta < 1$, K 表示资本,T 表示土地数量,L 表示劳动,A 表示技术进步,生产函数对资本、土地和劳动是规模报酬不变的。假设储蓄率和资本折旧都是由外生给定的,分别为 s 和 δ,因此资本积累的动态方程为:

$$\dot{K} = sY(t) - \delta K(t) \tag{5.2}$$

假设人口出生率为外生给定的常数 n,劳动积累的动态方程为:

$$\dot{L}(t) = nL(t) \tag{5.3}$$

同样假设技术进步率 g 也是外生给定,技术进步的动态方程为:

$$\dot{A}(t) = gA(t) \tag{5.4}$$

把方程(5.1)左右两边同时除以人口数量 L,我们可以得到人均产出 y:

$$y = \frac{Y}{L} = A k^{\alpha} z^{\beta} \tag{5.5}$$

其中,$k = \dfrac{K}{L}$ 表示人均资本存量,$z = \dfrac{T}{L}$ 表示人均土地拥有量。

从方程(5.5)我们能够得到,人均产出与人均土地拥有量之间的关系。在土地产出份额 β 一定的情况下,人均土地拥有量越多的国家,人均收入水平越高;人均土地拥有量越少的国家,人均收入就越低。这样的结论也得到了历史事实的支持。麦迪森(Maddison)认为,西欧分支国家之所以比西欧国家的经济增长更快,是因为人均土地面积的巨大差异。在 1820 年,法国、德国和英国的人均土地面积平均为 1.5 公顷,而西欧分支国家则达到 240 公顷。① 1870 年,澳大利亚、美国和加拿大的真实工资比欧洲任何一个国家都高,阿根廷的真实工资比英国以外的任何欧洲国家都高。韦尔也认为:"直到 19 世纪,决定经济增长的最重要的自然资源一直是肥沃的土地。尽管欧洲的殖民者最早接近新大陆的目的是追求金子和银子,然而大量肥沃的土地正是驱使美洲经济增长的主要因素……这些土地丰富的国家就是吸引移民的大磁铁。"②

我们现在转向对经济增长动态的分析,看看土地如何影响一国的经济增长。由资本的积累方程 $\dot{K} = sY(t) - \delta K(t)$,我们得到资本的增长率 g_K 为:

$$g_K = \frac{\dot{K}(t)}{K(t)} = \frac{sY(t) - \delta K(t)}{K(t)} = s\frac{Y(t)}{K(t)} - \delta \qquad (5.6)$$

在均衡增长路径(balanced growth path)上,由于资本的增长率 g_K 为常数,方程(5.6)意味着 $\frac{Y(t)}{K(t)}$ 也为常数,所以总产出 Y 与资本 K 的增长率是相等的。为了能够更好地考察它们之间的相互关系,可以对生产函数方程(5.1)取对数,我们得到:

$$\ln Y(t) = \ln A(t) + \alpha \ln K(t) + \beta \ln T + (1 - \alpha - \beta) \ln L(t) \qquad (5.7)$$

方程(5.7)左右两边同时对时间 t 求导,由于土地的数量是固定不变的,所以其增长率为 0,变量取对数后对时间求导即为变量的增长率,我们得到:

$$g_Y(t) = g_A(t) + \alpha g_K(t) + \beta g_T + (1 - \alpha - \beta) g_L(t) \qquad (5.8)$$

把 T、A、L 的增长率 0、g、n 代入方程(5.8),我们得到下面的简化形式:

$$g_Y(t) = g + \alpha g_K(t) + (1 - \alpha - \beta) n \qquad (5.9)$$

根据上面的分析,在均衡增长路径上 $g_K = g_Y$,把这一条件代入方程(5.9)

---

① [英]安格斯·麦迪森:《世界经济千年统计》,伍晓鹰等译,北京大学出版社 2009 年版,第 67 页。

② [美]戴维·N.韦尔:《经济增长》,金志农等译,中国人民大学出版社 2007 年版,第 402 页。

中,我们得到:

$$g_Y^{bgp} = \frac{g + (1 - \alpha - \beta)\, n}{1 - \alpha} \tag{5.10}$$

g_Y^{bgp} 表示均衡增长路径上总产出 Y 的增长率。

方程(5.10)表明,一国总产出的增长率是技术进步和人口增长率综合作用的结果,而与土地的数量 T 无关,也就是说,土地并不决定一个国家总产出的增长率。在其他条件一定的情况下,技术进步和人口增长对总产出的增长率存在推动作用。

由方程(5.10),我们很容易得到人均产出的增长率 $g_{\frac{Y}{L}}^{bgp}$ 为:

$$\begin{aligned} g_{\frac{Y}{L}}^{bgp} &= g_Y^{bgp} - g_L^{bgp} \\ &= \frac{g + (1 - \alpha - \beta)\, n}{1 - \alpha} - \frac{g - \beta n}{1 - \alpha} \end{aligned} \tag{5.11}$$

方程(5.11)表明,在均衡增长路径上,人均产出的增长率可能为正,也可能为负,这取决于 g 和 βn 的大小。如果技术进步的速度快于人口增长的速度,那么经济就会增长;如果技术进步的速度慢于人口增长的速度,那么经济就会衰退,这正是马尔萨斯想要表达的观点。

第三节　可耗竭资源与经济增长

现在我们转向自然资源对于经济增长的影响,假设生产函数仍然为 Cobb-Douglas 形式:

$$Y(t) = A(t)K(t)^{\alpha}R(t)^{\beta}L(t)^{1-\alpha-\beta} \tag{5.12}$$

其中 $\alpha > 0$, $\beta > 0$, $\alpha + \beta < 1$, K 表示资本,R 表示自然资源,L 表示劳动,A 表示技术进步,生产函数对资本、自然资源和劳动是规模报酬不变的。资本积累的动态方程、劳动积累的动态方程和技术进步的动态方程如前文所述。

由于许多自然资源的供给量是有限或者是固定的,随着人口的不断增加和经济的快速发展,人类彻底用完石油、天然气、煤、铜等自然资源是非常有可能的。所以,假设自然资源的初始储量为一固定不变的常数 R_0 ,每期的自然资源消耗量为 E,即 $\dot{R} = - E$ 。再假设自然资源每期按照一个固定的比例 b 消耗,我们得到:

$$\frac{\dot{R}}{R} = - b \qquad (5.13)$$

其中 $0 < b < 1$,如图 5.2 所示,自然资源储量会随着时间而呈现出指数式衰减, t 期自然资源的储量为:

$$R(t) = R_0 \, e^{-bt} \qquad (5.14)$$

每期生产中使用的自然资源数量 E 为:

$$E = bR(t) = b \, R_0 \, e^{-bt} \qquad (5.15)$$

类似于劳动和技术的积累方程,自然资源积累的动态方程为:

$$\dot{R}(t) = - bR(t) \qquad (5.16)$$

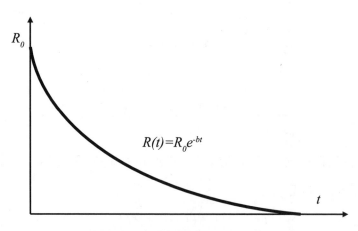

图 5.2　自然资源储量的衰减过程

自然资源的地理分布并不均匀,有的国家自然资源相对丰裕,有的国家自然资源相对缺乏,但是自然资源的丰裕或者缺乏不能仅仅看自然资源的总量,还要看这个国家或者地区的人均自然资源拥有量。基于这样的分析,我们用人均自然资源拥有量来表示自然资源的丰裕程度,把方程(5.1)左右两边同时除以人口数量 L,我们可以得到人均产出 y:

$$y = \frac{Y}{L} = A k^\alpha r^\beta \tag{5.17}$$

其中, $k = \frac{K}{L}$ 表示人均资本存量, $r = \frac{R}{L}$ 表示人均自然资源拥有量。

从方程(5.17)我们能够得到,人均产出与人均自然资源拥有量之间的关系。在自然资源的产出贡献份额 β 一定的情况下,人均自然资源越丰裕的国家,人均收入水平越高;人均自然资源拥有量越少的国家,人均收入就越低。

同时,我们要注意的是,如果一个国家的经济更加依赖于自然资源,即产出中自然资源贡献的份额 β 较大,人均自然资源拥有量越高的国家,人均收入就越高,这就解释了为什么同期 OPEC 国家的人均收入水平比其他发展中国家要高。如果一个国家的经济更加依赖于技术和资本,那么技术 A 和资本的产出贡献份额 α 就较大,则人均自然资源的拥有量并不能决定人均产出的大小,这也就解释了为什么日本这样资源稀缺的国家能够依靠技术和资本获得较高的人均收入。

从第二章的分析中我们知道,自然资源丰裕的国家人均 GDP 比自然资源稀缺的国家相对要高,英国因为拥有丰富的煤炭资源,所以最早发生了工业革命,获得了较快的发展,最终从西欧各国中脱颖而出,成为世界头号经济强国,而当时的法国由于煤炭储量不足,每年需要花大量的外汇从国外进口,所以工业化进程就相对较为缓慢。同样,19 世纪以来,美国的人均收入水平一直要比西欧高出 50%,麦迪森认为:"这些差距产生的部分原因是自然资源禀赋上的巨大差异。"

从图 5.3 中我们看到,对于当今的发展中国家而言,自然资源同样也是经济增长的重要因素。根据世界银行(2006)的估计,自然资本解释了发展中国家26%的财富,中低收入国家19%的财富,中高低收入国家15%的财富,经济合作组织国家(OECD)仅仅2%的财富,世界平均水平4%的财富。可见,随着国家富裕程度的提高,自然资本所占份额呈下降趋势,而无形资本呈上升趋势。从图5.3我们看到,2014年自然资本在低收入国家财富构成中的比重仍然高达47%,而生产资本占比仅为14%,人力资本占比为41%,相比于2000年,自然资本的占比不但没有下降反而上升了。中低收入国家的自然资本占比从19%提高到27%,世界平均水平也从4%提高到9%。其中的部分原因可能是世界银行调整统计分类的结果,但是总体而言低收入国家和中低收入国家自然资本占比增长还是非常明显的。

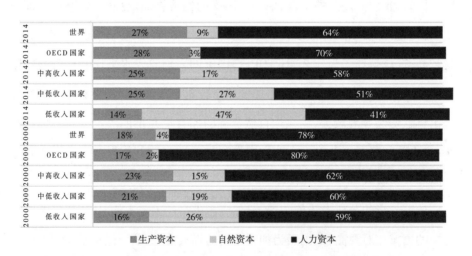

图5.3 2000年和2014年不同收入组国家总财富的构成对比

注:生产资本(Produced Capital)指机器、设备、建筑(包括基础设施)和城市土地;自然资本(Natural Capital)指土地资源、森林及地下资源;无形资本(Intangible Capital)指人力资本、制度质量和政府等一系列广泛资产。2006年,世界银行报告把2000年人力资本称为无形资本;2018年,世界银行报告进一步增加了国外净资产分类,2006年报告无此分类。

资料来源:World Bank, *Where is the Wealth of Nations*? Washington D.C., 2006, p.26; World Bank, *The Changing Wealth of Nations*, 2018, http://pubdocs.worldbank.org/en/300601517332742001/CWON-Infographic-online-final.pdf.

我们现在转向对经济增长动态的分析,探究自然资源如何影响一国的经济增长。为了能够更好地考察它们之间的相互关系,可以对生产函数方程(5.12)取对数,我们得到:

$$\ln Y(t) = \ln A(t) + \alpha \ln K(t) + \beta \ln R(t) + (1 - \alpha - \beta)\ln L(t) \qquad (5.18)$$

方程(5.18)左右两边对时间 t 求导,由于变量取对数后对时间求导即为变量的增长率,我们得到:

$$g_Y(t) = g_A(t) + \alpha\, g_K(t) + \beta\, g_R(t) + (1 - \alpha - \beta)\, g_L(t) \qquad (5.19)$$

把 R、A、L 的增长率 $-b$、g、n 代入方程(5.5),我们得到下面的简化形式:

$$g_Y(t) = g + \alpha\, g_K(t) - \beta b + (1 - \alpha - \beta)\, n \qquad (5.20)$$

根据上面的分析,在均衡增长路径上 $g_K = g_Y$,把这一条件代入方程(5.20)中,我们得到:

$$g_Y^{bgp} = \frac{g - \beta b + (1 - \alpha - \beta)\, n}{1 - \alpha} \qquad (5.21)$$

方程(5.21)表明,一国总产出的增长率是技术进步、自然资源、人口数量三种力量综合作用的结果。由于自然资源消耗率以 $-\beta b$ 的形式进入增长率方程(5.21),所以可耗竭资源对于一国的经济增长存在阻碍。在 α 一定的情况下,自然资源对 GDP 增长的阻碍作用的大小既取决于自然资源的消耗率 b,也取决于自然资源在经济增长中的作用大小,即自然资源的产出贡献份额 β。如果一国经济既严重依赖自然资源,又有较高的自然资源消耗率,那么总产出的增长率就越慢。方程(5.21)也表明,在其他条件一定的情况下,技术进步和人口增长对总产出的增长率存在推动作用。

由方程(5.21),我们很容易得到人均产出的增长率 $g_{\frac{Y}{L}}^{bgp}$ 为:

$$g_{\frac{Y}{L}}^{bgp} = g_Y^{bgp} - g_L^{bgp} = \frac{g - \beta b + (1 - \alpha - \beta)\, n}{1 - \alpha} - n = \frac{g - \beta(b + n)}{1 - \alpha} \qquad (5.22)$$

方程(5.22)表明,在均衡增长路径上,人均产出的增长率可能为正,也可能为负,这取决于 g 和 $\beta(b+n)$ 的大小,我们把 g 定义为经济增长的推力(pull), $\beta(b+n)$ 定义为经济增长的拉力(drag)。

$$pull = g \tag{5.23}$$

$$drag = \beta(b+n) \tag{5.24}$$

$$g_{\frac{Y}{L}}^{bgp} = g_Y^{bgp} - g_L^{bgp} = pull - drag \tag{5.25}$$

很显然,在 α 一定的情况下, $pull$ 的大小取决于技术进步率 g 的大小。技术进步率 g 越大,人均产出增长率,即经济增长率就越高。$drag$ 的大小同样既取决于资源的消耗率和人口的增长率 $(b+n)$,也取决于自然资源在总产出中的贡献份额 β 。如果资源的消耗率 b 越大,自然资源在总产出中所占的贡献份额越高,则人均产出增长率,即经济增长率就越低。与总产出增长率和人口增长之间的正相关关系不同,人口增长对人均产出增长率却是负的影响,人口增长率 n 越高,人均产出增长率越高。但是,人均产出增长率不仅取决于人口增长率 n 的大小,也取决于自然资源在总产出中的贡献份额 β ,这就说明,如果一国的人口增长速度非常快,同时,经济又非常依赖于自然资源,那么,一国人均产出增长率就越低。

上面的分析表明,经济增长就是 $pull$ 和 $drag$ 之间的赛跑,如果 $pull$ 大于 $drag$,则经济就会继续增长,如果 $pull$ 小于 $drag$,则经济就会陷入衰退。

第四节　自然资源对经济增长的综合影响

现在,在原有的模型中同时加入土地和自然资源,以分析它们对于经济增长的综合影响,假设生产函数仍然为 Cobb-Douglas 形式:

$$Y(t) = A(t)K(t)^{\alpha}R(t)^{\beta}T^{\gamma}L(t)^{1-\alpha-\beta-\gamma} \tag{5.26}$$

其中 $\alpha > 0, \beta > 0, \gamma > 0, \alpha + \beta + \gamma < 1$,生产函数对资本、自然资源、土

地和劳动是规模报酬不变的。资本积累的动态方程、劳动积累的动态方程、土地积累的动态方程和技术进步的动态方程如前文所述。

为了能够更好地考察它们之间的动态关系,可以对生产函数方程(5.26)取对数,我们得到:

$$\ln Y(t) = \ln A(t) + \alpha \ln K(t) + \beta \ln R(t) + \gamma \ln T(t) + (1 - \alpha - \beta - \gamma) \ln L(t)$$

$$(5.27)$$

方程(5.27)左右两边对时间 t 求导,由于变量取对数后对时间求导即为变量的增长率,我们得到:

$$g_Y(t) = g_A(t) + \alpha g_K(t) + \beta g_R(t) + \gamma g_T + (1 - \alpha - \beta - \gamma) g_L(t)$$

$$(5.28)$$

把 R、A、L、T 的增长率 $-b$、g、n、0 代入方程(5.28),我们得到下面的简化形式:

$$g_Y(t) = g + \alpha g_K(t) - \beta b + (1 - \alpha - \beta - \gamma) n \qquad (5.29)$$

根据上面的分析,在均衡增长路径上 $g_K(t) = g_Y(t)$,把这一条件带入方程(5.29)中,我们得到:

$$g_Y^{bgp} = \frac{g - \beta b + (1 - \alpha - \beta - \gamma) n}{1 - \alpha} \qquad (5.30)$$

方程(5.30)表明,一国总产出的增长率并不受土地的影响,是技术进步、自然资源、人口数量三种力量综合作用的结果。可耗竭资源对于一国的经济增长存在阻碍,技术进步和人口增长对总产出的增长率存在推动作用。

由方程(5.30),我们很容易得到人均产出的增长率 $g_{\frac{Y}{L}}^{bgp}$ 为:

$$g_{\frac{Y}{L}}^{bgp} = g_Y^{bgp} - g_L^{bgp} = \frac{g - \beta b - (\beta + \gamma) n}{1 - \alpha} \qquad (5.31)$$

方程(5.31)表明,在均衡增长路径上,在 α 一定的情况下,技术进步率 g 越大,人均产出增长率,即经济增长率就越高;资源的消耗率 b 越大,自然资源在总产出中的贡献份额越高,则人均产出增长率,即经济增长率就越低;人口增长率 n 越高,人均产出增长率越低。同时,人均产出增长率不仅取决于人口增长率 n 的大小,也取决于自然资源和土地在总产出中的贡献份额 β 与 γ ,这就说明,如果一国的人口增长速度较快,同时,经济又非常依赖于自然资源与土地,那么,人口增长稀释了人均自然资源与土地的拥有量,减缓一国人均产出增长率,对经济增长造成较大的压力。

诺德豪斯(Nordhaus)对自然资源和土地对于经济增长的影响进行了详细的分析。[①] 根据他的分析和计算,各个参数的值为:

$$\alpha = 0.2 , \beta = 0.1 , \lambda = 0.1 , b = 0.005$$

把这些参数值代入方程(5.31),我们就可以得到自然资源与土地对经济增长造成的拉力大小:

$$drag = \frac{\beta b + (\beta + \gamma) n}{1 - \alpha} = 0.0031$$

即0.31%的经济增长拉力,能使美国人均收入从1776年签署《独立宣言》到2001年的225年间,在2001年人均收入的基础上再翻一番。

① Nordhaus, W D., "Lethal Model 2: The Limits to Growth Revi Sited" , *Brookings Papers on Economic Activity*, No.2(1992), pp.1-43.

第六章　自然资源丰裕与制度质量

自然资源丰富国家的政府往往缺乏制度创新的动力,而是通过重新分配自然资源租来获得政治权力。但是,自然资源价格的波动使得自然资源租的获得并不稳定,在自然资源价格较低的时期,政府为了再次当选,继续掌握政治权力,就会通过增加自然资源开采数量来获得足够多的自然资源租,这样就会使得自然资源依赖型经济偏离有效率的发展路径,使得经济增长的可持续发展受到影响。本章将在罗宾逊(Robinson)等人①的基础上发展一个更加紧凑的两阶段完全信息动态博弈模型,以捕捉自然资源价格变化如何通过既有的政治体制影响经济增长。

第一节　资源开发的政治激励

假设下任政府存在两个竞选者,分别为 A 和 B,其中竞选者 A 为在位当权者。每个竞选者都是理性的效用最大化者,既关心自己的经济利益,也关心政治利益。其中政治利益通过支持者的收入来体现,因为支持者的收入越高,

---

① Robinson, J. A., Torvik, R., Verdier, T., "Political Foundations of the Resource Curse", *Journal of Development Economics*, Vol.79(2006), pp.447-468.

竞选获胜的可能性越大,其政治生涯也就越长。竞选者的效用函数可以用下式表示:

$$V_t^i = X_t^i + \alpha \int Z_t^i \mathrm{d}i \ , \ i \in \{A,B\} \ , \ t \in \{1,2\} \tag{6.1}$$

其中,X_t^i 表示第 i 个竞选者 t 期获得的收入,外生参数 α 反映竞选者对自身政治利益的关注程度,也即对支持者的关注程度,我们假设 $\alpha < 1$,竞选者对经济利益的关注胜于对政治利益的关注。Z_t^i 表示第 i 个竞选者的支持者 t 期获得的收入,竞选者通过提供工作岗位、增加收入、税收优惠和转移支付提高支持者的收入,因此,Z_t^i 的具体形式如下所示:

$$Z_t^i = \omega_t^i + T_t^i - \tau_t^i \tag{6.2}$$

其中,ω_t^i 表示工资收入,T_t^i 表示转移支付,τ_t^i 表示一次性税收优惠。支持者把票投给竞选者 A 的条件是:

$$Z_t^i(A) > Z_t^i(B) \tag{6.3}$$

我们把第 1 阶段之前的所有选民的数量标准化为 1。初始状态下,选民对于竞选者没有任何政治或者其他偏见,选民也相应地分为 A 和 B 两组。支持竞选者 A 和竞选者 B 的人数是均匀分布的,分别为 $\frac{1}{2}$。

G_t 表示 t 期在公共部门工作的工人数量,相应地 $1 - G_t$ 表示在私人部门工作的工人数量。假设自然资源储量不变的情况下,第 1 期开采的自然资源数量为 e,剩余的自然资源储量为 $R(e)$,且 $R'(e) < 0, R''(e) < 0$。两阶段完全信息动态博弈模型行动顺序如下:

(1)在位的竞选者选择政策向量 $(W_1, G_1^i, e, T_1^i, \tau_1^i)$;

(2)第 1 期生产、资源开采、税收和消费发生;

(3)竞选者 1 和竞选者 2 通过提供不同的政策向量 $(W_1(A), G_1^i(A), T_1^i(A), \tau_1^i(A))$ 和 $(W_2(A), G_2^i(A), T_2^i(A), \tau_2^i(A))$ 对选民进行游说;

（4）赢得竞选的竞选者成功当权，并根据事后最优的原则实施政策；

（5）第2期的生产、资源开采、税收和消费发生。

我们采用逆向归纳法求解模型。由于选民和竞选者之间是完全信息，选民知道竞选者是事后优化的，成功的竞选者不可能完全履行自己的竞选承诺，因此税收优惠和转移支付的事前承诺并不可信。增加公共部门的就业岗位的承诺同样不可信。不仅如此，当选的竞争者和公共部门工人就最优工资进行劳资谈判，也会根据事后最优化原则辞退公共部门工人。我们假设公共部门是一个生产率相对较低的部门，其生产率为0，私人部门生产率为 H。

假设在位的竞选者 A 当选，其最优化行为可以表示如下：

$$\max_{W_1, G_1^A, e} \ \pi_1^A + \pi_2^A \tag{6.4}$$

$$\pi_1^A = p_1 e - W_1 G_1 + \alpha W_1 G_1 + \alpha \left(\frac{1}{2} - G_1\right) H$$

$$\pi_2^A = \omega(G_1) \left[p_2 R(e) - W_2^* G_1 + \alpha W_2^* G_1 + \alpha \left(\frac{1}{2} - G_1\right) H \right]$$

$$+ \left[1 - \omega(G_1) \right] \alpha \frac{1}{2} H$$

其中，π_1^A 表示竞选者 A 第1期获得的期望效用，π_2^A 表示竞选者 A 第2期获得的期望效用，W_2^* 为根据逆向归纳法求出的第2期可信最优工资，ω 为竞选者 A 再次当选的概率。

$$\omega(G_1) = \Pr\left\{ N_B + N_A^C + N_A^P \geqslant \frac{1}{2} \right\}$$

N_B 为 B 组选举人中支持竞选者 A 的比例，N_A^C 为 A 组选举人中来自公共部门的竞选者 A 的支持者，N_A^P 为来自私人部门的支持者。方程（6.4）对 e、G_1 求一阶导数，我们得到：

$$p_1 + \omega(G_1) p_2 R'(e) = 0 \tag{6.5}$$

$$- H[1 + \omega(G_1)] - (1 - \alpha)F[1 - \omega(G_1)] + \omega'(G_1)\left[p_2 R(e) - H G_1 + (1 - \alpha) F G_1 + \frac{1}{2}\alpha F\right] = 0$$

$$(6.6)$$

假设存在一个具有完全信息的中央计划者,中央计划者的目标是实现整体社会福利的最大化,因此,中央计划者选择的自然资源的跨期最优开采量应该满足:

$$\max_e p_1 e + p_2 R(e) \tag{6.7}$$

求解一阶条件,我们得到:

$$p_1 + p_2 R'(e^*) = 0 \tag{6.8}$$

比较方程(6.5)和方程(6.8),由于 $\omega(G_1) < 1$ 且 $R'(e) < 0$,于是我们得到 $e > e^*$,也就表明当前的在位者为了能够获得再次当选,会过度地开采自然资源,降低了资源开采的效率,使得自然资源产业的可持续发展受到影响。

为了能够考察自然资源价格对自然资源产业发展的影响,我们可以把方程(6.5)和方程(6.6)重新用微分形式表达如下:

$$\mu_1 \mathrm{d}e + \mu_2 \mathrm{d} G_1 = \mu_3 \mathrm{d} p_1 + \mu_4 \mathrm{d} p_2 \tag{6.9}$$

$$\rho_1 \mathrm{d}e + \rho_2 \mathrm{d} G_1 = \rho_3 \mathrm{d} p_1 + \rho_4 \mathrm{d} p_2 \tag{6.10}$$

其中:

$$\mu_1 = \omega p_2 R'' < 0, \mu_2 = \omega' p_2 R' < 0, \mu_1 = -1, \mu_1 = \omega R' < 0$$

$$\rho_1 = \omega' p_2 R' < 0, \rho_2 = -2[H - (1 - \alpha) F] \omega' < 0, \rho_1 = 0, \rho_1 = -\omega' R < 0$$

我们假设资源价格会呈现永久性繁荣,即 $\dfrac{\mathrm{d}p_1}{p_1} = \dfrac{\mathrm{d}p_2}{p_2} = \dfrac{\mathrm{d}p}{p}$,根据方程(6.9)和方程(6.10),我们得到:

$$\frac{\mathrm{d}e}{\dfrac{\mathrm{d}p}{p}} = \frac{p_2 R(\omega')^2 R'}{D} < 0 \tag{6.11}$$

根据方程(6.8),我们得到:

$$\frac{\dfrac{\mathrm{d}e^*}{\mathrm{d}p}}{p} = 0 \tag{6.12}$$

方程(6.11)表明,如果自然资源价格的永久性繁荣,降低了自然资源的开采数量,既然 $e > e^*$,所以自然资源价格的永久性繁荣,也提高了自然资源开采的效率,促进了自然资源行业的可持续发展。

同理,根据方程(6.8)、方程(6.9)和方程(6.10),我们得到:

$$\frac{\mathrm{d}e}{\mathrm{d}p_1} = \frac{2[H - (1 - \alpha)F]\,\omega'}{D\,p_2} > 0 \tag{6.13}$$

$$\frac{\mathrm{d}e^*}{\mathrm{d}p_1} = -\frac{1}{R''\,p_2} \tag{6.14}$$

把 D 代入方程(6.13),经过整理会得到:

$$\frac{2[H - (1 - \alpha)F]\,\omega'}{D\,p_2} > -\frac{1}{R''\,p_2} \tag{6.15}$$

于是,我们就得到:

$$\frac{\mathrm{d}e}{\mathrm{d}p_1} > \frac{\mathrm{d}e^*}{\mathrm{d}p_1}$$

显然,由于 $\dfrac{\mathrm{d}e}{\mathrm{d}p_1} > 0$,所以,自然资源价格的暂时性繁荣,增加了自然资源的开采量;也由于 $e > e^*$,所以,自然资源的暂时性繁荣,降低了自然资源开采的效率,阻碍了自然资源行业的可持续发展。同理,根据方程(6.8)、方程(6.9)和方程(6.10),我们得到:

$$\frac{\mathrm{d}e}{\mathrm{d}p_2} = \frac{2[H - (1 - \alpha)F]\,\omega\,\omega'\,R' + p_2(\omega')^2 R\,R'}{D\,p_2} < 0 \tag{6.16}$$

$$\frac{\mathrm{d}e^*}{\mathrm{d}p_2} = -\frac{R'}{R''\,p_2} < 0 \tag{6.17}$$

所以,预期的自然资源价格上升降低了自然资源的开采数量。比较方程

(6.16)和方程(6.17),我们得到:

$$\frac{de}{dp_2} < \frac{de^*}{dp_2} \tag{6.18}$$

由于 $e > e^*$,方程(6.18)表明预期的自然资源价格上升提高了自然资源的开采效率,延长了其发展的可持续性。

第二节　制度质量与企业家才能

许多学者把自然资源"诅咒"经济增长的原因归咎于制度。由于产权安排不合理和相关法律不健全,资源收入更易于被私人所获取,既得利益者为了确保当前和未来对自然资源的排他性占有,便会通过现金或者股票的形式大肆贿赂政府官员。因此,自然资源对于经济增长的影响是"诅咒"还是"福音",主要取决于制度的质量,如果制度是亲掠夺者(Grabber-friendly)的,那么自然资源丰裕就是经济增长的"福音",如果制度是亲生产者(Producer-friendly)的,那么自然资源丰裕就是经济增长的"魔咒"。[1]

假设经济中的企业家被分成两类,一类是生产者(用 n_P 表示),生产者既进行生产性活动,也进行资源租金掠夺性活动;一类是专业化的资源租金的掠夺者(用 n_G 表示),因此所有企业家可以表示为 $N = n_P + n_G$。生产者的目标是通过生产实现利益最大化。掠夺者的目标是获取自然资源租金 R,掠夺者获得的租金大小取决于掠夺者自身能力的大小和国家制度的质量 λ($0 < \lambda < 1$)。λ 越小,制度越是亲掠夺者的。极端地,当 $\lambda = 0$ 时,表示制度是完全亲掠夺者的,

① 参见 Mehlum, Halvor, Karl Moene, Ragnar Torvik, "Institutions and the Resource Curse", *Economic Journal*, Vol.116, No.508 (2006), pp.1-20; 也参见 Kevin M. Murphy, Andrei Shleifer and Robert W. Vishny, "Industrialization and the Big Push", *The Journal of Political Economy*, Vol.97, No.5 (1989), pp.1003-1026.

掠夺者占有了所有的自然资源租金,每人获得$\frac{R}{n_G}$;当$\lambda = 1$时,掠夺者和生产者平分了自然资源租金,每人获得$\frac{R}{N}$。$\frac{1}{\lambda}$表示专业化于掠夺活动获得的相对资源收益,λ越小,专业从事资源掠夺获得的自然资源租金的比例越高。s表示掠夺者获得的自然资源租金的比例,掠夺者获得的自然资源租金为:

$$\pi_G = s\frac{R}{N} \tag{6.19}$$

当然,所有企业家获得的自然资源租金份额等于1,即$(1-\alpha)s + \alpha\lambda s = 1$。这样我们就得到$s$的表达式:

$$s = s(\alpha,\lambda) \equiv \frac{1}{1 - \alpha(1-\lambda)} \tag{6.20}$$

可见,s是生产者比例$\alpha = \frac{n_P}{N}$的增函数,是制度质量λ的减函数。生产者获得的利润一部分来自生产利润π,一部分来自资源租金π_P。因此,生产者获得的利润为:

$$\pi_P = \pi + \lambda s(\alpha,\lambda)\frac{R}{N} \tag{6.21}$$

下面我们将分析生产者从生产活动中获得的利润π,这里采用了 Mehlum 等人模型中π的简化形式[①]。假设生产函数只有一种生产要素劳动L;产品的均衡价格p和工资w均简化为1,即$p = w = 1$;劳动的边际产出为常数β(假设$\beta > 1$),所以边际成本为$\frac{1}{\beta}$;共生产M种产品,每种产品的数量都相等,均为q。所以,生产一种产品给企业家带来的利润π为:

---

① 参见 Mehlum,Halvor,Karl Moene,Ragnar Torvik,"Institutions and the Resource Curse",*Economic Journal*,Vol.116,No.508(2006),pp.1-20;也参见 Kevin M.Murphy,Andrei Shleifer and Robert W.Vishny,"Industrialization and the Big Push",*The Journal of Political Economy*,Vol.97,No.5(1989),pp.1003-1026。

$$\pi = p \times q - mc \times q = \left(1 - \frac{1}{\beta}\right) q \qquad (6.22)$$

总收入 Y 由自然资源租金 R 和生产活动创造的收益两部分构成,其中,生产活动创造的收益既包括劳动工资 L 也包括利润。所以总收入 Y 由下式决定:

$$Y = R + M \times q = R + L + n_P \pi \qquad (6.23)$$

由(6.22)式和(6.23)式简化得到 q:

$$q = \frac{\beta L}{\beta M - (\beta - 1) n_P} \qquad (6.24)$$

把(6.24)式代入(6.22)式,我们得到:

$$\pi(n_P) = \left(1 - \frac{1}{\beta}\right) \times \frac{\beta L}{\beta M - (\beta - 1) n_P} = \frac{(\beta - 1) L}{\beta M - (\beta - 1) n_P} \qquad (6.25)$$

由于 β 大于1,所以 π 是生产者比例 $n_P = \alpha N$ 的增函数。我们把(6.20)式代入(6.19)式,把(6.20)式和(6.25)式代入(6.21)式,得到:

$$\pi_G = s \frac{R}{N} = \frac{1}{1 - \alpha(1 - \lambda)} \times \frac{R}{N} \qquad (6.26)$$

$$\pi_P = \pi(\alpha N) + \lambda \, \pi_G \qquad (6.27)$$

可见, π_P 和 π_G 都是 α 的增函数。

根据上面的分析,一国经济根据本国制度质量的不同,可能出现三种不同的均衡模式:

(1)纯生产者均衡:当 $\pi_P > \pi_G$ 时,经济进入一种纯生产者均衡, $\alpha = 1$;

(2)纯掠夺者均衡:当 $\pi_P < \pi_G$ 时,经济进入一种纯掠夺者均衡, $\alpha = 0$;

(3)混合均衡:当 $\pi_P = \pi_G$ 时,经济进入一种混合均衡, $\alpha \in (0,1)$ 。

我们假设经济中不会出现没有生产者,而只有专业化的掠夺者的情况①,

———————————

① 因为当 $\alpha = 0$ 和 $\lambda = 0$ 时, $\pi_P \geqslant \pi_G$ 。

即纯掠夺者均衡不会出现。所以,经济中可能出现的均衡只有纯生产者均衡和混合均衡两种。因此,一定存在一个制度质量的门槛值 λ^*。

可见,自然资源对于一国经济发展的影响主要取决于其制度质量。当制度质量较高时,即 $\lambda \geq \lambda^*$ 时,均衡是生产均衡,所有的企业家都是生产者($\pi_P \geq \pi_G$, $\alpha = 1$)。此时,自然资源充裕是一国经济增长的有利条件,自然资源的租金 R 越大,其收益也就越高。因为,当一国的制度质量相对较高时,自然资源就能够得到有效利用。在一个制度质量较高的国家,个体从事合乎社会需要的经济活动得到政府的有效保护。

当一国的制度质量相对较低时,即 $\lambda < \lambda^*$ 时,最终的均衡是掠夺者均衡。一些企业家是生产者,另一些企业家是强占者($\pi_P = \pi_G$, $\alpha \in (0,1)$),充裕的自然资源是对经济增长的一种"诅咒"。因为来自自然资源的租金 R 越大,则被用于设租与寻租的自然资源就越多,自然资源对经济增长的贡献也就越小。因为,较低的制度质量损害了个体从事生产活动的主动性和积极性,从而阻碍了一国的经济增长。

第三节　资源型经济的可持续发展

发展中国家和发达国家的制度治理总体而言有一定的差异,一些发展中国家的制度质量相对较差,为掠夺者的发展提供了发展空间,进一步破坏了制度质量,从而使发展中国家资源型经济的可持续发展面临更为急迫的调整。本节在上一节的基础上,进一步分析了资源型经济的可持续发展。根据方程(6.23),我们得到生产者均衡的总收入为:

$$Y = N_\pi(N) + R + L \tag{6.28}$$

根据方程(6.27),在掠夺者均衡中,下式成立:

$$\pi_P(1 - \lambda) = \pi(\alpha N) \tag{6.29}$$

根据方程(6.23)和方程(6.29)，我们得到掠夺者均衡的总收入为：

$$Y = \frac{N}{1-\lambda} N(\alpha N) + L \qquad (6.30)$$

根据方程(6.28)、方程(6.30)和方程(6.19)，我们得到：

$$\frac{\partial \alpha}{\partial R} = \frac{\dfrac{\partial \pi_P}{\partial R} - \dfrac{\partial \pi_G}{\partial R}}{\dfrac{\partial \pi_G}{\partial \alpha} - \dfrac{\partial \pi_P}{\partial \alpha}} < 0 \qquad (6.31)$$

方程(6.31)表明，在一个生产者均衡中，自然资源丰裕是经济增长的"福音"，能够促进经济增长；在一个掠夺者均衡中，自然资源丰裕是经济增长的"诅咒"，阻碍经济增长。

自然资源"诅咒"的对象既可能是发展中国家也可能是发达国家。但是，如果我们把视角聚焦于发展中国家，就会发现，由于发展中国家自然资源的产权不明晰，制度质量相对较差，发展中国家更容易陷入一种掠夺者均衡，而遭受资源的"诅咒"；发达国家则更容易进入一种生产者均衡，而享受自然资源带来的"福音"。因此，相比于发达国家而言，发展中国家诱发"诅咒"的病灶远比发达国家严重。

为了更好地呈现资源依赖与制度质量之间的关系，在图6.1中，我们绘制了农业原材料出口占比与清廉指数的相关性。农业原材料出口比重高的国家，由于对自然资源的控制是获取利润的重要方式，所以掠夺者盛行，廉洁指数相对较低，从而进一步损害了制度质量，即有可能陷入一种掠夺者均衡，使得经济的长期增长失去制度保障。

为了更好地比较，我们在图6.2中绘制了燃料出口占比与清廉指数的相关性。总体而言，燃料出口和清廉指数呈现负相关性，但是并不明显，其中的根本原因可能就在于不同国家的制度质量不同，在阻止掠夺者经济方面的效果不同，所以可能呈现出不同的分布状态。

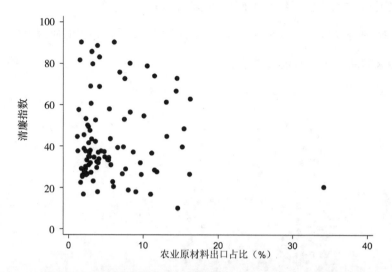

图 6.1 农业原材料出口占比与清廉指数相关性（2012—2017 年）

资料来源：清廉指数来自透明国际（Transparency International）各年报告（2013—2018 年），见 https://countryeconomy.com/government/corruption-perceptions-index。

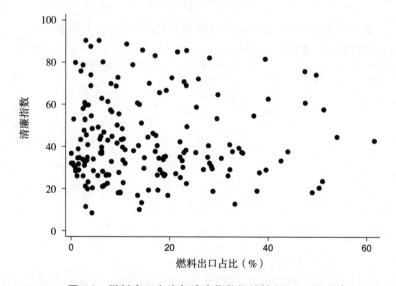

图 6.2 燃料出口占比与清廉指数相关性（2012—2017 年）

资料来源：清廉指数来自透明国际（Transparency International）各年报告（2013—2018 年），见 https://countryeconomy.com/government/corruption-perceptions-index。

在图 6.3 中,我们又绘制了矿物和金属出口占比与清廉指数的相关性,我们发现矿物出口与清廉指数也是呈现弱的正相关关系。其中的原因可能也和各个国家的制度质量有很大关系。

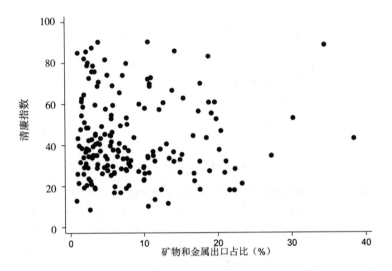

图 6.3 矿物和金属出口占比与清廉指数相关性(2012—2017 年)

资料来源:清廉指数来自透明国际(Transparency International)各年报告(2013—2018 年),见 https://countryeconomy.com/government/corruption-perceptions-index。

第七章　自然资源丰裕与技术创新

第一节　自然资源行业创新

一、资源开发与创新

　　自然资源作为最终的生产要素对于经济增长的作用是毋庸置疑的。在发展初期,资源型地区发展资源型产业,走资源依赖型发展道路,是在经济系统内部各产业相互竞争和相互作用下,经过市场自然选择后形成的,具有一定的自发性、内生性和合理性。因此,破解"资源诅咒"窘境,跳出"资源依赖型陷阱"的重要思路之一,并非简单地否定资源发展战略,而是应该着眼长远,构建可持续的内生增长能力,实现经济增长的动能转换和换道超越。在新形势下,资源型地区必须放弃原有的发展模式,逐渐适应新常态。在积极去除多余资源开发产能的同时,必须限制高耗能、高污染、高排放项目重复建设。与此同时,应基于资源丰裕这一客观事实,通过建立创新体系,提升资源产业的创新能力,进而提高其全球竞争力和附加值,带动上下游产业共同发展,并向其他产业扩散。例如,挪威的铝业和油气产业在国家创新的推动下,由最初依赖自然资源和外国技术,逐渐发展成为世界铝制品行业的创新中心,油气开采和供应技术也始终处于世界前沿。

　　创新能力是多种因素综合作用的结果,其中最重要的影响因素之一就是区域的资源禀赋。因为,丰裕的自然资源使得地方政府和资源企业往往缺乏改革和创新的动力,而是通过重新分配资源收益来获得权力和利润,使得经济发展偏离有效率的创新发展路径,长期可持续发展的能力受损。可见,丰富的自然资源在一定程度上塑造了资源型区域创新的方向和空间。资源收益制度同样是影响创新能力提升的重要因素,在很多发展中国家,资源领域的寻租现象盛行。亲掠夺者的制度放大了与自然资源生产伴随的寻租和非生产性活动,资源丰裕成为经济增长的"魔咒"。而在亲生产者的制度环境下,生产和创新活动受到鼓励,资源丰裕就是经济增长的"福音"。

　　自然资源作为最终的生产要素对于经济增长的作用是毋庸置疑的。但自然资源在推动生产的同时,也对经济增长的其他关键要素产生了间接影响,而且在自然资源要素实现全球流动和配置以来,这种影响在长期来看往往是负面的,经济学家将这种负面的影响称作"资源诅咒"。根据经济增长理论,创新是任何一个国家或地区经济长期持续增长的主要根源,所以创新能力的缺乏才是制约资源型区域可持续发展的短板之一。

二、自然资源行业创新投入

　　我国经济发展经过几十年的快速增长,进入了以创新驱动为主要特征,以供给侧结构性改革为主要着力点的新常态。在以去产能、去库存和去杠杆为主基调的政策背景下,自然资源的需求量锐减,价格大幅下降,资源型地区的经济增长面临前所未有的困境。例如,2013 年之前,山西省 GDP 增长速度显著高于全国平均水平,但 2014 年和 2015 年山西省 GDP 分别增长 4.9% 和 3.1%,仅为全国平均水平的 67% 和 45%,经济增长下滑趋势越发明显。在自然资源要素实现全球流动和配置以来,资源丰裕对经济增长的影响,在长期来看往往是负面的,经济学家将这种负面的影响称作"资源诅咒"。在资源产业繁荣时,"资源诅咒"现象往往被人们忽略,但是一旦繁荣褪去,问题就会逐步显现。中国资源型地区(城市)呈现出数量大和分布广的特征,仅《全国资源型城市可持续发展规划(2013—2020 年)》就识别出 262 个资源型地区(城市),因此必须从根本上思考和解决资源型地区(城市)的经济可持续发展问题。

在图 7.1 中,我们绘制了国土资源科技研发项目数及其来源。我们发现就项目数量而言,国家级项目数量并不多,比例较低。在一些省份,企业级项目数量相对较多,例如山东、上海。在一些省份,省级项目较多,例如山东、上海、广西、重庆、安徽、内蒙古和江苏等。在一些省份,部级项目较多,例如江苏、新疆、河北等。但是就项目总数而言,省级和企业级投入多的省份,国土资源类项目数量就较多。项目总数排名靠前的山东、上海、广西和重庆都是这样的情况。就项目总数而言,资源禀赋较多的省份,例如山西、陕西、江西、宁夏和黑龙江并没有占优,特别是企业级项目数量偏少。

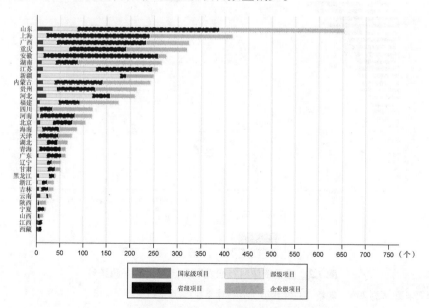

图 7.1　国土资源科技研发项目数及其来源统计

资料来源:根据 2000—2015 年《中国国土资源统计年鉴》整理得到。

但是,仅仅从项目数量上并不能全面衡量各地投入项目研发的情况,可能很多地方项目数量多,但是金额都很小。因此,在图7.2中,我们绘制了研发投入资金及其来源情况。从图7.2中我们看到,就总金额而言,新疆是最大的,其次是广西、河北、山东和江苏,都超过了3000万元。就来源来看,新疆尽管总金额最大,但是大部分来自部级项目,企业级和省级项目资金非常少。广西的资金来源大部分来自省级项目和企业级项目。而河北的资金来自国家级和部级项目的比较多。可见,尽管企业投入的项目数比例较高,但是就资金规模来看投入的资金比例较低,省级和部级项目才是研发资金来源的主力。就资金规模而言,资源型地区投入的比例也是较少的,表现稍好的是新疆、山西和内蒙古,黑龙江、重庆、陕西、宁夏和江西都表现不佳。

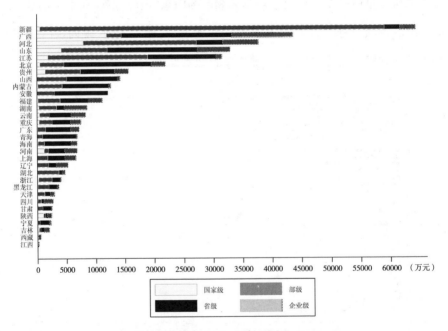

图7.2　国土资源科技研发项目金额及其来源统计

资料来源:根据2000—2015年《中国国土资源统计年鉴》整理得到。

在图7.3中,呈现了各省份国土资源技术人员的数量,我们看到,河北、山东、河南和四川排名前四,从业人员数量较多。资源丰裕的陕西、四川、新疆和黑龙江从业人员数量也比较多,但是总体而言创新能力不足,因此无论是科研项目数还是科研项目金额,这些省份表现一般。因此,就上述角度来看,中国资源产业自身的创新能力还是有待提高。

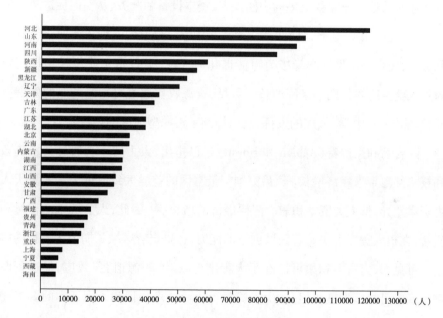

图 7.3　技术人员数量

资料来源:根据 2000—2015 年《中国国土资源统计年鉴》整理得到。

第二节　资源型区域创新的理论分析框架

区域创新能力的影响因素较为复杂,但是在内生经济增长理论的视野下,"干中学"和人力资本是最为重要的创新源泉。另外,对于发展中国家而言,FDI 同样对创新产生了重要促进作用。因此,我们就主要分析资源收益如何通过上述三个渠道影响区域创新能力。下面对每个渠道发生作用的具体理论机制进行阐述,后文则通过实证分析对这些渠道是否发生作用加以验证。

在开放经济和允许生产要素跨部门自由流动的条件下,一国自然资源贸易的繁荣,通过要素流动和汇率升值,打击了制造业的市场竞争力,导致"去工业化"。[①] 根据经济增长理论,制造业普遍存在着"干中学"效应,而"干中学"是内生技术进步的重要途径,对一国的可持续发展具有重要意义。因为制造业比其他产业需要更多的中间投入、资本设备和服务,从而能促进经济深度和宽度。[②] 相比之下,自然资源行业"干中学"效应较小,所以专业化于资源采掘业,使得经济发展本身极有可能退化为一种"无技术工业化",短期的资源收入就会削弱长期的经济增长。可见,资源收益通过打击制造业的发展空间,影响了"干中学"效应的发挥,从而抑制了资源型地区的创新能力。

阿吉翁和豪伊特(Aghion 和 Howitt)早已指出,人力资本会通过技术创新和技术外溢带来经济增长。[③] 最穷国与最富国的差异大致有近 1/4 来源于人力资本差异,低人力资本积累会阻碍经济的增长。[④] 因此,人力资本的存量和质量,在很大程度上决定着区域创新的能力,也决定着区域长期经济增长的能力。可见,人力资本积累可以在很大程度上减轻"资源诅咒"效应,促进资源型地区的可持续发展。但是,由于资源行业对技术知识和人力资本的要求相对较低,因此无论是资源型企业对 R&D 活动的投资意愿和动力,还是资源型行业的从业人员对人力资本的投资意愿和动力都比较低。所以,即使政府有提高教育投资的热情,个人却没有接受更多教育的意愿。另外,高工资不仅把劳动力从非资源行业吸引到资源行业,还使得非资源行业的市场竞争力大打

---

① Corden, W.M., "Booming Sector and Dutch Disease Economics: Survey and Consolidation", *Oxford Economic Papers*, Vol.36, No.3(1984), pp.359-380.

② Hersh, A.& C.Weller, "Dose Manufacturing Matter?", *Challenge*, Vol.46, No.46(2003), pp.59-79.

③ Aghion, P.& P.Howitt, "A Model of Growth through Creative Destruction", *Econometrica*, Vol.60, No.2(1992), pp.323-351.

④ Hall, R.E.& C.I.Jones, "Why do Some Countries Produce So Much More Output Per Worker than Others", *Quarterly Journal of Economics*, Vol.114, No.1(1999), pp.83-116.

折扣。高工资还扭曲了教育和创新等活动的激励,从而降低了人力资本存量的累积水平,以致不足以有效支撑其他产业的发展。由此,资源收益通过降低人力资本投资意愿与实际积累水平,影响了资源型地区的创新能力。另外,为了获得高额资源收益,很多人力资本可能并没有进行生产和创新活动,转而从事寻租和贿赂等非生产性活动,同样导致区域创新能力下降。

FDI 的流入无论是对发达国家还是发展中国家的专利申请量都有积极影响,是提升东道国创新能力的重要渠道。因此,很多发展中国家将吸引 FDI 作为提高本国创新能力的重要途径。不过对于一个过分依赖自然资源收益的经济体而言,资源价格的变化可能对本国经济产生剧烈影响,进而增加了本国和外国投资者的投资风险。贸易条件的频繁变化,不仅影响了本国经济的稳定,也使得政府难以做出长期的经济发展规划。因此,资源收益的剧烈波动增加了本国和外国投资者的风险,阻碍了 FDI 的流入,进而影响创新能力。另外,还有一些 FDI 投资目的是为了追逐矿产资源的阶段性高收益,采取"飞地"开发模式,这也在一定程度上限制了资源型地区的创新。

第三节　资源丰裕对创新影响的实证分析

一、模型设定与估计方法

就中国这样一个地大物博的国家而言,各个省份的人文环境、地理区位、自然条件等不可观察的特质性因素是固定不变的,因此混合 OLS 模型与随机效应模型的假设是很难满足的,所以在利用省级数据研究中国这样一个差异性较大的国家时,用固定效应模型显然更为合适。除了个别特殊的回归要求,国内文献在利用省级面板数据做实证分析时,固定效应模型应用得较为广泛。但是,为了能够使我们的选择更具科学性,我们仍然借助于 B-P 检验和 Hausman 检验,进行最终判断。前者用于判定混合 OLS 模型与随机效应模型孰优孰劣,后者则用于固定效应模型与随机效应模型的选择。B-P 检验的结果支持随机效应模型,Hausman 检验的结果进一步显示数据无法满足随机效应模型的基本假设要求。因此,综合考虑本节设定以下固定效应模型:

$$y_{i,t} = \alpha + \beta_1 R_{i,t} + \gamma Z_{i,t} + u_i + \varepsilon_{i,t} \tag{7.1}$$

在(7.1)式中,y 表示被解释变量,R 为解释变量,Z 表示控制变量的向量集;i 表示横截面数据;t 表示时间序列数据;截距项为 α_i ;u_i 为个体固定效应;随机误差项 $\varepsilon_{i,t}$ 代表模型中被忽略的随横截面和时间而变化的因素的影响。

二、变量选择

本节的被解释变量区域创新能力,用人均专利授权量来度量。本节的解释变量为自然资源开发,我们用资源行业产值占 GDP 的比重来度量。从一般意义上来看,资源行业产值占 GDP 的比重衡量了经济对自然资源的依赖程度,人均资源行业产值衡量了自然资源的丰裕程度。因此,为了检验模型设定的合理性,在稳健性检验部分,我们用人均资源行业产值代替资源行业产值占 GDP 的比重,重新进行了回归。区域创新能力是由多种因素综合决定的,自然资源开发只是其中的一个重要因素之一,因此在变量选择时必须控制住那些已经被证实对区域创新能力具有重要影响的变量。通过梳理既有研究,影响区域创新能力的因素主要包括:研发资本投入、研发劳动投入、经济发展水平、对外开放水平、产业结构、资源禀赋结构、人力资本以及外商直接投资等,因此在回归方程中我们控制这些变量。研发的资本和劳动投入作为直接要素,在很大程度上决定了人均专利授权量。但是投入并不以固定效率产出,因此我们还分别控制了两者的二次项。经济越发达,对创新的重视程度越高,创新的能力也越强,因此我们控制了人均 GDP。对外开放水平在一定程度上反映了经济体参与经济全球化的程度,参与度越高,面临的国际竞争越大,越重视研发和创新,因此我们控制了进出口数量。不同产业对创新的重视程度有很大差异,制造业或者服务业更为重视创新,而农牧业对创新的需求相对较低,因此我们控制了产业结构,分别用第二产业增加值占 GDP 的比重和第三产业增加值占 GDP 的比重来衡量。不同资源行业的技术密集程度并不相同,石油、天然气行业对技术要求相对较高,但是煤炭行业对技术要求相对较低,因此我们控制了资源禀赋结构,分别用石油、天然气采掘业产值和煤炭采掘业产值占所有资源行业产值的比重来表示。人力资本水平也在很大程度上决定着区域创新的基础,因此我们控制了人力资本,用平均受教育年限来表示。FDI 在带来资金的同时,往往也能带来技术,而且外资企业本身更为重视研发,因此我们控制了 FDI 数量。所有变量的名称、符号、定义和观测值、均值、标准差都总结在表 7.1 中。

表 7.1　变量选取、定义及统计特征

变量名称	变量符号	变量定义	观测值	均值	标准差
创新能力	$pinov$	人均国内专利申请授权量	390	2.616921	4.66209
资源收益$_1$	$presource\_v$	人均资源行业产值	390	0.1022496	0.1021338
资源收益$_2$	$resource\_v\_p$	资源行业产值占 GDP 的比重	390	0.2272555	0.335807
研发资本投入	rdk	R&D 经费支出	390	1344662	2030962
研发劳动投入	rdl	R&D 人员全时当量	390	58064.23	66652.75
经济发展水平	$pgdp$	人均 GDP	390	2.18464	1.705022
经济开放水平	EI	进出口总额	390	4379.257	5517.724
产业结构$_1$	$industry$	第二产业增加值占 GDP 的比重	390	0.4614177	0.0774725
产业结构$_2$	$service$	第三产业增加值占 GDP 的比重	390	0.4065874	0.0744491
煤炭行业比重	m_v_p	煤炭开采和洗选业销售产值占资源行业的比重	390	0.3726199	0.2914613

续表

变量名称	变量符号	变量定义	观测值	均值	标准差
石油、天然气行业比重	st_v_p	石油和天然气开采业销售产值占资源行业的比重	390	0.2922861	0.3141979
制造业比重	$manu\_p$	制造业增加值占工业增加值的比重	212	0.1980812	0.0783668
人力资本	$human$	人均受教育年限	390	8.217718	0.9701054
外商直接投资	fdi	外商直接投资的数量	390	401339.3	559980.5

三、数据来源

中国的资源行业主要包括:煤、天然气和石油、有色金属矿产、黑色金属矿产、非金属矿产五个行业。尽管可以通过公式把煤、天然气和石油行业的产量换算成标准煤产量,但无法和其他三个行业的数据相加,得到全部资源行业的产量数据,因此我们使用了所有资源行业的产值数据。相比单纯的产量数据,产值数据的另外一个优势是既包含数量信息,也包含价格信息。相比较而言,国内很多文献在计算资源丰裕程度的时候,仅仅考虑了煤、天然气和石油三个能源行业,从图 7.4 中我们看到,很多省份能源行业产值占资源行业的比重并不高,例如海南、江西、重庆和云南的比重仅为 30% 以下,以铜等贵金属为主的非能源行业的占比更高;湖北、广东、贵州、新疆、内蒙古等能源行业的比重介于 30%—70% 之间。"资源诅咒"集中的行业不仅仅是能源行业,以铜、银、金、稀土、铁矿石等为代表的非能源行业一样会存在"资源诅咒",因此,以资源行业产值衡量资源丰裕程度,更加适合本节的分析。

本节所用数据均来自《中国工业统计年鉴》和《中国统计年鉴》,时间跨度为 2000—2012 年。由于西藏统计数据质量和连续性较差,回归中剔除了西藏地区样本。其中需要特别说明的是,2004 年国家统计局并未发布《中国工业

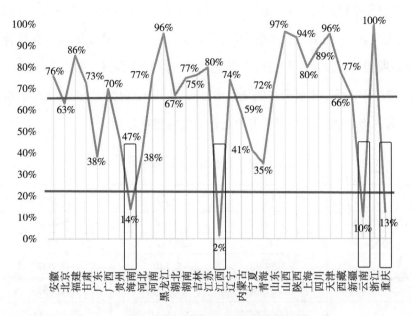

图 7.4　各地区的资源禀赋结构差异

统计年鉴》,因此本节分别利用 2003 年和 2005 年五类资源行业的产值,通过插值方法,计算得到 2004 年五类资源行业产值数据。

第四节　回归结果分析

一、基本回归

我们首先分析一地经济的资源依赖程度对其创新能力的影响,回归结果见表 7.2,其中以资源行业产值占 GDP 的比重($resource\_v\_p$)作为核心解释变量。如前文所述,我们进行了固定效应回归。由表 7.2 中第(1)列结果可见,资源依赖对创新能力存在显著的负面影响。具体而言,资源行业产值占 GDP 的比重每提高 1%,每万人申请专利数就会增加约 0.04 件。对于其他控制变量,研发资本投入的影响一次项系数为负,二次项为正,说明资本投入需要累积到一定程度才能对创新产生推动。研发劳动投入的影响一次项系数为正,二次项为负,这表明劳动投入的边际作用递减。人均 GDP 的影响一直显著为正,这说明经济发展水平的提高会促进地区创新能力提升。第二产业比重的影响为负,第三产业比重没有明显作用,这说明我国过往的发展模式对创新的重视与投入都存在不足。对外开放也没有发挥促进作用。

表 7.2　资源依赖与区域创新能力

	（1）	（2）	（3）
VARIABLES	pinov	pinov	pinov
模型	FE	FE	FE
resource_v_p	−3.899*	−5.140**	−4.037*
	(2.354)	(2.335)	(2.353)
rdk	−1.16e−06***	−8.14e−07*	−1.06e−06**
	(4.45e−07)	(4.47e−07)	(4.50e−07)
rdl	7.99e−05***	7.12e−05***	7.56e−05***
	(1.48e−05)	(1.47e−05)	(1.51e−05)
squrdk	1.66e−13***	1.44e−13***	1.58e−13***
	(3.10e−14)	(3.10e−14)	(3.16e−14)
squrdl	−1.34e−10***	−1.17e−10***	−1.26e−10***
	(2.91e−11)	(2.89e−11)	(2.97e−11)
pgdp	1.271***	1.337***	1.305***
	(0.173)	(0.170)	(0.174)
industry	−21.18***	−18.60***	−20.24***
	(4.934)	(4.895)	(4.977)
service	−8.898	−9.538	−7.300
	(6.757)	(6.638)	(6.851)
EI	0.000108	−1.47e−05	8.49e−05
	(7.12e−05)	(7.72e−05)	(7.30e−05)

续表

	（1）	（2）	（3）
st_v_p		3. 109 ***	
		(0. 833)	
m_v_p			−1. 184
			(0. 875)
常数项	10. 13 **	8. 855 **	9. 640 **
	(4. 558)	(4. 489)	(4. 567)
样本量	390	390	390
R²	0.798	0.806	0.799
省份	30	30	30

注:系数下括号内的值为标准误(standard error),*** 表示在 1%水平上显著,** 表示在 5%水平上显著,* 表示在 10%水平上显著。

在第(2)列和第(3)列中,我们则分别控制了石油、天然气行业和煤炭行业在资源行业产值中所占比重,以检验具体资源行业的影响,结果发现石油、天然气行业比重的系数显著为正,这可能是由于尽管作为资源行业,但是其对技术能力与资本投入的要求较高,由此也带来了更多的创新。而煤炭行业比重的影响为负并且不显著,这也符合该行业相对粗放的运营特征。同时,在第(2)列和第(3)列中,资源依赖的影响系数与显著性都没有明显变化,进一步说明我们的实证发现较为稳健可靠。

二、影响机制分析

根据我们前文的理论分析,资源收益主要通过制造业"干中学"效应、人力资本、FDI 三条渠道影响区域创新能力。我们通过在回归中加入交叉项对这些影响机制进行分析,结果见表 7.3,其中第(1)列复制了表 7.2 的基本回归结果以便于对比。在第(2)列中我们加入了资源行业产值占 GDP 的比重与制造业比重的交叉项,以验证"干中学"效应的影响,结果发现资源变量的系数大小与显著性都明显下降,制造业比重的影响为正但不显著,说明存在一定的"干中学"效应。而交叉项系数为正,这就说明一方面给定资源依赖程度,制造业比重较高能够有效缓解其对创新的消极作用;另一方面资源收益一定程度上是通过影响制造业比重来影响创新能力,因此一旦控制了交叉项,其作用明显下降。这一结果符合我们前文的理论预期。

表 7.3 资源收益对创新能力的影响机制分析

VARIABLES	（1） *pinov*	（2） *pinov*	（3） *pinov*	（4） *pinov*
模型	FE	FE	FE	FE
resource_v_p	−3.899*	−1.618	60.27***	3.501
	(2.354)	(1.934)	(16.59)	(2.402)
resource_v_p×manu		0.485		
		(6.223)		
manu		0.760		
		(1.217)		
resource_v_p×human			−7.301***	
			(1.866)	
human			1.107***	
			(0.373)	
resource_v_p×fdi				−0.326***
				(0.0483)
fdi				0.0439***
				(0.00623)
rdk	−1.16e−06***	3.11e−07	−1.29e−06***	−9.36e−07**
	(4.45e−07)	(2.99e−07)	(4.38e−07)	(4.66e−07)

续表

	（1）	（2）	（3）	（4）
rdl	7.99e−05***	−2.59e−05**	8.12e−05***	5.97e−05***
	（1.48e−05）	（1.22e−05）	（1.45e−05）	（1.47e−05）
squrdk	0***	−0	0***	0***
	（0）	（0）	（0）	（0）
squrdl	−1.34e−10***	1.13e−10**	−1.43e−10***	−1.24e−10***
	（0）	（5.10e−11）	（0）	（0）
pgdp	1.271***	0.737***	1.394***	1.542***
	（0.173）	（0.144）	（0.195）	（0.171）
industry	−21.18***	−4.879**	−33.15***	−30.86***
	（4.934）	（2.325）	（5.686）	（4.759）
service	−8.898	−2.889	−22.74***	−18.66***
	（6.757）	（2.718）	（7.469）	（6.417）
EI	0.000108	0.000217***	5.06e−05	−0.000102
	（7.12e−05）	（4.03e−05）	（7.13e−05）	（7.57e−05）
常数项	10.13**	3.177*	11.89**	18.22***
	（4.558）	（1.820）	（4.848）	（4.378）
样本数	390	212	390	390
R^2	0.798	0.739	0.807	0.827
省份	30	28	30	30

注：系数下括号内的值为标准误（standard error），***表示在1%水平上显著，**表示在5%水平上显著，*表示在10%水平上显著。

在第（3）列中我们控制了资源变量与人力资本的交叉项，结果发现前者系数变为正值，人力资本也有正面影响，人均受教育年限每增加1年，万人专利申请数上升约1.1件，而交叉项系数为负。这就说明尽管人力资本增加能够提高区域创新能力，但是如同我们前文的理论论述，资源依赖可能影响到了人力资本配置，使其并未用于技术创新方面，这就使得更高的人力资本水平同时对创新形成负面影响,削弱了原有的促进作用。第(4)列中我们则从 FDI 视角展开分析,此时资源项的系数为正但不显著,FDI 变量的系数为正,意味着每增加 1 亿美元 FDI,每万人专利申请数增加约 0.04 件。而资源变量与 FDI 变量的交叉项的系数则显著为负。这说明一方面 FDI 增加确实促进了区域创新能力提升,另一方面给定资源依赖程度,更多的 FDI 并没有产生促进创新的作用。这就意味着在资源收益较高的地区,部分 FDI 可能投入到了没有明显创新效应的行业领域,反而在很大程度抵消了 FDI 应有的正面效应,不利于创新能力提升。

总体而言,实证分析结果符合我们的理论预期,即资源收益的大幅度增加,在很大程度上抑制了资源型区域的创新能力提升。对具体影响渠道的分析进一步证实了我们的理论分析,同时也验证了研究结论的可靠性。

三、稳健性检验

自然资源的指标大致可以分为两类,一类是资源丰裕度指标,一类是资源依赖度指标。自然资源丰裕度指一个国家或地区可利用于社会经济发展的自然资源的数量;自然资源依赖度是指资源型产业在区域经济发展中所处的地位和作用。它们是两个既有联系又有所区别的指标,自然资源丰裕度与自然资源依赖度有一定的相关性,但自然资源丰裕的地方,自然资源依赖却不一定高,例如福建和贵州的资源丰裕度分别是 25.8 和 26.9,相差不大,但是福建的资源依赖度为 1.6%,却远远小于贵州的 5.5%,后者是前者的 3.4 倍;北京的资源丰裕度为 67.6,高于甘肃的 59.1,但是其资源依赖度仅为 1.9%,远远低于甘肃的 11.6%,后者是前者的 6.1 倍;天津和山西的资源丰裕度分别为 28.1 和 31.2,资源依赖度分别为 10% 和 27%,后者是前者的 2.7 倍。这样的反差还包括宁夏和辽宁、陕西和山东。可见,采用资源丰裕度还是资源依赖度,将对实证分析的结果产生重要的影响。由于自然资源的地理分布并不均匀,有的国家自然资源相对丰裕,有的国家自然资源相对缺乏,但是自然资源的丰裕或者缺乏不能仅仅看自然资源的总量,还要看这个国家或者地区的人均自然资源拥有量,因此我们用人均自然资源拥有量来表示自然资源的丰裕程度,用资源行业总产值与 GDP 之比来表示自然资源的依赖度。因此,为了验证表 7.3 中结果的可靠性,我们进一步从资源丰裕角度出发分析资源收益对创新能力的影响。此时以人均资源产业产值($presource\_v$)作为主要解释变量,回归结果见表 7.4。

表 7.4　资源丰裕与创新能力

	（1）	（2）	（3）
VARIABLES	*pinov*	*pinov*	*pinov*
模型	FE	FE	FE
presource_v	−3.394***	−3.356***	−3.354***
	(0.590)	(0.581)	(0.592)
rdk	−1.34e−06***	−1.02e−06**	−1.28e−06***
	(4.29e−07)	(4.32e−07)	(4.35e−07)
rdl	7.26e−05***	6.52e−05***	7.00e−05***
	(1.43e−05)	(1.42e−05)	(1.46e−05)
squrdk	1.73e−13***	1.53e−13***	1.68e−13***
	(2.98e−14)	(2.99e−14)	(3.04e−14)
squrdl	−1.30e−10***	−1.16e−10***	−1.25e−10***
	(2.79e−11)	(2.78e−11)	(2.85e−11)
pgdp	2.109***	2.131***	2.118***
	(0.225)	(0.222)	(0.226)
industry	−26.94***	−25.18***	−26.34***
	(4.634)	(4.590)	(4.682)
service	−18.68***	−19.19***	−17.54**
	(6.695)	(6.593)	(6.814)

续表

	（1）	（2）	（3）
EI	−2. 80e−05	−0. 000131*	−4. 06e−05
	(7. 26e−05)	(7. 74e−05)	(7. 40e−05)
st_v_p		2. 762***	
		(0. 793)	
m_v_p			−0. 765
			(0. 842)
常数项	16. 51***	15. 50***	16. 14***
	(4. 469)	(4. 409)	(4. 489)
样本量	390	390	390
R^2	0. 814	0. 820	0. 814
省份	30	30	30

注:系数下括号内的值为标准误(standard error)，*** 表示在1%水平上显著，** 表示在5%水平上显著，* 表示在10%水平上显著。

从表7.4 的结果中可以发现人均资源产业产值每提高1 个标准差(约0. 33万元)，每万人专利申请数就会减少约1 件。这一结果与挪威等北欧资源型国家的研究结论不同[1]，说明地区资源丰裕程度的提高并没有转化为更多的创新。这就意味着与澳大利亚、挪威等发达国家相比，我国仍需要不断完善制度设计，以达到有效利用资源收益促进经济可持续发展的目标。其他变量的结果与前面的分析基本没有差别。总体而言，这说明我们的实证发现较为稳健可靠。

第五节　资源型区域创新能力的提升

从经济增长的视角，本节从"干中学"效应、FDI 和人力资本三个维度，全

---

[1] Bjørnland, H. C. & L. A. Thorsrud, "Boom or Gloom? Examining the Dutch Disease in Two-speed Economies", *The Economic Journal*, Vol.20, No.35(2014), pp.68−91.

面分析了自然资源丰裕与区域创新能力之间的影响机制。本节认为,资源产业通过打击制造业的发展空间,影响了"干中学"效应的发挥,从而影响了资源型地区的创新能力。由于资源型地区经济发展的风险相对较高,导致 FDI 流入非常有限,即便是少量的 FDI 也是为了追逐矿产资源,采取"飞地"开发模式,这在一定程度上限制了资源型地区的创新。无论是资源型企业对 R&D 活动的投资意愿和动力,还是资源型行业的从业人员对人力资本的投资意愿和动力都比较低,为了掠夺资源收益,具有创新性的人力资本并没有从事生产和创新活动,而从事寻租和贿赂等非生产性活动,导致区域创新能力下降。

为了验证影响机制,本节采用省级面板数据进行了实证分析。分析表明,资源依赖对创新仍然存在非常显著的负面影响。具体而言,资源行业产值占 GDP 比重每提高 1%,每万人申请专利数就会增加约 0.04 件。从经济增长的角度来看,资源收益主要通过制造业"干中学"效应、人力资本、FDI 三条渠道影响区域创新能力,因此本章分析了资源收益与这三者之间的交互影响。分析表明,给定资源依赖程度,制造业比重较高能够有效缓解其对创新的消极作用。给定资源依赖程度,更高的人力资本水平并没有带来更多的创新,这就说明资源依赖可能影响到了人力资本配置方向和效率,很大程度上使其并未用于技术创新,导致对创新产生负面影响。在资源收益较高的地区,FDI 可能更多投入到了没有明显创新效应的行业领域,反而不利于创新能力提升。本节还分析了资源禀赋结构对创新能力的影响,结果发现石油、天然气行业比重的系数显著为正,这可能是由于尽管作为资源行业,但是其对技术能力与资本投入的要求较高,由此也带来了更多的创新。而煤炭行业比重的影响为负并且不显著,这也符合该行业相对粗放的运营特征。

跳出"资源依赖型陷阱"的重要思路之一就是,通过创新提升资源产业的竞争力和附加值,带动上下游产业共同发展,并向其他产业扩散。因此,区域创新能力的提升是资源型区域可持续发展的重中之重。根据上述研究,本节提出以下三点政策建议:第一,大力扶持资源产业内的创新。资源产业往往被定位为低端产业,但挪威等国的发展历程表明,加强资源行业本身的科研创新,也可以使资源行业获得全球竞争力,并带动上下游产业的发展。因此,国家需要针对资源型地区的特点,建立国家创新能力支撑体系,扶持资源产业内的创新,培育其全球竞争力。第二,降低整体经济对资源产业的依赖度,培育多元化的产业格局。就我国资源枯竭型城市的现实而言,资源型产业既是主导产业,又是支柱产业,城市其他社会服务产业紧紧依附于主导资源产业,经济体系处于自我加强的封闭状态,导致制造业发展的空间日益稀薄。第三,建立创新风险基金。资源收益的配置和流向不仅决定了资本的配置效率,而且决定了资源地区或者城市的产业结构和可持续发展的能力,是资源型经济转型的核心问题。因此,资源型地区应该将一部分资源收益转换为创新基金,资助创新活动,提升资源型地区的创新能力。

第八章　自然资源丰裕与产业结构

第一节　资源型区域的产业结构特征

资源型区域曾经是国家工业化发展的重要支撑,是国家城市化发展的重点区域。但是,20 世纪 90 年代以来,在一部分区域,曾经成就了光荣与梦想的地下资源相继进入枯竭期,留下满目疮痍的恶劣生态环境以及凋敝的资源产业链,使得这些区域经济增长、居民收入、生态环境、社会就业和稳定等各个方面出现了一系列矛盾和问题。这些问题的出现,固然受到改革的时序安排、体制问题及区位条件等因素的影响,但是也与资源开发、资源产业问题密切相关。

自然资源并非所有生产活动的直接要素,但却是一切生产活动的最终要素来源,是人类经济活动的基础,在一定程度上决定了人类经济发展的道路和模式,因此产业结构变化和发展的历史,可以说是对自然资源进行开发、利用和改造的历史。产业结构的持续演进和动态优化还可以带来“结构红利”,推动经济持续增长,是现代经济发展的显著性特征之一。钱纳里等在其研究中证实了结构变动是经济增长的一个重要影响变量,而且这一特征在发展中国家表现得更为突出。① 各种生产要素在不同经济部门之间的充分流动,可以

---

① ［美］钱纳里、鲁宾逊、塞尔奎因:《工业和经济增长的比较研究》,上海三联书店 1989 年版。

促进人均产出增长率的提高,即当要素向具有较高生产率的行业流动时,经济增长速度就会加快,反之则会减慢经济增长速度,这种现象被经济学家称为"结构红利"。就中国而言,落后产业结构的迅速转型是中国经济能够高速增长的核心动因,劳动力在一、二、三产业之间的流动对中国经济增长具有推动作用①,即劳动力要素的产业间流动具有"结构红利"②,由工业结构改革引致的行业间要素重置显然对改革开放以来中国工业生产率的提高乃至工业增长起到了实际的推动作用③。

倚重资源、刚性而脆弱的产业结构是资源型区域的共同特征:资源型产业既是主导产业,又是支柱产业,其他社会产业紧紧依附于资源产业。"一业独大"的产业结构,挤压了以"干中学"、外溢效应和规模经济等为特征的现代制造业的发展空间,使资源型地区陷入一种刚性的"专业化陷阱",诱发"去工业化"倾向,使资源型区域的产业结构长期处于扭曲状态,无法享受产业结构的优化升级带来的"结构红利",面临着"资源诅咒"的风险。但是,一个国家或者地区的产业结构是在当地资源禀赋、技术条件和经济发展阶段等多个因素约束下,在经济系统内部各产业相互竞争和相互作用下,经过市场自然选择后形成的,具有一定的自发性、内生性和合理性。这就表明,自然资源丰裕对产业结构的影响往往是多维的,既有其合理性也有其负面性。

可见,在分析自然资源丰裕对产业结构的影响时,无论如何,单一的思维视角很难得出令人信服的结论。其实,一国或者地区的产业结构的健康状况,至少应该包含产业结构的合理化、多元化和高级化三个方面,而且三者存在一定的逻辑关系,产业结构的合理化是产业结构的多元化和高级化的基础。所

---

① 刘伟、张辉:《中国经济增长中的产业结构变迁和技术进步》,《经济研究》2008 年第 11 期。

② 干春晖、郑若谷、余典范:《中国产业结构变迁对经济增长和波动的影响》,《经济研究》2011 年第 5 期。

③ 张军、陈诗一、Gary H.Jefferson:《结构改革与中国工业增长》,《经济研究》2009 年第 7 期。

以,就资源型地区经济而言,如果我们脱离了产业结构的合理化,而仅仅讨论其多元化和高级化,是毫无疑义的。已有文献中关于产业结构方面的文献已经汗牛充栋,但只有少量的文献分析了资源丰裕对产业结构的影响,而且这些文献直接把产业结构单一作为分析的逻辑起点,对于究竟自然资源丰裕是如何影响产业结构的合理化和高级化涉猎甚少,这直接导致经过简单线性逻辑思维得出的产业结构多元化政策建议很难奏效。

我们需要从多个维度,分析自然资源丰裕对产业结构的影响,而不仅仅是现有文献经常提到的多元化。此外,也鲜有实证文献专门讨论自然资源丰裕对产业结构的影响。为此我们从以下几个方面进行了拓展:第一,从产业结构合理化、多元化和高级化三个维度,全面分析了自然资源丰裕对产业结构的影响,弥补了由于指标体系单一可能带来的分析偏误,因而结论更加全面可信;第二,首次从资源丰裕度和资源依赖度两个角度,分析了自然资源对产业结构的影响,之所以如此是因为人均自然资源丰裕的地方,经济对自然资源的依赖并不一定高,例如,澳大利亚这样发达的国家或者山东这样资源丰裕同时经济又发达的省份,因而区分两者有助于我们厘清"资源诅咒"的作用机制;第三,本章采用煤、石油和天然气、黑色金属矿产、有色金属矿产和非金属矿产等五类资源企业的产值来衡量自然资源,相比以往研究所用数据更加全面准确。本章的研究有助于破解资源型地区经济转型的实践难题,使它们跳出资源型产业的衰退循环,调整和优化产业结构,采取多元经济发展战略,实现可持续发展。

第二节　资源丰裕的度量指标

一、资源丰裕的度量指标

关于资源丰裕的度量不同学者使用了不同的度量方法。这些指标大致可以分为两类,一类是资源丰裕度指标,一类是资源依赖度指标。自然资源丰裕度指一个国家或地区可利用于社会经济发展的自然资源的数量;自然资源依赖度是指资源型产业在区域经济发展中所处的地位和作用。它们是两个既有联系又有所区别的指标,自然资源丰裕度与自然资源依赖度有一定的相关性,但自然资源丰裕的地方,自然资源依赖却不一定高,例如,澳大利亚这样发达的国家或者山东这样发达的省份。为了能够更为直观地考察两者的关系,我们在图8.1中画出了1992—2009年间中国30个省份的资源丰裕度与资源依赖度的平均值。

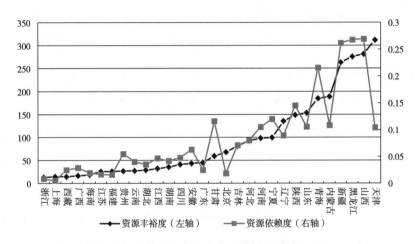

图8.1 资源丰裕度与资源依赖度的平均值

资料来源:1993—2010年《中国统计年鉴》。

从图8.1中我们看到,资源丰裕度与资源依赖度之间存在较强的序列相关性。但是也有例外,例如福建和贵州的资源丰裕度分别是25.8和26.9,相差不大,但是福建的资源依赖度为1.6%,远远小于贵州的5.5%,后者是前者的3.4倍;北京的资源丰裕度为67.6,高于甘肃的59.1,但是其资源依赖度仅为1.9%,远远低于甘肃的11.6%,后者是前者的6.1倍;天津和山西的资源丰裕度分别为312和281,资源依赖度分别为10%和27%,后者是前者的2.7倍。这样的反差还包括宁夏和辽宁、陕西和山东。可见,采用资源丰裕度还是资源依赖度,将对实证分析的结果产生重要的影响。由于自然资源的地理分布并不均匀,有的国家自然资源相对丰裕,有的国家自然资源相对缺乏,但是自然资源的丰裕或者缺乏不能仅仅看自然资源的总量,还要看这个国家或者地区的人均自然资源拥有量,因此我们用人均自然资源拥有量来表示自然资源的丰裕程度,用资源行业总产值与 GDP 之比来表示自然资源的依赖度。

二、产业结构度量指标

产业结构是指各产业的构成及各产业之间的联系和比例关系,包括三个方面的内容:

(1)产业结构的合理化,是指生产要素在产业间的配置效率和耦合质量,它是由科学技术水平、消费需求结构、人口基本素质和自然资源等多种条件决定的。

(2)产业结构多元化,是指根据经济发展的阶段和内在要求,形成以不同主导产业为核心的、带动性强、影响力大、成长性好的多元化产业。

(3)产业结构的高级化,指一国经济发展重点或产业结构重心由第一产业向第二产业和第三产业逐次转移的过程,标志着一国经济发展水平的高低和发展阶段、方向。

这三个方面并不是平行的,产业结构的合理化是产业结构的多元化和高级化的基础。如果没有产业结构合理化,那么产业结构的多元化就是虚无的,这也就是为什么一些地方政府一直在努力促进产业结构多元化却效果甚微的原因。产业结构的高级化也是建立在产业结构合理化和产业结构多元化基础之上的,特别是合理化。如果没有产业结构的合理化,产业结构的高级化反而可能发生逆转,也就是所谓的"虚高级化"。下面我们将具体讨论产业结构合理化、多元化和高级化等指标的构建。

关于产业结构,已有研究中最常用的指标是偏离—份额法,这种方法具有较强的综合性,是产业结构的一个全面指标。但是,偏离—份额法不仅会导致对产业结构效应的低估,而且对产业结构的变化分析不够细致。根据产业结构的基本内容,在借鉴干春晖等人研究方法的基础上[①],本章拟从产业结构的合理化、多元化和高级化三个方面全面衡量产业结构的发展状态。

1.产业结构合理化指标

关于产业结构合理化,已有研究中最常用的指标是产业结构偏离度(sdi):

$$sdi = \sum_{i=1}^{n} \left| \frac{\dfrac{Y_i}{L_i}}{\dfrac{Y}{L}} - 1 \right| = \sum_{i=1}^{n} \left| \frac{\dfrac{Y_i}{Y}}{\dfrac{L_i}{L}} - 1 \right| \tag{8.1}$$

Y 表示产值,L 表示从业人员,$i=1,2,3$ 分别表示第一产业、第二产业和第三产业,$n=3$。显然,当经济处于均衡状态时,各产业的生产效率就会趋同,此时,$Yi/Li=Y/L$,即 $sdi=0$。所以,sdi 越小说明生产要素在各产业间的配置效率和耦合质量较高,产业结构越合理,经济接近均衡状态。但是,一般情况下,非均衡往往是经济中的常态,所以 sdi 几乎不会为 0。此外,由于市场机制不完善,经济落后地区 sdi 的值高于经济发达地区。干春晖等人(2011)认为,这种方法为每个产业赋予了一个相同的权重,忽视了各产业在国民经济中的重要性,因此他们借鉴泰尔指数的基本思想,设计了一个新的度量指标,其公式如下:

$$tli = \sum_{i=1}^{n} \left(\frac{Y_i}{Y} \right) \ln \left(\frac{\dfrac{Y_i}{L_i}}{\dfrac{Y}{L}} \right) \tag{8.2}$$

---

① 干春晖、郑若谷、余典范:《中国产业结构变迁对经济增长和波动的影响》,《经济研究》2011 年第 5 期。

公式(8.2)中每个指标的含义与公式(8.1)中的含义完全相同,同样 tli 越小说明产业结构越合理。

2.产业结构多元化指标

关于产业结构多元化学术界并没有一个公认的合理度量指标。但是,产业结构的多元化是非资源型地区区别于资源型地区的重要特征,因此就本章的研究目的而言,构建产业结构多元化指标显得非常必要。同时,如果产业结构的多元化仅仅用三次产业的数据来衡量,显然是不够的,必须深入到具体的产业。中国目前仍然处于工业化中期阶段,第二产业的发展依然是推动中国经济发展的重要动力,所以研究产业结构多元化的重点就是研究第二产业的多元化。与其他国家把采矿业划入第一产业的分类方法不同,根据《国民经济行业分类》(GB/T4754—2002),中国的第二产业包括采矿业、制造业、建筑业以及电力、燃气及水的生产和供应业4类产业,而国家统计局公布的统计数据则只分为工业和建筑业。由于本章的研究目的主要是探究资源产业繁荣对产业结构的影响,把制造业与电力、燃气及水的生产和供应业统称为一般制造业,第二产业被划分为采矿业、一般制造业和建筑业三个部分。这样我们就可以定义产业结构多元化指数 smi,其公式为:

$$smi = \frac{Y_{namu}}{Y_{2ndindus}} \tag{8.3}$$

其中,Y_{namu} 表示一般制造业,$Y_{2ndindus}$ 表示第二产业。显然,当资源产业所占比例越高时,smi 就越小,产业结构的多元化越差,越倚重于资源产业。

3.产业机构高级化指标

根据配第一克拉克定理,在经济发展初期,第一产业是主导产业,产业结构的基本顺序是"一、二、三";随着经济发展和人均收入水平的提高,在经济发展的中期,第一产业在国民经济中所占的比重将逐渐下降,第二产业和第三产业的比重不断提高,且第二产业的发展快于第三产业的发展,产业结构的基本顺序是"二、三、一";在经济发展的后期,第三产业的比重超过第二产业,产业结构的基本顺序是"三、二、一",最终完成产业结构的升级。因此,我们定义了如下产业结构高级化指标:

$$tsi = \frac{Y_3}{Y_2} \tag{8.4}$$

其中,Y_2 表示第二产业,Y_3 表示第三产业。显然,tsi 越大,说明经济的服务化倾向越大,产业结构越高级。

4.中国产业结构时序变化

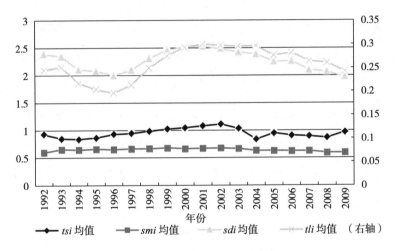

图8.2　中国产业结构时序变化

资料来源:1993—2010 年《中国统计年鉴》。

为了便于比较各种指标的基本走势,在图 8.2 中,我们绘制了 1992—2009 年全国产业结构各种指标的时序变化关系,其中 tli 的坐标轴是右轴。从图中我们看到,sdi 和 tli 这两个指标尽管差一个数量级,但是基本的走势是一致的。因此,在下文的实证分析中,我们将以更为常用的 sdi 为主进行分析。

相比合理化指标,产业结构的多元化和高级化指标基本比较平稳,变化幅度较小,但是,这些变量的数量级存在较大差异。为了能够更为清晰地看到产业结构多元化和高级化指标的变化趋势,我们在图 8.3 中单独绘制了它们的变化趋势,其中左轴代表产业结构高级化,右轴代表产业结构多元化。很显然,产业结构多元化和高级化这两个指标的变化幅度还是比较明显的。就全国来看,2002 年之前基本属于上升趋势,但是 2002 年开始的重新重工业化,使得多元化和高级化指标开始下降。

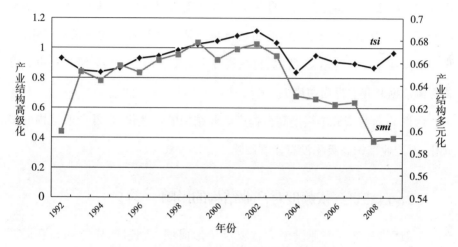

图 8.3　产业结构多元化和高级化指标时序变化

资料来源:1993—2010 年《中国统计年鉴》。

第三节　资源丰裕对产业结构的影响

一、自然资源丰裕度对产业结构的影响

由于许多自然资源的供给量是有限或者是固定的,随着人口的不断增加和经济的快速发展,人类彻底用完石油、天然气、煤、铜等自然资源是非常有可能的,因此自然资源也就变得越来越稀缺。所谓的稀缺性是指获得资源的难度越来越大,即为获得资源所投入的资源增加。所以,如果某种自然资源的数量越多,利用成本就越低,利用该自然资源发展起来的产业就有发展优势,进而影响一个地区的产业结构,是产业地域分工的自然基础。但是,自然资源对

不同产业的影响是不同的。自然资源丰裕度对第一产业和第二产业（特别是自然资源开采和加工业）的发展具有直接影响，使得生产效率提高，成本下降，产业结构趋于合理化。尽管，我们无法得出自然资源丰裕度高的地区自然资源依赖度也必然高的结论，但是自然资源丰裕却会诱发自然资源依赖，导致产业结构的多元化趋势恶化。自然资源丰裕度较高的区域，其经济发展水平可能高，也可能低，而产业结构的高级化是经济发展过程中的一条基本规律，与经济发展阶段密切相关，所以，自然资源丰裕度对产业结构高级化并没有显著影响。据此我们提出假说1。

假说1：自然资源丰裕度高会提高产业结构的合理化，降低产业结构的多元化，对产业结构高级化没有显著影响。

二、自然资源依赖度对产业结构的影响

一般而言，某一产业发展大致要经历形成期、成长期、成熟期和衰退期（或蜕变期）四个阶段，资源产业的发展也不例外。如果，一国或地区的经济增长过分依赖自然资源，形成资源产业"一业独大"的产业结构，就会阻碍新产业的孕育发展，使得经济增长取决于单一产业的生命历程，无法通过产业结构的演进升级而实现长期的经济增长。

根据比较优势和国家建设需要，在资源产业形成伊始，大量的劳动力聚集到资源产业中。在其后的发展中，由于其相对较高的收益率和较低的进入门槛，使得劳动力向资源产业集中的过程不断增强，也对非资源型产业的发展产生了负激励，致使资源型地区或者城市的就业过分依赖资源型产业，缺乏发展其他产业以带动就业的动力。另外，随着劳动力不断流向资源产业，当地的职业教育和职业培训活动为了适应劳动力市场的变化，就会在很大程度上把培训的重点转向资源型产业所需人才的培养。与此同时，大量的科研资金和创新活动也会向资源产业集中。最终就会导致人力资本和技术被"锁定"在资

源产业,阻碍了非资源型产业的成长和壮大。资源产业既是典型的资本密集型行业,又是高资本回报率行业,这样就会吸引社会资本不断向资源型产业聚集,从而使非资源型产业发展所需要的资本无法得到满足,阻碍了非资源型产业的成长和壮大,进而影响了资源丰裕型地区或者城市的产业结构演化升级。

可见,一个地区或者城市过分依赖自然资源产业,不仅诱发了"锁定效应",而且自然资源产业的发展还会自我加强。张复明据此提出了资源部门发展的"自强机制"。他认为,一旦资源部门成为主导部门,生产要素就会继续向资源部门流入,便会形成资源部门对经济要素特殊的"吸纳效应"。由于资源部门的发展与繁荣将资源型区域锁定在资源及资源加工、服务部门,制约了资源部门向制造业这样的能够带来报酬递增、生产率较高的部门的转化,形成"粘滞效应"。[1] Grabher 对倚重资源的德国鲁尔区的研究也表明,其发展存在着功能性锁定、认知性锁定和政治性锁定,以及由此形成的刚性专业化陷阱。[2] 工业化演进过程中的沉淀成本与路径依赖又形成对资源产业的"锁定效应"。可见,当一个地区过分依赖于自然资源时,资源产业的发展和繁荣就导致人力资本和物质资本被锁定在资源产业,而且这种锁定效应还会自我加强,阻碍了要素的流动和其他产业的孕育发展,扭曲了产业结构的合理化和多元化。由于在中国的统计口径下,资源产业属于第二产业,资源依赖自然会扭曲产业结构的高级化。据此我们提出假说2。

假说2:当一个地区过分依赖于自然资源时,就会扭曲其产业结构的合理化、多元化和高级化。

---

① 张复明、景普秋:《资源型经济的形成:自强机制与个案研究》,《中国社会科学》2008 年第 5 期。

② Grabher, G., "The Weakness of Strong Ties: The Lock-in of Regional Development in the Ruhr Area", in *The Embedded Firm: On the Socio-economics of Industrial Networks*, Grabher(ed.), London and New York: Routledge, 1993, pp.255-277.

第四节　模型设定、变量选择与数据处理

一、模型设定

由于面板数据模型拥有能够控制与刻画个体异质性、减小变量之间的多重共线性、增大自由度、提供更多信息以及利于进行动态分析与微观个体分析等优势,因此近年来得到了理论与应用研究者们的广泛关注。面板数据模型在设定与应用过程中,必须对误差分解成分满足固定效应还是随机效应进行判断与检验。但是,究竟用什么样的方法进行判断和检验,固定效应模型和随机效应模型孰优孰劣,这样的整理在学术界一直都没有停止过。

无论如何,固定效应模型有一个独特的优势,即无须做个体效应与其他解释变量不相关的假设,而在随机效应模型中,这个假设是必需的。就中国这样一个地大物博的国家而言,各个省份的人文环境、地理区位、自然条件等不可观察的特质性因素是固定不变的,因此随机效应模型的假设是很难满足的,所以在利用省级数据研究中国这样一个差异性较大的国家时,用固定效应模型显然更为合适。除了个别特殊的回归要求,国内文献在利用省级面板数据做实证分析时,固定效应模型应用的较为广泛。但是,为了能够使我们的判断更具科学性,我们仍然借助于 B-P 检验和 Hausman 检验,进行最终判断。Hausman 检验的结果支持固定效应模型,B-P 检验支持随机效应模型。但是,由于B-P 检验是基于 OLS 估计的参差构造 LM 统计量,并没有考虑 u_i 与其他解释变数的相关性。因此,Hausman 检验的结果更为可信。综合考虑本章设定以下固定效应模型:

$$y_{i,t} = \alpha + \beta_1 R_{i,t} + \gamma Z_{i,t} + u_i + \varepsilon_{i,t} \tag{8.5}$$

其中,y 表示被解释变量,本章中为产业结构的三个度量指标;R 为解释

变量,本章中为自然资源依赖度和丰裕度两个指标;Z 表示控制变量的向量集;i 表示省份;t 表示时间;α 为截距项;$\varepsilon_{i,t}$ 为随机误差项代表模型中被忽略的随横截面和时间而变化的因素的影响。

二、变量选择

本章的被解释变量主要指产业结构的三个衡量指标:产业结构合理化、多元化和高级化,相关度量方法上文已经说明。本章的解释变量为自然资源,我们从两个角度进行考察:自然资源的丰裕度和依赖度。中国的资源采掘业大致可以分为:煤、天然气和石油、有色金属矿产、黑色金属矿产、非金属矿产五个行业,尽管我们可以把煤、天然气和石油行业的产量换算成标准煤产量,但是,我们无法将全部五个行业的产量直接相加,得到全部资源行业的产量数据,因此我们使用了产值数据,我们用这五个行业的工业产值加总得到资源行业的总产值,相比产量数据,产值数据既能看到数量的变化,又能看到价格的变化,比产量数据更加适合本章的分析。

产业结构演化和优化升级是多种因素综合作用的结果,自然资源只是其中的一个因素之一,因此实证模型中必须控制住那些已经证明对产业结构有重要影响的变量。根据已有研究影响产业结构演进的因素主要包括:技术进步、要素供给、市场化水平、对外开放水平、经济发展阶段以及外商直接投资数量等。技术进步对产业结构的优化升级具有重要的推动作用,同时,技术进步的能力与技术发明的存量水平有着直接关系,因此,我们用授权专利的存量来代理技术进步能力。要素供给也是产业结构演进的重要决定因素,在资源丰裕的地区往往形成资源型产业,在劳动供给丰裕的地区往往形成劳动密集型产业,在资本丰裕的地区往往形成资本密集型产业。因此,除了自然资源之外,我们又控制了劳动力和资本数量。我们用第一产业从业人员占总从业人员的比重来表示劳动力供给,之所以这样主要是因为,中国目前的工业化和城市化进程正在加速进行中,产业结构优化升级的重要内容之一就是把劳动力从第一产业转移到第二和第三产业。因此,这一指标比总人口更能够衡量劳动力的供给状况。我们用固定资产投资表示资本的供给。为了能够识别市场化程度对产业结构的影响,我们用非国有企业固定资产投资占总固定资产投资的比重来表示市场化程度。我们用进出口总额占 GDP 的比重表示对外开放水平。社会的需求数量和结构也是影响一个地区产业结构的重要因素,同时,一个地区社会的需求数量和结构又与其经济发展水平具有直接的联系,因此我们用人均 GDP 表示需求因素。最后,我们用年末实际利用外资的数量表示外商直接投资。

三、数据处理

本章所用数据均来自《中国工业经济统计年鉴》和《中国统计年鉴》,时间跨度为 1992 年至 2009 年。国家统计局从 1992 年开始提供分省的资源采掘业行业数据,同时 1992 年也是中国新一轮改革开放的开始,因此本研究把 1992 年作为研究的起点。为了数据的可比性,本研究把重庆和四川进行了合并计算,最终得到 30 个省级样本。但是,由于国家统计局没有发布 1996 年、1997 年和 1999 年的《中国工业经济统计年鉴》,造成这三年的数据缺失,我们采用了加权平均插值法进行了补齐。2004 年国家统计局只发布了《中国经济普查年鉴 2004》,在普查年鉴中给出了煤、石油和天然气、黑色矿产、金属矿产、非金属矿产五类资源产业规模以上企业统计数据,为了增加数据的可比性,我们对上述数据进行了校正。首先,分别利用 2003 年和 2005 年五类资源产业规模以上企业产值数据除以所有企业产值数据,得到比例系数,再利用 2003 年和 2005 年比例系数的平均值作为 2004 年的比例系数,计算 2004 年五类资源产业所有企业产值数据。

第五节　回归结果分析

一、自然资源对产业结构的影响

在表 8.1 中,我们给出了自然资源对产业结构影响的回归结果。在回归方程(1)中,我们看到资源丰裕对产业结构有显著影响,系数为负;从回归方程(3)中我们看到,资源丰裕与产业结构多元化显著负相关;从回归方程(4)中,我们看到,资源丰裕系数为正,但没有显著性。可见,从要素配置效率的角度看,人均资源产值越高,sdi 的值就越小,即产业结构越合理。这是因为人均资源产值较高,说明资源产业的要素配置效率较高,产业结构合理化指标就会较低,这与张复明得出的"在经济发展初期,资源部门的投入产出率相对较高,制造业部门的投入产出率相对较低"的研究结论是一致的。[①] 但是,人均资源产值越高的地方,产业结构的多元化指标 smi 越小,即制造业在第二产业中所占的比重较低,因为资源丰裕导致资源依赖,资源依赖阻碍了制造业的发展,损害了产业结构的多元化。这与邵帅和杨莉莉的研究结论也是一致的。[②] 我们也看到资源丰裕与产业结构高级化负相关,但是并不显著,说明人均资源产值的高或者低对产业结构高级化并没有显著性影响。可见,实证结果与本章假说 1 完全吻合。

---

① 张复明、景普秋:《资源型经济的形成:自强机制与个案研究》,《中国社会科学》2008 年第 5 期。

② 邵帅和杨莉莉(2010)的研究表明,自然资源丰裕与资源产业依赖之间具有高度的正相关性,自然资源丰裕的地区更趋于优先发展资源型产业,从而更易于走上资源依赖型经济发展的道路。

表 8.1　自然资源对产业结构的影响

解释变量	产业结构合理化		产业结构多元化	产业结构高级化
	（1）	（2）	（3）	（4）
	sdi	tli	smi	tsi
lnres	−0.087*** (−2.65)	−0.016*** (−3.04)	−0.022*** (−5.44)	0.015 (0.72)
res_gdp	0.954** (2.08)	0.290*** (3.89)	−1.241*** (−22.07)	−1.651*** (−5.91)
market	0.918*** (4.95)	0.132*** (4.38)	0.117*** (5.13)	0.260** (2.30)
open	2.728*** (3.67)	0.036 (0.29)	0.022 (0.24)	−0.404 (−0.89)
plabour	5.342*** (22.34)	0.719*** (18.44)	−0.002 (−0.06)	−0.416*** (−2.85)
lnpgdp	0.240** (1.99)	0.007 (0.34)	0.063*** (4.25)	0.424*** (5.75)
lnstack	−0.085* (−1.72)	−0.008 (−0.96)	0.012** (1.97)	−0.078*** (−2.58)
lninvest	0.089 (1.30)	0.047*** (4.25)	−0.048*** (−5.76)	−0.252*** (−6.05)
lnfdi	−0.106*** (−4.15)	−0.009** (−2.09)	−0.002 (−0.67)	−0.036** (−2.30)
常数项	−2.460*** (−3.71)	−0.506*** (−4.68)	0.837*** (10.28)	2.157*** (5.33)
样本量	540	540	540	540
联合显著性 （F 统计量）	68.61	54.91	143.82	12.77
固定效应检验 （F 统计量）	39.19	29.14	49.03	33.62

注:括号内为 z 值,* 表示 p<0.1,** 表示 p<0.05,*** 表示 p<0.01;ln 表示对变量取自然对数。

　　从回归方程(1)中我们看到,资源依赖对产业结构合理化有显著影响,系数为正;从回归方程(3)中我们看到,资源依赖与产业结构多元化显著负相关;从回归方程(4)中我们看到,资源依赖系数为负,并且通过了 1%的显著性水平检验。这就表明资源依赖会降低产业结构合理化、多元化和高级化。这是因为,从长期来看,如果一个地方的经济过分依赖自然资源,自然资源产业本身的发展和繁荣会把生产要素从其他产业吸引过来,导致其他产业技术、劳动力和资本投入不足,压缩了其他产业的发展空间,使其发展严重滞后,资源配置效率下降,恶化了当地产业结构的合理化水平。同时,也把人力成本、物质资本和技术锁定在资源产业,使得整体经济的产业结构日趋单一,阻碍了产业结构的多元化。尽管,资源产业的繁荣可以在一定程度上刺激服务业即第三产业的发展,但是,这样发展起来的第三产业是严重依附于资源产业的,不仅其规模取决于资源产业的规模,而且其生存的状况也取决于资源产业的发展状况,更难演化成为经济发展的主导产业,所以资源依赖也阻碍了产业结构的高级化。以列入国家资源枯竭型城市的黄石和潜江市为例,1999—2007年,黄石市资源行业固定资产投资占全社会固定资产投资的比重是全国平均水平的2倍,潜江市是全国平均水平的4倍,导致全国平均水平的非资源产业占工业产值的比重为黄石市的1.93倍,为潜江市的1.8倍。再如,1999年山西省三次产业的比重为9.6:47.1:43.3,2008年为4.4:61.5:34.1,10年间,第一产业的比重下降了5.2个百分点,名义产值只增加了1.89倍;第二产业比重增加了14.4个百分点,名义产值增加了5.44倍;第三产业下降了9.2个百分点,名义产值增加了3.28倍。可见,资源产业及其相关的加工制造业同属于第二产业,第三产业的发展仅仅是依附于第二产业,很难形成具有较强联系效应的主导产业,所以阻碍了产业结构的高级化。这与本章假说2完全吻合。

在回归方程(2)中,我们采用另外一种衡量指标tli,对产业结构合理化重新进行了回归,检验系数和显著性水平是否会随着变量的改变而发生较大的改变。对比表8.1的回归方程(1)和回归方程(2),我们发现资源丰裕和资源依赖的符号和显著性水平基本是一样的,说明自然资源与产业结构合理化之间的关系并不会随衡量指标的改变而出现显著变化,并且其他所有控制变量系数的符号也都没有发生翻转,只有部分变量的显著性有所改变,表现出较好的稳健性。

二、影响产业结构变化的其他因素

从表8.1中我们看到,市场化程度对产业结构合理化指数有显著性正影响,即非国有企业固定资产投资占总固定资产投资的比例越高,产业结构越不合理。这与一般的直觉并不相同,但是仔细思考也有其合理性。因为随着国有企业改革的深入,保留下来的国有企业大多是大中型企业,与这些企业的技术和资本实力相比非国有企业反而较高,所以会出现市场化程度越高,生产要素配置的效率越低,即产业结构越不合理的结论。但是,我们也发现市场化程度能够促进产业结构多元化和高级化,这与非国有企业在一般制造业和第三产业投资比重较高有着直接关系。从表8.1中我们看到,对外开放度的提高会恶化产业结构的合理化,对外开放度对产业结构多元化和高级化并没有显著影响,这都与中国对外贸易产业结构中大多是低端制造业和低端服务业有关,而且低端制造业又集中在劳动密集型产业。我们也看到,第一产业从业人员占总从业人员的比重越高,产业结构的合理化程度越低,即生产要素配置的效率越低,这是因为过多的人口会降低人均资本存量,从而降低生产效率,恶化产业结构的合理化。第一产业从业人员的比重对产业结构多元化没有影响,但却阻碍了产业结构的高级化,这是因为劳动力丰裕的地区往往会发展低端的劳动力密集型制造业,使得部分劳动力向制造业转移,与资源产业的发展关系不密切。同时,根据钱纳里(1989)的研究,劳动力的转移主要发生在农业和服务业之间,这就表明劳动力多的省份其劳动力转移的压力就大。我们也看到,人均GDP的提高会恶化要素的配置,降低产业结构合理化,但是会提高产业结构的多元化和高级化,这是因为随着收入水平的提高,社会需求结构的变化会促进产业结构的多元化和高级化。授权专利存量在回归方程(1)中提高了生产要素配置的效率,即提高了产业结构的合理化。授权专利存量能够推进产业结构多元化,阻碍产业结构的高级化,这是因为授权专利主要集中在第二产业所致,并能够促进新产业的出现和发展。固定资产投资对产业结构合理化没有显著性影响,但是阻碍了产业结构多元化和高级化,这与中国的现实是相符的,单纯的投资数量增加并不能够促进产业结构的升级。最后,我们看到外商直接投资提高了生产要素配置的效率,使得产业结构趋于合理化。外商直接投资对产业结构多元化并没有显著影响,但却阻碍了产业结构的高级化。这与外商直接投资的技术水平相对较高,但大多集中在第二产业有关。

第六节 稳健性检验与讨论

计量模型的分析结论可能对模型和数据的变动较为敏感,所以非常有必要进行稳健性检验。所谓的稳健性检验就是讨论回归结果是否随样本容量、模型设定和变量选择而变化。因此本研究稳健性讨论的基本思路是通过改变模型,检验解释变量的系数和显著性是否发生明显改变。同时,由于本研究有部分数据经过插值法得到,也是数据具有较强的序列相关性。为了能够有效考察自然资源对产业结构的动态影响,更是为了减少变量内生性和序列相关性对估计结果的影响,避免虚假回归,我们把回归模型修改为:

$$y_{i,t} = \alpha_i + \beta y_{i,t-1} + \sum_{i=1}^{K} \gamma_k Z_{i,t} + u_{i,t} \qquad (8.6)$$

其中,α_i表示各省份固定效应,其他变量与模型(8.6)相同。对于存在个体效应的动态面板数据模型,只有当 N 和 T 都趋于无穷时,才会得到一致性组内估计量,当 T 较小而 N 较大时,组内回归存在严重偏差。因此,为了消除个体固定效应,我们对模型(8.7)进行了一阶差分,得到:

$$y_{i,t} - y_{i,t-1} = \beta(y_{i,t-1} - y_{i,t-2}) + \sum_{i=1}^{K} \gamma_k(Z_{i,t} - Z_{i,t-1}) + (u_{i,t} - u_{i,t-1})$$

$$(8.7)$$

为了能够获得各解释变量系数的一致性估计,我们将应用差分广义距估计方法进行估计。差分广义距估计方法对残差项具有较高的要求,需要不存在二阶自相关和工具变量没有被过度识别,为此我们进行了 AR(1)、AR(2) 和 Sargan 检验,具体结果见表 8.2。

表 8.2 动态差分回归结果

	（1）	（2）	（3）
	D.sdi	*D.smi*	*D.tsi*
LD.sdi	−0.237*** (−23.46)		
LD.smi		−0.035*** (−2.86)	
LD.tsi			−0.276*** (−18.70)
D.lnres	−0.104** (−2.42)	−0.032*** (−5.00)	0.088 (1.31)
D.res_gdp	0.961** (1.99)	−1.424*** (−30.29)	−0.822*** (−3.47)
D.market	0.200 (1.400)	0.066*** (6.95)	0.041 (0.86)
D.open	2.758 (1.35)	0.516*** (4.18)	−3.909*** (−6.95)
D.plabour	7.592*** (25.82)	−0.072*** (−4.72)	−0.898*** (−5.89)
D.lnpgdp	0.586*** (4.00)	0.165*** (13.83)	0.171*** (3.47)
D.lnstack	−0.16 (−0.83)	0.028*** (3.63)	−0.027 (−1.21)
D.lninvest	1.08E−05 (0.59)	−0.055*** (−9.55)	−0.342*** (−9.14)
D.lnfdi	−1.196 (−0.73)	−0.003*** (−4.31)	−0.013 (−1.48)

续表

	（1）	（2）	（3）
	D.sdi	*D.smi*	*D.tsi*
常数项	0.150 *** (4.59)	−0.005 ** (−2.09)	0.060 *** (5.53)
样本量	450	450	450
Wald 统计量	18425.38	25743.87	4353.2
AR（1）检验（P-value）	0.009	0.003	0.054
AR（2）检验（P-value）	0.154	0.626	0.112
Sargan 检验（P-value）	1	1	1

注:括号内为 z 值, * 表示 $p<0.1$, ** 表示 $p<0.05$, *** 表示 $p<0.01$;L 代表滞后一期,D 代表一阶差分;
　　ln 代表对变量取自然对数。

从表 8.2 中我们看到,自然资源丰裕度与自然资源依赖度对产业结构的影响机制与表 8.1 中给出的结果是一致的,可见,就自然资源丰裕对产业结构的影响而言,回归方程是稳健的。其他控制变量的显著性有所变化,但是系数的符号并没有发生翻转,这都说明本研究所选计量模型的稳健性较好。

第七节　结论与政策启示

本章采用实证研究方法,从产业结构合理化、多元化和高级化三个维度构建指标体系,全面分析了自然资源对产业结构的影响。我们的研究表明,自然资源丰裕度会提高产业结构合理化,但是会降低产业结构的多元化,对产业结构高级化没有显著影响。自然资源依赖会改善产业结构的合理化,但是阻碍产业结构的多元化和高级化。可见,"资源诅咒"主要是通过资源依赖度而不是资源丰裕度对资源型地区的经济增长产生阻碍作用。另外,我们的分析也表明,市场化水平、人均 GDP 和授权专利存量能够促进产业结构的多元化和合理化;对外开放度的提高会恶化产业结构的合理化,对外开放度对产业结构多元化和高级化并没有显著影响;外商直接投资提高了生产要素配置的效率,使得产业结构趋于合理化,但对产业结构多元化并没有显著影响,阻碍了产业结构的高级化。

就自然资源本身而言,无论从哪个角度来看都是经济增长的潜在来源,资源密集型地区大力发展资源型产业有其自发性、内生性和合理性。但是,当一个地方经济过分依赖自然资源时,就会招致资源的"诅咒",所以资源型地区实现可持续发展的重中之重就是要实现产业结构的多元化,而不是放缓自然资源产业本身的发展。一般而言,固定资产投资的流向与该地区产业结构及其调整之间存在着相关性。资源型地区某时期的产业结构及其变动,在很大的程度上是由政府政策调控下的前期资源收益的增量流向和存量调整所塑造的。作为固定资产投资主要表现形式的资源收益塑造了产业结构格局,并共同决定着产业结构的调整与变动。自然资源的开采权和开发收益是不同利益主体博弈决定了资源收益的流向,从而影响资源型地区产业结构及其变动。

可见,避免"资源诅咒"的着力点就在于,建立包括协调机制、补偿交易机制、技术创新机制在内的激励机制,引导资源收益正确流向,实现资源收益在资源企业和非资源企业之间的动态优化配置,使得资源收益享受主体和非资源企业的投资主体建立起对接机制,也使资源收益享受主体和技术创新主体之间实现统一,阻断"资源诅咒"的传导机制,使资源优势真正成为资源所在的长期经济增长能力。本章的研究结论对资源枯竭型城市实现经济的成功转型,对处于成长期和鼎盛期的资源型城市避免"资源诅咒",实现可持续发展,具有借鉴意义。

第九章　自然资源丰裕与出口竞争力

自然资源作为最终的生产要素对于经济增长的作用是毋庸置疑的。但是,自然资源在推动生产的同时,也对经济增长的其他关键要素产生了影响,而且在自然资源要素实现全球流动和配置以来,而这种影响往往是负面的。本章将通过构建数理模型,分析自然资源依赖对制造业出口竞争力的影响。

第一节　"荷兰病"

1959 年,荷兰石油公司在格罗宁根省北部村庄斯洛赫特伦(Slochteren)附近发现大型天然气田,即"格罗宁根气田",揭开了北海天然气勘探开发的序幕,也使荷兰始终保持着欧洲最大的天然气净出口国的地位。1962 年 10 月初,荷兰政府提出的第一份天然气备忘录取得议会批准,为天然气时代打下了基础。格罗宁根气田的投入生产使荷兰经济在短期内受益于天然气资源。一方面,根据备忘录荷兰政府将得到总利润的 70% 左右,因此,荷兰的国家税收也由 1972 年的 10 亿多荷兰盾增加到 1982 年的近 200 亿荷兰盾,天然气成为荷兰政府预算的一项重要来源。另一方面,天然气出口量的剧增,导致荷兰经常项目从 1967—1971 年间的 1.3 亿美元赤字变为 1972—1976 年间的 20 亿美元盈余,也使得这一期间荷兰盾的汇率上升了 16.4%。[1] 天然气的大量生产和出口尽管使得荷兰国际收支出现顺差,经济显现繁荣景象。但是,蓬勃发展的天然气业却严重削弱了荷兰出口行业的国际竞争力。到 20 世纪 70 年代,荷兰国内物价上升、制成品出口下降、经济增长率放缓、失业率增加。所以,经济学家把这种自然资源行业"繁荣"而其他行业衰退的现象称为"荷兰病"(the Dutch disease)。

科登和尼瑞(Corden 和 Neary)最早通过数理模型的方法捕捉和分析了"荷兰病"的形成机理。他们的分析表明,在开放经济和允许生产要素跨部门自由流动的条件下,一国自然资源贸易的繁荣,使得可贸易的制造业部门的生产要素实际收益下降,导致要素从制造业部门流出,制造业部门的就业和产出下降;实际汇率升值,贸易条件恶化。[2] 两股力量叠加最终导致了"去工业化"(De-industrialisation)。

第二节　"荷兰病"模型

本节将在托维克(Torvik)模型的基础上,发展一个简化的"荷兰病"模型,以分析自然资源出口繁荣对于经济增长的影响。[3] 我们假设一个国家的经济包括:可贸易的制造业部门、可贸易的自然资源出口部门和不可贸易国内部门,例如,国内的运输业和服务业等。我们再假设是一个开放经济,因此,不论是可贸易的制造业部门的产品价格还是可贸易的自然资源出口部门的产品价格都由国际市场决定。不可贸易部门产品的价格由国内市场的供需条件决

---

[1]　江时学:《"荷兰病"与发展中国家的初级产品出口》,《世界经济》1994 年第 4 期。

[2]　Corden,W.M.& J.P.Neary,"Booming Sector and De-Industrialisation in a Small Open Economy",*The Economic Journal*,Vol.92,No.368(1982),pp.825–848.

[3]　Torvik R.,"Natural Resources, Rent Seeking and Welfare",*Journal of Development Economics*,Vol.67,No.2(2002),pp.455–470.

定。为了分析方便,我们把可贸易的自然资源出口部门简化为一个不需要劳动力的,只面向出口,带来外汇收入的部门。部门 i 在时间 t 的生产函数和生产率分别为 X_{it} 和 H_{it} ,相应地 $i = N$ 代表不可贸易部门, $i = T$ 代表可贸易部门。我们把总劳动力标准化为 1, η_t 表示 t 期在不可贸易部门就业的劳动力比例,两个部门的生产函数如下:

$$X_{Nt} = H_N f(\eta_t) \text{ ,其中} f'(\eta_t) > 0, f''(\eta_t) < 0 \tag{9.1}$$

$$X_{Tt} = H_{Tt} g(1 - \eta_t) \text{ ,其中} g'(1 - \eta_t) > 0, g''(1 - \eta_t) < 0 \tag{9.2}$$

这也就意味着,劳动力是唯一的跨部门流动要素,而且每一个部门劳动的边际贡献是递减的。

我们假设消费者部门并不直接消费可贸易的自然资源部门生产的产品,而只消费可贸易制造业部门的产品和不可贸易部门的产品。效用函数为采用 CES 形式,最终,消费者的效用函数就可以表示为:

$$U_t = \frac{\sigma}{\sigma - 1} C_{Nt}^{\frac{(\sigma-1)}{\sigma}} + \frac{\sigma}{\sigma - 1} C_{Tt}^{\frac{(\sigma-1)}{\sigma}} \tag{9.3}$$

其中 $\sigma > 0$, C_N 表示消费者分配在不可贸易部门的消费, C_T 表示消费者分配在可贸易制造业部门的消费。消费者的效用最大化问题可以表述如下:

$$\text{Max} U_t = \frac{\sigma}{\sigma - 1} C_{Nt}^{\frac{(\sigma-1)}{\sigma}} + \frac{\sigma}{\sigma - 1} C_{Tt}^{\frac{(\sigma-1)}{\sigma}} \tag{9.4}$$

$$\text{s.t.} Y_t = P_t C_{Nt} + C_{Tt} \tag{9.5}$$

构造拉格朗日函数,求导得到一阶条件:

$$C_{Nt} = \lambda^{-\sigma} P^{-\sigma} \tag{9.6}$$

$$C_{Tt} = \lambda^{-\sigma} \tag{9.7}$$

根据(9.6)式和(9.7)式,我们得到:

$$C_{Tt} = C_{Nt} P^{\sigma} \tag{9.8}$$

把(9.8)式代入方程(9.5),经过整理,我们得到消费者对不可贸易部门产

品的需求为:

$$C_{Nt} = \frac{Y_t}{P_t(1 + P_t^{\sigma-1})} \tag{9.9}$$

其中 Y_t 是社会总收入。社会总收入应该由可贸易制造业部门收入、可贸易自然资源部门收入和不可贸易部门收入三部分构成:

$$Y_t = P_t X_{Nt} + X_{Tt} + H_{Tt} N R_t \tag{9.10}$$

其中, P_t 是用可贸易制造业产品价格表示的不可贸易产品价格,由于可贸易制造业产品就是国际产品价格,所以 P_t 其实就是实际汇率的倒数。[①] R_t 表示用可贸易制造业部门生产率表示的可贸易自然资源部门的外汇收益,所以 $H_{Tt} R_t$ 就表示可贸易部门总外汇收益。

假设在任何时刻,不可贸易部门的供给总是等于需求,即:

$$X_{Nt} = H_{Nt} f(\eta_t) = C_{Nt} = \frac{Y_t}{P_t(1 + P_t^{\sigma-1})} \tag{9.11}$$

经过整理,我们可以得到实际汇率 P_t 的表达式:

$$P_t = \lambda_t^{\frac{1}{\sigma}} \left[\frac{g(1 - \eta_t) + N R_t}{f(\eta_t)} \right]^{\frac{1}{\sigma}} \tag{9.12}$$

其中, $\lambda_t = \dfrac{H_{Tt}}{H_{Nt}}$,表示贸易部门与非贸易部门的生产率差异。

在利润最大化条件下,每个部门雇佣的劳动力数量会使得劳动力在每个部门的工资等于其边际贡献。用 w_N 表示不可贸易工资, w_T 表示可贸易制造业部门工资。根据方程(9.1),我们可以得到可贸易制造业部门厂商的利润最大化条件为:

---

① 实际汇率是名义汇率用两国价格水平调整后的汇率,即外国商品与本国商品的相对价格,反映了本国出口商品的竞争力。实际汇率 e 的一般计算公式为: $e = \dfrac{E \times P_T}{P_N}$,其中, P_T 为可贸易品的国际价格水平, P_N 为不可贸易品的国内价格水平。 E 表示用直接标价法表示的名义汇率。

$$P_t H_{Nt} f'(\eta_t) = w_N \tag{9.13}$$

同理,根据方程(9.2),我们可以得到不可贸易部门厂商的利润最大化条件为:

$$H_{Tt} g'(1 - \eta_t) = w_T \tag{9.14}$$

假设劳动力可以在可贸易制造业部门和不可以贸易部门自由流动,最终两个部门的工资水平就会趋于一致,即:

$$P_t H_{Nt} f'(\eta_t) = w_N = H_{Tt} g'(1 - \eta_t) = w_T \tag{9.15}$$

整理后,我们得到:

$$P_t = \lambda_t \frac{g'(1 - \eta_t)}{f'(\eta_t)} \tag{9.16}$$

方程(9.12)和方程(9.16)都表示了实际汇率 P_t 与劳动力份额 η_t 之间的函数关系。为了能够更直观地表示 P_t 与 η_t 之间的相互关系,我们把方程(9.12)和方程(9.16)描在以 η_t 为横轴、P_t 为纵轴的坐标平面内。为了判定图形的大致方向,方程(9.12)和方程(9.16)两边分别对 η_t 求导,就得到方程(9.17)和方程(9.18)

$$\frac{\mathrm{d}P_t}{\mathrm{d}\eta_t} = \frac{1}{\sigma} \cdot \lambda_t^{\frac{1}{\sigma}} \cdot \left[\frac{g(1 - \eta_t) + NR_t}{f(\eta_t)}\right]^{\frac{1}{\sigma} - 1} \cdot \left\{\frac{- g'(1 - \eta_t) \cdot f(\eta_t) - [g(1 - \eta_t) + NR_t] f'(\eta_t)}{f(\eta_t)^2}\right\}$$

$$\tag{9.17}$$

$$\frac{\mathrm{d}P_t}{\mathrm{d}\eta_t} = \lambda_t \cdot \left[\frac{- g''(1 - \eta_t) \cdot f'(\eta_t) - g(1 - \eta_t) \cdot f''(\eta_t)}{f'(\eta_t)^2}\right] \tag{9.18}$$

由于 $f'(\eta_t) > 0, f''(\eta_t) < 0$ 和 $g'(1 - \eta_t) > 0, g''(1 - \eta_t) < 0$,所以:

$$\frac{1}{\sigma} \cdot \lambda_t^{\frac{1}{\sigma}} \cdot \left[\frac{g(1 - \eta_t) + NR_t}{f(\eta_t)}\right]^{\frac{1}{\sigma} - 1} \cdot \left\{\frac{- g'(1 - \eta_t) \cdot f(\eta_t) - [g(1 - \eta_t) + NR_t] f'(\eta_t)}{f(\eta_t)^2}\right\} < 0$$

$$\lambda_t \cdot \left[\frac{- g''(1 - \eta_t) \cdot f'(\eta_t) - g(1 - \eta_t) \cdot f''(\eta_t)}{f'(\eta_t)^2}\right] > 0$$

所以图9.1中,代表产品市场均衡的方程(9.12),就是一条向下倾斜的直线 NN;代表劳动力市场均衡的方程(9.16),就是一条向上倾斜的直线 LL。

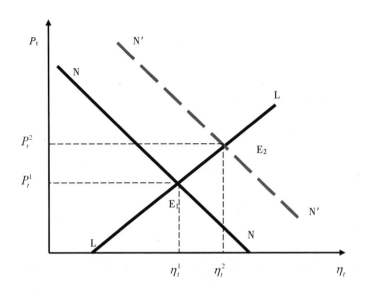

图 9.1　实际汇率与劳动力份额

第三节　自然资源出口繁荣

假设该国经济起初处于充分就业状态。首先,根据方程(9.12),当自然资源出口部门的外汇收益 NR 增加时,在其他条件不变的情况下,外汇供给就会增加,如果实行浮动汇率制,外汇供给的增加将导致本币升值,实际汇率下降,可贸易的制造业部门产品的出口竞争力下降;如果实行的是固定汇率制,在外汇供给增加的情况下,外汇管理当局为了稳定汇率,就需要抛售本币,以减轻本币升值压力,但是,货币供给的增加会导致国内价格水平上升,也导致了实际汇率下降,本国可贸易制造业部门出口产品竞争力下降。

其次,当来自自然资源出口部门的外汇收益 NR 增加时,根据方程(9.9)和方程(9.10),社会总收入和国内不可贸易商品需求就会增加,由于不可贸易商品无法通过进口来满足,导致这类商品的价格上升,加剧国内通货膨胀,这也造成实际汇率升值,由此使得可贸易制造业部门产品出口竞争力降低。

从图 9.1 中我们看到,当自然资源出口部门的外汇收益 NR 的增加,根据方程(9.12),NN 直线会向右移动到 N′N′,不可贸易产品价格从 P_t^1 上升为 P_t^2,即实际汇率下降,本国可贸易制造业部门产品出口竞争力下降,制造业部门出口下降;同时,不可贸易劳动力份额从 η_t^1 上升到 η_t^2,即劳动力从制造业部门流向不可贸易部门,制造业部门因此萎缩。

可见,不论是实行浮动汇率制还是固定汇率制,自然资源产品出口部门的外汇收益 NR 的增加都会导致实际汇率下降,可贸易制造业部门产品的出口竞争力下降,出口产品减少,可贸易制造业的萎缩和就业下降,劳动力转移,诱发"去工业化"倾向。所以,尽管自然资源丰裕增加提高一国的财富水平,但却导致制造业部门萎缩,最终导致"荷兰病"。

"荷兰病"并非荷兰所独有,俄罗斯是世界上最大的石油和天然气输出国之一,"荷兰病"也一直困扰着俄罗斯经济。正如前面研究所表明的,大量石油和天然气出口也导致俄罗斯的实际有效汇率开始上涨,同时导致制造业出口竞争力受损。从图 9.2 中我们看到,俄罗斯燃料出口占所有商品出口的比重与实际有效汇率呈现显著的正相关性,燃料出口比重越高,实际有效汇率越高;与此同时,燃料出口比重越高与制造业出口比重呈现负相关性,燃料出口比重越高,制造业出口比重越低。由于俄罗斯从 1997 年 10 月到 1998 年 8 月经历了由三次金融大波动构成的金融危机,俄罗斯对资源出口的依赖性越来越强,因此 1999—2013 年,俄罗斯燃料出口占比和实际有效汇率双双大幅上扬,并通过日益走高的汇率,严重打击了制造业的出口竞争力。1999—2018年,俄罗斯制造业出口比重一直都低于 1998 年的最高值,近年来有进一步下降的趋势。

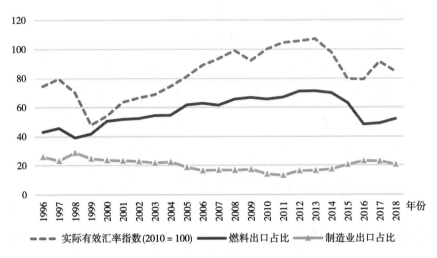

图9.2 俄罗斯联邦燃料出口与出口竞争力

资料来源:世界银行世界发展指标数据库。

第十章　自然资源丰裕与收入分配

第一节　开发地居民受益渠道与方式

在自然资源开发过程中,开发地居民受益的方式可以分为短期受益和长期受益。短期受益主要指开发地居民受损的土地和财产得到有效补偿,或者从事与资源开采相关的外围工作;长期受益主要指以职工身份直接参与开采工作,或者以土地或者资金等形式入股矿业公司,获得分红收益。开发地居民受益渠道及其方式,在很大程度上决定了矿区的和谐稳定,矿区的和谐稳定又对矿业企业和资源型地区的可持续发展具有重要意义。

一、征地补偿与恢复治理

（一）征地补偿

由于资源开发往往位于较为偏远的农村地区,因此资源开发过程中必然带来土地的损坏和占用。根据我国的法律规定,农村土地归集体所有,所以开发地居民就拥有向资源开发企业要求土地赔偿的权利。依据《土地管理法》的规定,农村土地未被征用前,都属于村集体所有,国家实施资源开采开发,应当依据《土地管理法》第二条关于"国家为了公共利益的需要,可以依法对土地实行征收或者征用并给予补偿"的规定,给予补偿。《矿产资源法》第三十二条也规定了"开采矿产资源给他人生产、生活造成损失的,应当负责赔偿,并采取必要的补救措施"。因此,在矿产资源开发过程中,土地补偿就成为开发地居民受益的最重要渠道。

从图 10.1 中我们看到,2009—2013 年我国土地占用和损坏的面积非常惊人,排名前 5 的省和自治区都达到了 3 万公顷以上,其中排名第一的内蒙古更是达到了惊人的 133545 公顷,这可能与内蒙古露天煤矿开采项目较多有关。排名第二的辽宁达到了 31331 公顷,排名第三的黑龙江达到 31058 公顷。因此,对于以农业为生的开发地居民而言,土地的占用和损坏就意味着不得不放弃自己熟悉的农业,从事其他行业。征地补偿由土地补偿、青苗补偿、附着物补偿和安置补偿四部分构成,而补偿的标准由县级以上人民政府结合当地的经济发展确定,导致作为最重要的补偿渠道的征地补偿往往面临不确定性。

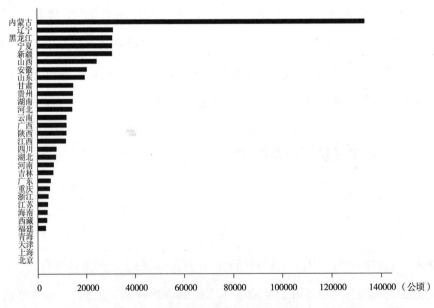

图 10.1　矿业开采累计占用、损坏土地面积(2009—2013 年)

资料来源:根据 2009—2014 年《中国国土资源统计年鉴》整理得到。

（二）恢复治理

依据《物权法》及《矿产资源法》，地下埋藏物及矿产资源属于国家所有，补偿只涉及所占地表及地上附着物，没有占据地表及地上附着物的部分不予补偿，因此当地居民无法获得资源开发带来的持续收益。征地补偿最重要的问题是补偿往往是一次性的，而矿产资源开发对土地的损坏却是长期性的，一方面是矿山的恢复需要较长的时间，另一方面是恢复也需要巨量的资金投入。这两方面原因导致，矿山的恢复和治理往往非常滞后，而且成效并不显著，也存在种植功能的改变。例如，矿产资源开发前的农业用地，恢复以后其实已经无法再继续种植农作物，可能只能用于种树和种草，破坏了原有的使用价值。从图 10.2 中我们看到，矿山开发损坏面积恢复和治理比例达到 80% 以上的只有山东、福建和海南；达到 50%—80% 的只有四川、西藏和上海；达到 30%—50% 的有 7 个；10%—30% 的有 12 个，低于 10% 的有 6 个。

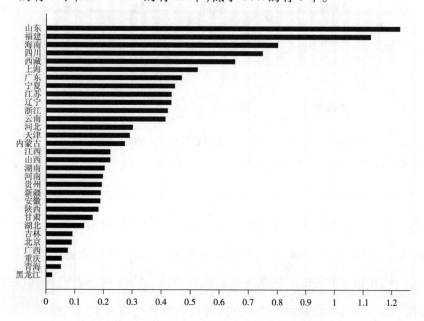

图 10.2　累计恢复治理矿山开发损坏面积的比例（2009—2013 年）

资料来源：根据 2009—2014 年《中国国土资源统计年鉴》整理得到。

可见,总体而言,矿山开发损坏面积恢复和治理的比例都不太理想。因此,开发地农民可能在很长一段时间里,甚至是一代人的时间里都无法再恢复农业生产,导致收益受到很大的影响。从这个层面上来看,矿山开发损坏面积恢复和治理的缓慢也从一定程度上影响了当地居民的收益,使其无法通过土地增加收入,当征地补偿收入花完的时候,如果仍然没有积累足够的在其他行业就业所需的技能,还有可能陷入贫困。

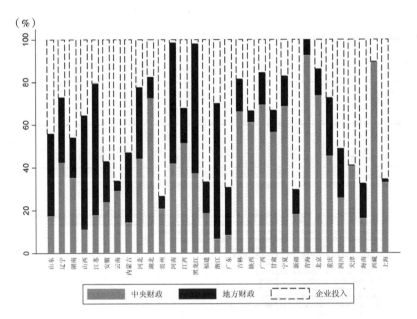

图 10.3   矿山恢复治理费用来源及其比例(2009—2013 年)

资料来源:根据 2009—2014 年《中国国土资源统计年鉴》整理得到。

矿山恢复和治理需要巨量的资金投入,是一项极为艰深的工作。需要中央政府、地方政府和矿山企业共同努力。就资金来源渠道而言,应该奉行"谁污染,谁治理"的基本原则,但是从现实情况来看,我们发现企业作为破坏和污染主体,在很多省份却不是恢复和治理的主体。从图 10.3 我们看到,在恢复和治理矿山中,来自企业的资金占比超过 50% 的省份有 10 个,从高到低依次为:贵州、新疆、广东、海南、福建、云南、上海、天津、安徽和内蒙古。最高的贵州为 73.4%,最低的内蒙古为 53%。有 10 个省份的恢复和治理资金 50% 以上依赖于中央财政,从高到低依次是:青海、西藏、北京、湖北、广西、宁夏、吉林、陕西、甘肃和江西。最高的青海省 92.4% 的资金来自中央财政,排名第二的西藏比例也达到 89.5%。矿山恢复和治理中地方财政资金超过 50% 的省份有浙江、江苏、黑龙江、河南和山西。最高的浙江比例达到了 63%,最低的山西也有 53.3%。按照目前的体制,就责权利来看,地方政府本应该成为环境治理的主体,但是我们发现中央政府和企业才是恢复治理的主体。其实,地方政府是地方发展的责任主体,也更了解当地的地质和地貌,能够更好地监督矿山企业进行恢复和治理,应该成为矿产恢复和治理的主体。

二、就业渠道

(一)从事采掘业

资源型地区往往形成"一业独大"的产业结构,导致资源产业既是支柱产业,又是主导产业,所有其他产业都依附于资源产业。因此,在土地损坏的情况下,选择在资源产业就业就成为很多当地年轻居民的现实选择,也成为他们最重要的收入来源。但是,在资源产业就业也存在很多现实的约束条件,并非一帆风顺。这些条件包括:

1. 专业技能和知识的门槛

随着技术进步的加速,很多资源企业的技术已经非常先进,因此很多工种对从业者的专业技能和知识形成一个硬性的门槛,当地居民往往从农业转来,因此很难具备这样的要求,导致只能从事采掘业中对门槛要求比较低的工种。这些工种由于门槛低反而竞争异常激烈,往往是一岗难求。

2. 工作岗位的减少

由于技术的进步,以前很多由人员操作的岗位现在更多地被机械所替代,导致资源行业本身对劳动力的需要大幅度下降,进一步减少了就业岗位。这样的趋势在大型的矿山企业更为明显,因为大企业更为资本密集,也能够采用新技术,在很大程度上资本替代了劳动。而小企业往往技术落后一些,相比而言更加的劳动密集,而且门槛较低,所以反而可以吸纳更多的来自当地的劳动力。在图 10.4 中我们绘制了矿山规模与从业人数之间的散点图,我们看到小型矿山企业的数量越多,从业人数越多,两者存在正相关关系。但是,这种趋势在大型矿山企业恰恰相反,大型矿山企业比重越高,矿山企业从业人数越少。导致这种差异的最重要原因是大型矿山企业的技术和设备更为先进,开采条件也更好,所以需要更少的劳动力。这就会出现越是大型公司参与矿产资源开发,当地的就业反而越差的现象。所以,大型公司在矿产资源开采地应该通过投资其他副业吸引一定的社会劳动力,从而缓解与当地居民之间的紧张关系,为矿产资源开采营造一个更为和谐的社区环境。

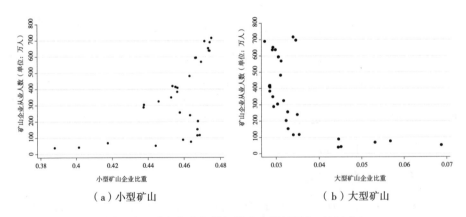

（a）小型矿山　　　　　　　（b）大型矿山

图 10.4　矿山企业规模与从业人数（2004—2014 年）

注:大型和小型矿山的划分标准依据《关于调整部分矿种矿山生产建设规模标准的通知》(国土资发〔2004〕208 号)。

资料来源:根据 2004—2015 年《中国国土资源统计年鉴》整理得到。

从图 10.5 我们看到,近 10 年来单位原矿需要的劳动力数量一直在下降,说明采掘业本身的生产效率在提高,所需要的劳动力在下降。2006 年采掘 1

吨原矿需要的劳动力是 28 人,但是到 2014 年已经下降到 5 人,前者是后者的
5.6 倍。与此相伴,我们看到,矿山企业从业人数的增长率一直在下降,两者
具有相同的下降趋势。特别要注意的是 2012 年之后连续三年已经出现负增
长。因此,开发地居民从事采掘业作为获得资源收益的渠道越来越窄,也越来
越难,只能成为一小部分人的就业渠道,无法满足资源型地区整体的就业需求。

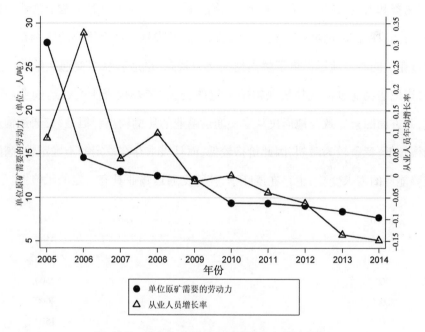

图 10.5　矿山企业从业人员增长率与生产效率

资料来源:根据 2004—2015 年《中国国土资源统计年鉴》整理得到。

3. 薪酬偏低

由于开发地居民在资源开发之前基本上是以农业为主,因此其积累的劳
动技能和经验也与农业高度相关,如果放弃农业从事采掘业,开发地居民只能
够在低技术岗位就业。根据生产要素报酬分配原则,低技术岗位能够获得的
薪酬也相对较低。

这三方面原因导致开发地居民很难从事采掘业,即便就业了收入水平也

相对偏低。使得开发地居民很难通过就业获得较大的资源收益,这一渠道的作用较为有限。

(二)从事运输业

由于矿产资源开发地往往处于偏远地区,因此需要大量交通工具运输资源、物资和人员,就加速了当地交通运输业的发展。由于交通运输业就业门槛较低,而且所需的前期资本投入也较低,因此开发地居民有不小的比例在从事运输业。同时当地居民更了解当地的交通状态,也适合从事交通运输业。另外,当地居民通过征地补偿获得了一定的资金,刚好投资于交通运输业。因此,几方面因素导致当地居民从事交通运输业的比例较高。但是,交通运输业门槛较低,竞争较为激烈,因此价格较低,而且需求存在一定的不确定性,高度依赖能源的需求变化,也存在淡旺季,使得交通运输业具有一定的风险性。

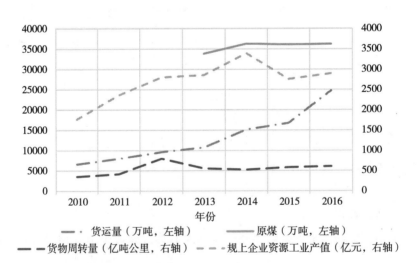

图 10.6 榆林市货运量与规模以上企业资源工业产值(2010—2016 年)

资料来源:2011—2017 年《榆林统计年鉴》。

在图 10.6 中,我们绘制了本研究重要调研地区榆林市的资源产值与货运量之间的关系,就总体而言,货运量和规模以上企业资源工业产值有共同的趋势。尽管货运周转量没增加,说明运输距离在缩短,但是货运量还是保持较高的增长。从一个层面说明资源开发可以带动当地的交通运输业。

(三)从事服务业

由于矿产资源开发,吸引了大量的外来人口,导致资源开发地对生活服务业的需求较大。开发地居民就可以不离开当地从事服务业,同时可以增加开发地居民的收入,因此也是资源地居民获得资源收益的一种间接方式。更为重要的是一般的生活服务业的就业门槛比较低,很适合开发地居民就业。因此,对于失地比例较高的资源型地区,从事生活服务业就成为开发地居民最重要的就业渠道。但是,需要引起注意的是生活服务业依赖于当地居民的规模,其中很大一部分还是因为资源开发而迁来的外来人口。如果资源产业繁荣,就会吸引大批人口流入资源型城市;如果资源产业衰落,大批流动人口就会迁移到其他城市。总之,生活服务业也是依赖于资源产业,与资源产业"一损俱损,一荣俱荣"。

从图 10.7 中我们看到,资源型城市作为一个整体,与非资源型城市相比,第三产业就业的人员比例反而较低。服务业可以简单分为生产服务业和生活服务业,而且生产服务业是未来应该大力发展的产业类型,是高附加值的生产类型。但是由于资源型地区的生态环境大多较为一般,加之大多位于中西部地区,所以很难吸引高端人才集聚,也就意味着当地生产服务业缺乏吸引力。与此同时,生活服务业发展的空间始终受制于人口规模,因此尽管资源开发带来了生活服务业的繁荣,但是仍然面临着人口天花板约束,发展的空间并不大。所以,生活服务业作为开发地居民受益的渠道,也并不是完全可以依赖的。

第二节　资源开发对要素收入分配的影响

我国西部地区的优势在于资源。截至 2014 年年末,西部地区煤炭基础储

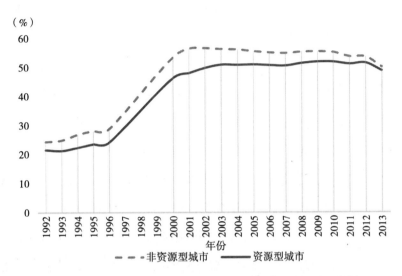

图 10.7　资源型城市和非资源型城市第三产业就业比例

资料来源:根据 2004—2015 年《中国国土资源统计年鉴》整理得到。

量占全国的 43.93%,天然气占 92.72%,石油占 64.54%,远景储量更是极为可观。① 因此,在充分考虑西部地区自身比较优势的情况下,国家先后提出了"西电东送""西气东输""西煤东运"等资源主导型发展战略,建有一批重要的资源基地和产业聚集区。实践证明,资源主导型发展战略使得西部地区经济增长明显加快,基础设施建设取得突破性的进展,教育、卫生、文化、体育、社会保障和就业水平大幅提高,人民生活水平得到根本改善。

西部地区的矛盾也在于资源。在中国现行的资源收益分配框架下,开发地居民的利益被忽略。根据世界银行和国家民族事务委员会课题组(2009)测算,开发地居民获得的收益仅占资源总收益的 0.5%左右。与此同时,开发地居民却遭受着生态环境恶化、健康受损、物价上涨、失地和失业等"痛苦成本"。强烈的反差导致开发地社会矛盾冲突逐渐增多,大规模群体事件屡见

---

　　① 储量数据根据《2015 年中国统计年鉴》整理计算得到,需要强调的是西部地区的资源远景储量是非常可观的。例如,国土资源部发布消息称,新疆煤炭资源预测储量达 2.19 万亿吨。

不鲜。从中央到地方政府都已经认识到,矛盾冲突不仅对开发地的社会稳定和可持续发展构成严重威胁,也对我国区域经济协调发展和国家能源安全构成严重威胁。

为了能够直观地考察资源开发与要素收入分配之间的关系,我们用营业盈余占劳动者报酬的比重来表示收入分配状况①,用人均标准煤产量表示资源开发的力度。需要特别说明的是,在资本稀缺和劳动力充裕的现实条件约束下,中国的要素收入分配恶化主要是"亲资本,弱劳动"的结果,当劳动收入占比下降的时候,收入分配状况就会恶化②。因此,资本所得与劳动所得之比尽管衡量的是要素收入分配状况,但是也在很大程度上反映了总体收入分配的状况。在图 10.8 中,我们绘制了资源开发与要素收入分配的变化时序趋势图。我们看到,在 2002 年到 2003 年前后,营业盈余增速明显快于劳动者报酬增速,西部地区的要素收入分配开始恶化。尽管,2008 年的华尔街金融危机抑制了继续恶化的趋势,但是 2009 年之后恶化的趋势又重新抬头。同时,我们也看到西部地区的人均资源产量也在大幅度上升,直观上表明两者存在正相关关系。为了验证资源开发与要素收入分配之间的关系,我们又在图 10.9 中,呈现了西部地区资源开发与要素收入分配之间的散点图,显然,西部地区资源开发与要素收入分配之间呈现出明显的正相关性,再次从统计上表明西部地区的资源开发确实恶化了西部地区的要素收入分配。

---

① 在衡量收入分配时,最常见的指标是基尼系数,但是国家统计局并没有发布各省的基尼系数,只能通过间接估计得到,而估计的结果是存疑的。万广华(2004)认为,国内外学术界对于哪一种收入分配度量指标是最佳指标并没有达成共识,自然也就没必要去寻找所谓的最佳指标。

② 白重恩、钱震杰:《国民收入的要素分配:统计数据背后的故事》,《经济研究》2009 年第 3 期。

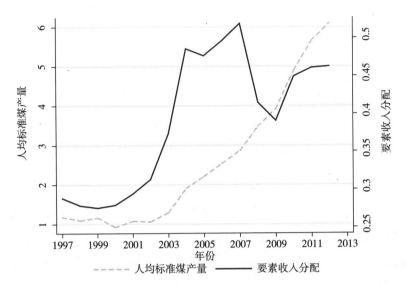

图 10.8　西部地区收入不平等时序图

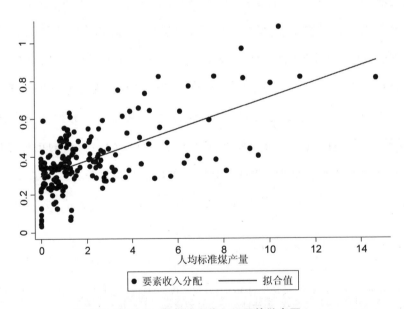

图 10.9　西部地区收入不平等散点图

第三节　资源开发对收入分配的影响机制

一、基本模型

已有文献通常假设一个国家的经济部门包括:不可贸易部门(主要指服务业等无法跨区流动的部门)、可贸易部门和资源部门三个部分。他们的分析表明,在开放经济和允许生产要素跨部门自由流动的条件下,资源部门的繁荣,使得可贸易的制造业部门的生产要素实际收益率下降,导致要素从制造业部门流向资源部门和不可贸易部门。

我们假设一个国家的经济包括:不可贸易部门(主要指服务业等无法跨区贸易的商品部门)、可贸易部门和自然资源部门三个部分。为了分析方便,沿用既有"荷兰病"模型的一般做法,我们也假设自然资源部门对经济的影响仅仅是能带来自然资源开发收益 R,既不需要资本也不需要劳动。两种生产要素劳动 L 和资本 K 的数量是固定的,并被用于可贸易部门和不可贸易部门,于是我们得到:

$$L_N + L_T = L \quad K_N + K_T = K \tag{10.1}$$

其中, N 代表不可贸易部门, T 代表可贸易部门。我们假设两个部门的生产函数为 C-D 生产函数,规模报酬不变,最终,生产函数如下:

$$X_N = H_N K_N^\alpha L_N^{1-\alpha} \quad X_T = H_T K_T^\beta L_T^{1-\beta} \tag{10.2}$$

其中, $\alpha > 0, \beta > 0$, H_N 表示不可贸易部门的生产率, H_T 表示可贸易部门的生产率。同时,我们也假设不可贸易部门相比可贸易部门是劳动密集的,即

$$1 - \alpha > 1 - \beta$$

利润最大化要求劳动和资本获得其边际报酬,由于劳动是自由流动的,最终不可贸易部门和可贸易部门的工资将趋于一致,所以有:

$$w = P_N X'_N(L_N) = X'_T(L_T) \qquad (10.3)$$

其中，P_N 表示用可贸易部门商品或者服务价格表示的不可贸易部门商品或者服务价格，也就是我们假设可贸易部门商品或者服务为计价物，其价格标准化为 1。我们假设资本是专有的，不同部门的资本报酬并不相同，所以有：

$$r_N = P_N X'_N(K_N) \ , r_T = X'_T(K_T) \qquad (10.4)$$

通过方程（10.2），我们就得到了每个部门资本所获得的利润：

$$\pi_N = \alpha P_N X_N, \pi_T = \beta X_T$$

利润也等于资本的边际报酬乘以资本存量，即 $\pi_N = r_N K_N, \pi_T = r_T K_T$。资本获得的总利润为：

$$\pi_N + \pi_T = \pi \qquad (10.5)$$

假设存在一个资本的总利润率 r，利润就等于 $\pi = rK$，于是我们得到：

$rK = r_N K_N + r_T K_T$，两边同除以 K，我们得到：

$$r = \lambda\, r_N + (1 - \lambda)\, r_T \qquad (10.6)$$

其中，$\lambda = \dfrac{K_N}{K}$，即资本用于不可贸易部门的比例。

由于普通劳动者的收入主要来自工资，而非资本利得，所以经济中劳动报酬占 GDP 的比重越高，说明收入分配越平等；反之，资本利润所占比例越高，说明收入分配越不平等，所以我们用资本利润与劳动报酬之比来衡量社会收入的不平等，于是我们得到收入不平等的衡量指标：

$$I = \frac{rK}{wL} \qquad (10.7)$$

假设消费者部门只消费可贸易部门和不可贸易部门的产品。效用函数采用 CES 形式，于是消费者的效用函数就可以表示为：

$$\text{Max } U = \frac{\sigma}{\sigma - 1} C_N^{\frac{(\sigma-1)}{\sigma}} + \frac{\sigma}{\sigma - 1} C_T^{\frac{(\sigma-1)}{\sigma}} \qquad (10.8)$$

其中，$\sigma > 0$ 表示替代弹性，C_N 表示消费者分配在不可贸易部门的消费，

C_T 表示消费者分配在可贸易部门的消费。消费者的消费受约束于下面的预算约束条件：

$$P_N C_N + C_T = Y \tag{10.9}$$

其中，Y 表示总收入，且 $Y = P_N X_N + X_T + H_T R$。构造拉格朗日函数，求导得到一阶条件：

$$C_{Nt} = \lambda^{-\sigma} P_N^{-\sigma} \tag{10.10}$$

$$C_{Tt} = \lambda^{-\sigma} \tag{10.11}$$

根据（10.10）式和（10.11）式，我们得到：

$$C_T = C_N P_N^{\sigma} \tag{10.12}$$

把（10.12）式代入方程（10.9），经过整理，我们得到消费者对不可贸易部门产品的需求为：

$$C_N = \frac{Y}{P_N(1 + P_N^{\sigma-1})} \tag{10.13}$$

二、资源收益与劳动力流动

我们假设在任何时刻，不可贸易部门的供给总是等于需求，$X_N = C_{Nt}$，即：

$$\frac{P_N X_N + X_T + H_T R}{P_N(1 + P_N^{\sigma-1})} = H_N K_N^{\alpha} L_N^{1-\alpha} \tag{10.14}$$

经过整理，我们可以得到不可贸易部门产品价格 P_N 的表达式：

$$P_N = \rho^{\frac{1}{\sigma}} \cdot \left(\frac{K_T^{\beta} L_T^{1-\beta} + R}{K_N^{\alpha} L_N^{1-\alpha}} \right)^{\frac{1}{\sigma}} \tag{10.15}$$

其中，$\rho = \dfrac{H_T}{H_N}$，表示可贸易部门与不可贸易部门的生产率差异。

在利润最大化条件下，每个部门雇佣的劳动力数量会使得劳动力在每个部门的工资等于其边际贡献。用 w_N 表示不可贸易部门工资，w_T 表示可贸易

部门工资。根据方程(10.1),我们可以得到可贸易部门厂商的利润最大化条件为:

$$w_N = (1 - \alpha) \, P_N \, H_N \, K_N^{\alpha} \, L_N^{-\alpha} \qquad (10.16)$$

同理,根据方程(10.2),我们可以得到不可贸易部门厂商的利润最大化条件为:

$$w_T = (1 - \beta) \, H_T \, K_T^{\beta} \, L_T^{-\beta} \qquad (10.17)$$

假设劳动力可以在可贸易部门和不可以贸易部门自由流动,最终两个部门的工资水平就会趋于一致,根据(10.16)式和(10.17)式,我们得到:

$$(1 - \alpha) \, P_N \, H_N \, K_N^{\alpha} \, L_N^{-\alpha} = (1 - \beta) \, H_T \, K_T^{\beta} \, L_T^{-\beta} \qquad (10.18)$$

整理后,即可得到不可贸易部门产品价格:

$$P_N = \rho \cdot \frac{(1 - \beta) \, K_T^{\beta} \, L_T^{-\beta}}{(1 - \alpha) \, K_N^{\alpha} \, L_N^{-\alpha}} \qquad (10.19)$$

为了能够更直观地表示 P_N 与 L_N 之间的相互关系,我们把方程(10.15)和方程(10.19)描在以 L_N 为横轴, P_N 为纵轴的坐标平面内。为了判定图形的大致方向,方程(10.15)和方程(10.19)两边分别对 L_N 求导,就得到方程(10.20)和方程(10.21):

$$\frac{\mathrm{d}P_N}{\mathrm{d}L_N} = \frac{1}{\sigma} \cdot \rho^{\frac{1}{\sigma}} \cdot A^{\frac{1}{\sigma}-1} \cdot K_N^{\alpha} \cdot \left(\frac{-B - C}{L_N^{2-2\alpha}} \right) < 0 \qquad (10.20)$$

$$\frac{\mathrm{d}P_N}{\mathrm{d}L_N} = \rho \cdot \frac{(1 - \beta) \, K_T^{\beta}}{(1 - \alpha) \, K_N^{\alpha}} \cdot \frac{\beta(L - L_N)^{-\beta-1} \cdot L_N^{-\alpha} + \alpha \, L_N^{-\alpha-1} \cdot (L - L_N)^{-\beta}}{L_N^{-2\alpha}} > 0$$

$$(10.21)$$

求导过程中,我们利用了 $L_T = L - L_N$。其中, $A = \dfrac{K_T^{\beta}(L - L_N)^{1-\beta} + R}{K_N^{\alpha} \, L_N^{1-\alpha}} > 0$;

$B = (1 - \beta) \, K_T^{\beta}(L - L_N)^{-\beta} \, L_N^{1-\alpha} > 0$; $C = (1 - \alpha) \, L_N^{-\alpha}[K_T^{\beta}(L - L_N)^{1-\beta} + R] > 0$。

所以图10.10中,代表产品市场均衡的方程(10.15),就是一条向下倾斜的直线 GG；代表劳动力市场均衡的方程(10.19)，就是一条向上倾斜的直线 LL。

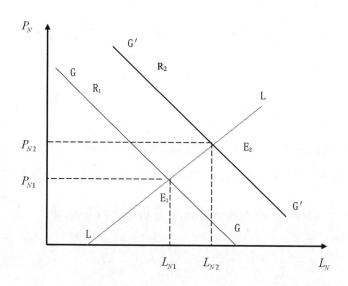

图 10.10 资源开发对不可贸易部门劳动份额的影响

从图 10.10 中，我们可以得出，当自然资源开发收益 R_1 增加到 R_2 时，导致 GG 斜线向右平移到 G′G′，导致不可贸易部门产品价格从 P_{N1} 上升为 P_{N2}，劳动力从 L_{N1} 上升为 L_{N2}。我们把上述结论总结成定理 1。

定理 1：自然资源开发收益的增加，使得不可贸易部门产品价格上升，劳动力从可贸易部门流向不可贸易部门。

三、资源收益与收入不平等

我们假设在短期内，劳动生产率 H_N 和 H_T 是不变的，自然资源开发收益 R 的冲击只能通过不可贸易商品价格 P_N 的变化以及由此引起的劳动力流动来得到反应。具体而言，R 的增加使得收入水平 Y 提高，进而导致不可贸易商品价格上升，工资水平上升，劳动力从可贸易部门转移到不可贸易部门，不可贸易部门资本收益增加,可贸易部门资本收益下降。

我们定义 $\hat{I} = d\ln I = \dfrac{dI}{I}$,我们自然得到 $\hat{I} = \hat{r} - \hat{w}$ 。根据方程(10.3)和方程(10.6),我们推导得到,$\hat{r} = \left(1 - \beta - \dfrac{\lambda}{\gamma}\right)\hat{L}_T$, $\hat{w} = \hat{X}_N - \hat{L}_T = -\beta\hat{L}_T$,于是,我们得到了不平等程度的表达式:

$$\hat{I} = \left(1 - \dfrac{\lambda}{\gamma}\right)\hat{L}_T \tag{10.22}$$

根据定理1,我们知道自然资源开发收益导致 R 的增加会使得不可贸易部门劳动力 L_T 的下降,所以自然资源开发导致 $\hat{L}_T < 0$。可见,收入不平等的变化取决于 $1 - \dfrac{\lambda}{\gamma}$ 的符号。在均衡状态下,要素价格会均等化,即:

$$w = \dfrac{\partial X_T}{\partial L_T} = P_N \dfrac{\partial X_N}{\partial L_N} \ , \ r = \dfrac{\partial X_T}{\partial K_T} = P_N \dfrac{\partial X_N}{\partial K_N}$$

整理后得到:

$$\dfrac{\dfrac{\partial X_T}{\partial K_T}}{\dfrac{\partial X_T}{\partial L_T}} = \dfrac{\dfrac{\partial X_N}{\partial K_N}}{\dfrac{\partial X_N}{\partial L_N}}$$

进一步计算得到:

$$\dfrac{\beta(1 - \gamma)}{(1 - \beta)(1 - \lambda)} = \dfrac{\alpha\gamma}{(1 - \alpha)\lambda}$$

最后,经过整理得到:

$$1 - \dfrac{\lambda}{\gamma} = \dfrac{(\beta - \alpha)(1 - \lambda)}{\beta(1 - \alpha)} \tag{10.23}$$

可见 $1 - \dfrac{\lambda}{\gamma}$ 的符号完全取决于 $\beta - \alpha$ 的大小,如果 $\alpha > \beta$,即不可贸易部门与可贸易部门相比更加资本密集型时, $1 - \dfrac{\lambda}{\gamma} < 0$,加之资源开发收益导致

$\hat{L}_T < 0$,所以 $\hat{I} > 0$,即不平等程度将上升;如果 $\alpha < \beta$,即不可贸易部门与可贸易部门相比更加劳动密集型时,$1 - \dfrac{\lambda}{\gamma} > 0$,资源开发收益又导致 $\hat{L}_T < 0$,所以 $\hat{I} < 0$,即不平等程度将下降。我们把上述分析结论总结为定理2[①]。

定理2:在劳动力可以迅速自由流动的情况下,如果不可贸易部门与可贸易部门相比属于更加资本密集型时,那么资源开发收益将导致收入不平等程度上升;如果不可贸易部门与可贸易部门相比属于更加劳动密集型的,那么资源开发收益将导致收入不平等程度下降。

一般情况下,一国的不可贸易部门(例如服务业)属于劳动密集型部门,所以资源开发收益将导致收入不平等程度下降。但是,在现实情况下,劳动力的跨部门流动并非一蹴而就,需要一定的决策和调整时间,许多人往往是在下年的年初才从一个部门流动到另一个部门,因此当期的自然资源收益的冲击并不能马上带来劳动力的迅速转移。如果,在劳动力无法做出迅速调整时,那么即便不可贸易部门属于劳动密集型部门,自然资源收益的冲击也不会导致收入不平等的下降,反而会增加收入不平等。但是,上期的自然资源收益冲击会影响当期的劳动力转移,如果上期的自然资源收益增加,就会使得当期的劳动力从可贸易部门转移到不可贸易部门。一般情况下,一国的不可贸易部门往往是服务业部门,所以上期自然资源收益的正冲击就会降低当期的收入不平等,据此我们把定理2修订为定理3。

定理3:在劳动力的跨部门流动无法及时实现的情况下,如果不可贸易部门与可贸易部门相比属于更加劳动密集型时,那么本期的自然资源开发收益将导致本期收入不平等程度上升,上期的自然资源开发收益将导致本期的收入不平等下降。

---

① Corden 和 Neary(1982)证明在资本完全流动的情况下,Goderis 和 Malone(2008)证明在资本缓慢流动的情况下,只要 σ 足够大,定理2的结论依然可以成立,具体细节这里不再赘述。

由于普通劳动者的收入主要来自工资,而非资本利得,经济中劳动报酬占GDP 的比重越高,说明要素收入分配状况越好;反之,资本收益所占比例越高,说明要素收入分配状况越差。所以,我们用资本收益与劳动报酬之比来衡量要素收入分配状况。资源开发带来的收益冲击通过价格的变化以及由此引起的要素流动得到反映,具体包括:(1)从资本流动的角度看,由于资源产业属于资本密集型产业,资源价格上升带来的资源产业繁荣,提高了资源产业资本投资的收益率。(2)从劳动力流动的角度看,资源产业的繁荣使得当地居民收入水平提高,进而导致不可贸易商品价格上升,当地工资水平上升,诱使劳动力从可贸易部门转移到不可贸易部门。

一般情况下,一国的不可贸易部门(主要指服务业)属于劳动密集型部门,所以资源开发将导致要素收入分配状况改善。但是,在现实情况下,劳动力的跨部门流动并非一蹴而就,需要一定的搜索、决策和调整时间,因此当期的资源收益冲击导致的不可贸易部门产品价格上升,并不能马上带来劳动力的迅速转移;另外,短期内劳动合同存在较强的刚性约束,使得不可贸易部门工人的工资并不能随着资源收益的增加而增加。因此,在短期内,如果资源收益增加,可贸易部门劳动力并不能快速转移到不可贸易部门,无法分享资源开发收益增加带来的好处;加之,不可贸易部门劳动力由于工资刚性的约束,也很难分享资源收益增加带来的好处,最终,资源收益的变化主要被资本获得,反而会进一步恶化要素收入分配状况。

此外,要素收入分配的状况还取决于资源产业在国民经济中所占的比重,也取决于资本收益增加和劳动报酬增加的速度。在我国西部资源密集型地区,资源产业往往是支柱产业,在国民经济中处于举足轻重的地位。加之,这些地区资本较为稀缺,劳动力较为丰裕,导致资本收益增加的速度要快于劳动报酬增加的速度。因此,资源产业的繁荣就会带来要素收入分配的恶化。

第四节　资源开发对收入分配的实证分析

一、变量选择与数据

国家统计局发布的采用收入法计算的地区生产总值构成项目中,GDP 分为劳动者报酬、营业盈余、固定资产折旧、间接税四项,其中营业盈余和固定资产折旧合称为资本收入。根据上面的机制分析,本节的被解释变量要素收入分配($inequ$),用营业盈余($capital$)与劳动者报酬($wage$)之比来表示,即:$inequ = capital/wage$。这里之所以在资本收入中剔除了固定资产投资折旧是因为造成 1995—2007 年间中国劳动者报酬相对于资本收入下降的一个重要原因是产业结构转型,而不同产业结构之间的固定资产折旧的差别较大[①],为了提高数据的可比性,我们在资本收入中剔除了固定资产折旧,用营业盈余来表示资本收益。

本节的解释变量为资源开发($resource$)和燃料、动力类购进价格指数($price$)。由于资源种类较多,为了能够得到统一的计算口径,以便准确比较各省份资源开发的差异,我们只选取了原煤、原油和天然气三种资源,然后采用中国科学院的折算公式[②],折算出各省、直辖市和自治区的标准煤产量。由于各省份人口存在较大差异,如果仅仅用总量来表示资源开发可能会存在偏差,所以我们用各省份人均标准煤产量来表示各省份的资源开发力度。我们还控制了 $resource$ 的二次项。我们也尝试采用采矿业从业人员占总人口的比重和采矿业固定资产投资占总固定资产投资的比重来表示资

---

① 白重恩、钱震杰:《劳动收入份额决定因素:来自中国省际面板数据的证据》,《世界经济》2010 年第 12 期。

② 标准煤产量=原煤产量×0.714t/t+原油产量×1.43t/t+天然气产量×.3t/1000m³。

源开发力度,但是并不显著,所以本节并没有给出相关结果。由于价格指数
变化较大,所以我们以1988年为基期,对燃料和动力类购进价格指数进行
了调整。

　　根据既有研究对要素收入分配影响因素的分析,本节的控制变量包括:市
场化程度(*market*),主要反映要素流动对要素收入分配的影响,用国有企业固
定资产投资占总固定资产投资的比重表示。一般而言,市场化程度越高,劳动
力流动越容易,从而有助于减小资本与劳动力报酬之间的差距,因此预期系数
为负。劳动力禀赋(*labor*),用15—60岁人口数表示①,劳动力数量越多,劳动
报酬就越多,因此预期系数为负。在不同的经济发展阶段,要素的稀缺性不
同,随着经济的发展,资本的稀缺性逐渐下降,劳动的稀缺性逐渐提高,劳动报
酬份额上升,因此人均GDP(*perGDP*)预期系数为负。各变量的定义与预期符
号详见表10.1。

表 10.1　变量定义与预期符号

变量名	变量符号	定　　义	预期符号
收入分配	*inequ*	营业盈余与劳动者报酬之比	
资源开发	*resource*	各省人均标准煤产量	+
资源开发的平方	*resource*^{2}	各省人均标准煤产量平方	−
资源价格	*price*	燃料、动力类购进价格指数,以1988年为基期进行了调整	+
市场化程度	*market*	国有企业固定资产投资占总固定资产投资的比重	−
劳动力禀赋	*labor*	15—60岁人口数	−
经济发展水平	*perGDP*	各省人均GDP	−

---

　　① 按照中国国家统计局的统计口径,0—14岁人口是儿童,不属于劳动力范畴,60岁以上
人口已经进入了退休年龄,也不属于劳动力范畴,只有大于等于15岁且小于60岁的人口是劳动
力范畴。

二、数据处理

本节所用数据均来自《中国统计年鉴》,时间跨度为 1997 年至 2012 年。本节所指的西部地区包括:陕西、内蒙古、宁夏、新疆、青海、甘肃、广西、贵州、云南、四川、重庆、西藏。国家统计局在 2003 年对收入法 GDP 的统计口径和核算方法做了两点调整。第一,个体经济业主收入从劳动收入变为营业盈余;第二,对农业不再计营业盈余,统一计为劳动报酬。统计口径和核算方法的改变使得数据的连续性受到影响,白重恩和钱震杰认为,不可能估算出与 2003 年在统计口径和统计核算方法上都可比的劳动收入份额。不过他们也认为,即便是进行了数据校正,中国劳动收入占比下降的趋势依然是存在的。[①] 另外,本节采用的是面板数据,而不是单纯的时间序列数据,统计口径和统计核算方法的调整对所有样本的影响始点和力度是相同的。基于上面两个原因本节并没有对数据进行修正。

三、方程设定与回归结果

为了有效减少模型设定偏误造成的影响,我们进行了多方面的检验,首先,我们对个体效应的显著性进行了 Breusch-Pagan 拉格朗日乘子检验(BP 检验),其结果为:chi2(01) = 63.40,Prob>chi2 = 0.0000,支持随机效应模型。但是,由于固定效应模型也可以得出相同的统计结论,因此我们又进行了Hausman 检验,最终判定采用随机效应面板数据模型还是固定效应面板数据模型,检验结果为:chi2(8) = 12.58,Prob>chi2 = 0.1270,说明固定效应模型优于随机效应模型,因此本节选择固定效应模型。最终,计量模型设定如下:

$$y_{i,t} = \alpha_i + \beta_1 R_{i,t} + \gamma Z_{i,t} + \varepsilon_{i,t} \tag{10.24}$$

[①]　白重恩、钱震杰:《国民收入的要素分配:统计数据背后的故事》,《经济研究》2009 年第 3 期。

其中,y 表示被解释变量,R 为资源开发,Z 为控制变量的向量集,i 表示横截面数据,t 表示时间序列数据,随机误差项 $\varepsilon_{i,t}$ 代表模型中被忽略的随横截面和时间而变化的因素的影响。回归结果如表 10.2 所示。

表 10.2　资源开发对要素收入分配的影响

回归方程	（1） inequ	（2） inequ	（3） inequ	（4） inequ	（5） inequ	（6） inequ
resource	0.014 ***	0.057 ***	0.053 ***	0.039 ***	0.037 ***	0.046 ***
	(4.91)	(8.21)	(7.88)	(5.00)	(4.74)	(4.89)
resource^2		−0.0017 ***	−0.0016 ***	−0.0012 ***	−0.0011 ***	−0.0012 ***
		(−6.62)	(−6.27)	(−4.45)	(−4.62)	(−4.51)
price			0.0039 ***	0.0030 ***	0.0030 ***	0.0027 **
			(3.42)	(2.61)	(2.69)	(2.36)
market				−0.293 ***	−0.167 *	−0.211 **
				(−3.44)	(−1.53)	(−1.89)
labor					−0.043 **	−0.079 ***
					(−1.83)	(−2.51)
perGDP						−0.041 **
						(−1.71)
常数项	0.354 ***	0.284 ***	−0.128	0.152	0.374 **	0.704 ***
	(30.37)	(19.09)	(−1.06)	(1.06)	(2.00)	(2.62)
样本量	192	192	192	192	192	192
F 统计量	24.09	36.86	29.96	26.80	22.39	19.35

注:括号中的数值为 t 值;***、** 和 * 分别代表1%、5%和10%的显著性水平。

从表 10.2 中我们看到,资源开发与要素收入分配之间存在二次相关性,一次项系数为正,二次项系数为负,且都通过了 1%的显著性水平检验,而且这种关系非常稳定,这就说明两者呈现倒 U 形关系。当资源开发规模较小时,资源开发恶化了要素收入分配状况;当资源开发规模较大时,资源开发改善了要素收入分配状况,这样的回归结果似乎与 Goderis 和 Malone 的结论极为相近。① 但是,仍然需要进一步分析其产生的原因,根据表 10.2 回归方程(6)中的资源开发及其二次项的系数和符号,在图 10.11 我们模拟出要素收入分配与资源开发之间的倒 U 形关系曲线,并经过计算得到其极大值点为 19。

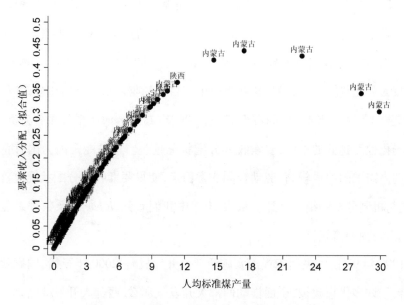

图 10.11　资源开发与要素收入分配关系拟合曲线

从图 10.11 中,我们看到人均标准煤产量超过极值点 19 的样本,仅仅为内蒙古自治区 2010 年、2011 年和 2012 三年的数据,可见得出资源开发力度较大时改善了要素收入分配的结论仍需非常谨慎。导致内蒙古自治区出现资源开发力度较大反而改善要素收入分配的原因,可能是 2010 年国家在内蒙古自治区进行了资源税改革试点,使得部分资源开发收益通过税收,由企业流向了地方政府。而地方政府又通过转移支付等方式,使得民众从资源开发中受益。加之内蒙古自治区人口稀少,资源分布密集且经济价值较高,转移支付明

① Goderis, B. & Malone, S. W., "Natural Resource Booms and Inequality: Theory and Evidence", *Scandinavian Journal of Economics*, Vol.113, No.2(2011), pp.388–417.

显改善了其要素收入分配状况。无论如何,由于样本较少,我们应该更为稳健地接受资源开发恶化了要素收入分配的结论。

燃料和动力类购进价格指数 *price* 的回归系数显著为正,说明资源价格增加带来的资源收益主要被资本所获得,劳动者无法公平地分享,造成收入差距扩大。因为资源开发及其附属产业从业人员基本上是采用计件工资,根据完成的开发量、运输量等指标核发工资,短期内很少考虑资源价格因素。

从表 10.2 中我们也看到,*perGDP* 系数为负,说明人均 GDP 越高的省份,要素收入分配状况反而越好,这就表明中国目前的收入状况开始缓慢改善,处于"库兹涅茨倒 U 形假说"的右半部分。我们也看到 *market* 系数显著为负,说明市场化程度越低的省份,要素收入分配状况越差。这可能是因为国有企业对劳动力需求的门槛较高,劳动合同非常稳定,使得要素收入分配状况改善缓慢,也与机制分析的结果一致。从表 10.2 中我们看到,*labor* 的系数都是显著地为负,与预期值相符。

1999 年 9 月,中央明确提出实施西部大开发战略,2000 年开始,国家就已经出台了许多优惠政策,全面推动西部大开发。那么,西部大开发战略是否显著地改变了西部地区的要素收入分配状况? 我们在表 10.2 回归方程(6)的基础上添加了年份虚拟变量,由于添加所有年份会带来共线性,因此以 1997 年为基准,Stata 自动删除了 1997 年,只给出 1998—2012 年的系数。由于篇幅有限,表 10.3 只报告了年份虚拟变量的回归结果。

表 10.3　年份虚拟变量回归结果

年份	系数	t 值	P 值
1998	0.01	0.27	0.79
1999	0	0.06	0.96
2000	−0.02	−0.48	0.64
2001	0.02	0.46	0.65

年份	系数	t 值	P 值
2002	0.04	0.99	0.32
2003	0.08	2.19	0.03
2004	0.17	4.2	0
2005	0.14	3.44	0
2006	0.16	3.85	0
2007	0.19	4.79	0
2008	0.05	1.09	0.28
2009	0.06	1.37	0.17
2010	0.08	2	0.05
2011	0.09	2.23	0.03
2012	0.11	2.62	0.01

从表 10.3 中我们看到,年份虚拟变量的系数在 2003 年之前并不显著。在 2003—2007 年之间系数是正值,且通过了 5% 的显著性水平检验。这就说明 2000 年实施的西部大开发战略,在 2003 年之后政策效果开始显现,西部地区的要素收入分配开始恶化。2008 年的国际金融危机之后,使得资本收益下降,致使 2008 年和 2009 年的年份虚拟变量系数不显著。但是,2010—2012 年年份虚拟变量系数又重新开始变得显著。

四、稳健性检验

在上面的分析中,我们所添加的解释变量,例如,人均标准煤产量、价格指数、人均 GDP 等变量都有可能依赖当期或者前期的经济增长率或者经济发展水平,因而可能具有内生性。加之,影响要素收入分配的因素较为复杂,本节所添加的控制变量和被解释变量之间可能存在联立内生性问题,从而影响模型的估计结果。因此,进行稳健性检验是必要的。本节采取的稳健性检验的方法为:一是重新抽样。因为,从表 10.3 中我们知道,2008 年和 2009 年的数据由于受国际金融危机的扰动,可能会改变回归结果的显著性和系数的方向,因此在稳健性检验中,本节重新抽样时未包含 2008 年和 2009 年两年的数据。二是采用滞后一期的资源变量作为解释变量。资源开发带来的收益冲击往往需要一段时间才能反映在国民收入分配中,特别是劳动报酬对资源开发收益冲击的反应更为迟缓,因此,本节也尝试采用滞后一期的变量作为新的解释变量,测试系数和显著性是否会发生改变,回归结果见表 10.4。

表 10.4　稳健性检验结果

回归方程	（1）$inequ$	（2）$inequ$	（3）$inequ$	（4）$inequ$	（5）$inequ$	（6）$inequ$
$resource$	0.058***		0.044***	0.043***		0.043***
	(5.66)		(4.53)	(4.09)		(3.44)
$L.resource$		0.042***			0.047***	
		(3.55)			(4.03)	
$resource^2$	−0.0015***		−0.0011***	−0.0011***		−0.0015***
	(−5.25)		(−4.12)	(−3.93)		(−3.13)
$L.resource^2$		−0.0012***			−0.0013***	
		(−3.41)			(−3.63)	
$price$	0.003**	0.0027**				0.0028**
	(2.23)	(2.24)				(2.34)
$L.price$			0.002*		0.002*	
			(1.76)		(1.87)	
$L2.price$				0.000039		
				(0.03)		
$market$	−0.204*	−0.288**	−0.269**	−0.341**		−0.242**
	(−1.79)	(−2.35)	(−2.26)	(−2.52)		(−2.11)
$L.market$					−0.0945	
					(−0.77)	

续表

回归方程	（1）	（2）	（3）	（4）	（5）	（6）
	inequ	*inequ*	*inequ*	*inequ*	*inequ*	*inequ*
labor	−0.096***	−0.073**	−0.083**	−0.076*		−0.060*
	（−2.88）	（−2.16）	（−2.47）	（−1.97）		（−1.88）
L.labor					−0.109***	
					（−3.20）	
perGDP	−0.0530**	−0.0382	−0.0499**	−0.0481*		−0.0441
	（−2.17）	（−1.49）	（−2.06）	（−1.83）		（−1.51）
L.perGDP					−0.053*	
					（−1.75）	
常数项	0.787**	0.723**	0.850***	1.055***	0.915***	0.618**
	（2.6）	（2.55）	（3.17）	（3.19）	（3.16）	（2.23）
样本量	168	180	180	168	180	192
F 统计量	22.11	14.96	16.27	12.08	12.78	16.39

注:括号中的数值为 t 值;***、** 和 * 分别代表 1%、5%和 10%的显著性水平。

　　在回归方程(1)中,本节删除 2008 年和 2009 年的数据,与表 10.2 中回归方程(6)的结果相比发现,人均资源开发数量及其平方项的系数的显著性提高了,其他解释变量的系数的符号并未改变,而且绝对值的差异性较小,说明方程总体的稳健性较好。这就证实国际金融危机,主要是影响了资本的收益,对劳动报酬的影响相对较小,因此去掉 2008 年和 2009 年的数据,进一步确认了资源开发带来的收益冲击恶化了要素收入分配。

　　在表 10.4 回归方程(2)中,采用滞后一期的资源开发变量及其平方项作为解释变量,回归结果较为稳健。尽管,显著性有所下降,但是滞后一期的资源变量对当期的要素收入分配仍然具有显著影响,其他控制变量的系数和显著性也没有明显变化。在回归方程(3)中,我们采用滞后一期的资源价格作为当期资源价格的替代变量,显然滞后一期的价格上升仍然使得要素收入分配状况恶化,但是与当期相比,滞后一期的显著性有所下降。在回归方程(4)中,我们采用滞后两期的资源价格作为当期资源价格的替代变量,尽管系数的符号相同,但是并没有显著性,因此,滞后两期的价格对要素收入分配已没有显著性影响。在回归方程(5)中,我们用所有变量的滞后一期作为当期变量的替代变量,除了 market 变量之外,其他变量的符号、绝对值和显著性并没有显著变化。

我国西部地区的资源类型分布并不均衡,部分省份是以煤、天然气和石油等能源资源为主,部分省份是以非能源资源为主,例如重庆和云南能源资源行业产值的比重仅为30%左右,以铜、银、金等贵金属为主的非能源资源行业的占比更高。在图 10.12 中,呈现了煤、石油和天然气行业产值占全部资源行业产值的比重。

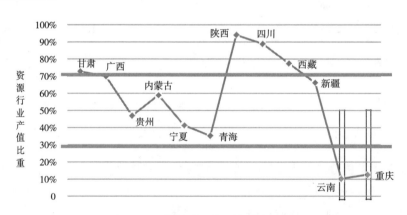

图 10.12 西部地区的资源禀赋结构

资料来源:《中国统计年鉴》和《中国能源统计年鉴》,时间跨度为 1999—2012 年。

以铜、银、金、稀土、铁矿石等为代表的非能源资源一样会存在"资源诅咒",因此,在前述回归中,本节仅把人均标准煤产量作为资源开发力度的代理变量,可能存在一定的偏差。中国的资源采掘行业大致可以分为:煤、天然气和石油、有色金属矿产、黑色金属矿产、非金属矿产五个行业,为了得到更加合理和具有可比性的资源开发力度指标,在本部分研究中,使用煤、天然气和石油、有色金属矿产、黑色金属矿产、非金属矿产五个行业的工业产值加总得到资源行业的总产值。在表 10.4 回归方程（6）中，我们用人均资源产值替代人均标准煤产量，在控制变量和回归方法不变的情况下进行了重新回归。从回归结果来看，除了人均 GDP 的显著性轻微下降之外，其他所有变量的系数、显著性并没有发生明显变化，说明模型设定的合理性和稳健性较好，资源开发与要素收入分配之间存在稳定的关系。

第五节　西部地区可持续发展

本节认为，资源开发带来的资源收益冲击既影响了资本的流动也影响了劳动的流动。一方面，提高了资源行业的资本回报率，使得资本从可贸易部门流向资源部门和不可贸易部门。资源开发带来的收益冲击导致不可贸易部门商品和劳务价格上升，使不可贸易部门工资水平提高，劳动力从工资相对较低的可贸易部门流向工资相对较高的资源部门和不可贸易部门。如果劳动力流动可以及时调整，资源开发收益的正冲击可以改善要素收入分配状况。但是，现实中劳动力的调整决策和流动需要一定的时间。资源部门的繁荣既提高了资本收益，也提高了劳动报酬，在我国西部地区以资源作为支柱产业和劳动力较为丰裕的现实背景下，资本收益增加的幅度远大于劳动报酬增加的幅度，因此要素收入分配恶化。

基于中国西部地区 12 个省、直辖市或自治区的面板数据的分析表明，西部地区的资源开发确实恶化了西部地区的要素收入分配。仅仅在内蒙古自治区，出现资源开发力度越小时，要素收入分配状况恶化，要素开发力度较大时，要素收入分配状况改善，这与其资源密集且经济价值较高、人口稀少有很大关系，结论并不具有很强的推广性。回归结果显示，资源价格也会恶化要素收入分配，因为劳动报酬调整较为缓慢，所以资源价格的上升带来的资源收益冲击更多地是被资本所获得。除了国际金融危机带来的扰动之外,从西部大开发实施之后的 2003 年开始,国民要素收入分配都具有恶化的趋势。另外,人均 GDP、市场化程度、劳动力丰裕程度等控制变量也对资源收益有显著影响。

2010 年,国务院召开的西部大开发工作会议提出,未来 10 年把西部地区建成国家重要的能源基地和资源深加工基地,使西部地区资源优势转变为经济优势。2011 年,全国人民代表大会和中国人民政治协商会议审议通过的"十二五"规划也提出,要把西部地区建设成国家重要能源、战略资源接续地和产业集聚区。2016 年,两会审议通过的"十三五"规划又提出,推进大型煤炭基地绿色化开采和改造,提高资源就地加工转化比重,提出"北煤南运"战略。这就意味在未来很长一段时间,资源导向型发展战略仍然是西部地区经济发展的重要选择。在中国现行的资源收益分配体制下,由于缺乏合理的资源税收体系和明确的产权体系,长期以来资源收益混同于经营收益,不仅资源收益无法形成国家财富,而且使得资本拥有者,通过经营资源产业获得了远远超出竞争性领域的丰厚利润,但是,当地居民只能通过提供劳动获得竞争性工资收入,从而导致西部地区的要素收入分配状况恶化。

目前,开发地居民受益的主要渠道是土地补偿费、移民安置费和劳务收入。为了避免要素收入分配的恶化威胁到西部地区的远景发展目标的实现,最终遭到资源的"诅咒",在对西部地区进行大规模资源开发的同时,政府必须改革现有的资源收益分配体制,把资源出让收益的一部分转化为物质资本、人力资本等长期增长要素,以较低的资源代价和社会代价规避"资源诅咒"效应,实现可持续发展。其次,建立健全生态保护补偿、资源开发补偿等区际利益平衡机制,特别使贫困地区更多分享开发收益,用原住居民集体股权方式进行补偿,让每个人都有机会分享资源开发带来的收益。

第十一章　资源型城市经济增长

第一节　资源型城市发展现状

资源型城市曾经是我国工业化发展的重要资源支撑,也是国家城市化发展的重点区域。但是,20 世纪 90 年代以来,曾经成就了许多城市光荣与梦想的地下资源相继进入枯竭期,留下满目疮痍的恶劣生态环境和凋敝的资源产业链,使得这些城市经济增长、居民收入、生态环境、就业和社会稳定等各个方面出现了一系列问题和矛盾。资源型城市的经济转型也逐渐受到党中央的重视,2005 年党的十六届五中全会提出"促进资源型城市经济转型";2007 年 10月,党的十七大报告中再次提出"帮助资源枯竭地区实现经济转型";2007 年年底,国务院又制定出台《国务院关于促进资源型城市可持续发展的若干意见》;2008 年 3 月,国务院公布首批 12 个资源枯竭型城市名单;2009 年 3 月,国务院再次公布第二批 32 个资源枯竭型城市。

2013 年,国务院印发了《全国资源型城市可持续发展规划(2013—2020年)》(以下简称《规划》),第一次在全国范围内认定了 262 个资源型城市,其中地级行政区(包括地级市、地区、自治州、盟等)126 个、县级市 62 个、县(包括自治县、林区等)58 个、市辖区(开发区、管理区)16 个。由于资源型城市数量众多,资源开发处于不同阶段,经济社会发展水平差异较大,面临的矛盾和问题不尽相同。遵循分类指导、特色发展的原则,根据资源保障能力和可持续发展能力差异,《规划》将资源型城市划分为成长型、成熟型、衰退型和再生型四种类型。《规划》进一步明确了各类城市的发展方向和重点任务。成长型资源型城市重点在于规范资源开发秩序,提高资源开发企业的准入门槛,推动环境治理成本内部化,提高资源深加工水平。成熟型资源型城市重点在于提高资源型产业技术水平,延伸产业链条,加快培育一批资源深加工龙头企业和产业集群,尽快形成若干支柱型接续替代产业,切实推进环境治理的深度和广度。衰退型资源型城市重点在于着力破除城市内部二元结构,促进失业矿工再就业,加快地质灾害隐患综合治理,大力扶持接续替代产业发展,逐步增强可持续发展能力。再生型资源型城市重点在于进一步优化经济结构,提高经济发展的质量和效益,形成生态宜居城市或旅游城市。

处于衰退期的资源枯竭型城市是资源型城市中问题和矛盾最为集中的。这些问题和矛盾,固然受到改革开放的时序安排、经济体制及地理区位条件等因素的影响,但是也与资源产业问题密切相关。因此,研究资源依赖与城市经济增长之间的相互关系,对于资源依赖型城市如何摆脱资源的"诅咒",实现经济转型和"又好又快"发展;对于处于中年期和幼年期的资源型城市,避免重蹈资源枯竭型城市资源"竭"而城市"衰"的旧辙,实现可持续发展,进而促进中国区域经济和谐发展,具有重要的理论和现实意义。

第二节　自然资源的"诅咒"

本节通过经验观察从宏观上了解自然资源依赖与城市经济增长之间的关系,并设定计量模型实证分析资源依赖带来的"资源诅咒"效应。关于资源依赖的度量学术界存在较大争议,不同学者使用不同的度量方法。Sachs 等人采用初级产品出口占 GDP 的比重；徐康宁、王剑采用采矿业固定资产投资占固定资产投资总额的比重和采矿业从业人员占从业人员总数的比重；邵帅和齐中英采用能源工业产值占工业总产值的比重表示资源依赖。在国内采矿业技术水平相近的情况下，在一个城市的市辖区内①，采矿业从业人员占总从业人员比例越高，人力资本的"锁定效应"越强，经济增长对自然资源的依赖性越强。所以，我们使用采矿业从业人员占总从业人员的比重来反映一个城市在发展过程中的资源依赖状况。② 利用 Stata 软件，我们绘制了采矿业从业人员占总就业人员的平均比重和各城市人均实际 GDP 的平均值、实际 GDP 增长率的平均值之间的散点图和趋势线。图 11.1 显示，对自然资源依赖越强的城市，实际人均 GDP 反而越低；图 11.2 显示，对自然资源依赖越强的城市，经济增长也相对越慢。自然资源丰裕的城市往往过分地依赖资源，产业结构单一，经济发展失去了活力，最终自然资源丰裕反而拖累了一个城市的经济增长。

根据国家发改委的统计，我国约 80% 的资源型城市位于中西部地区。仔细观察图 11.2，我们就会发现经济增长较慢的城市，很多都是资源型城市，而这些城市基本上都是位于我国的中西部，这就表明自然资源很可能和地理位置交织在一起，影响了一个城市的经济增长。可见，在研究自然资源对经济增长的影响时，必须考虑地理位置对自然资源利用以及经济增长的影响，否则很难准确地分离出自然资源对经济增长的"纯效应"，从而得出自然资源"诅咒"经济增长的单一结论。

如果我们进一步将城市分为资源型城市和非资源型城市，就会发现在如

----

① 由于除了市区之外，城市还管辖着大量的城镇和农村人口，如果以行政意义上的城市作为研究对象势必会弱化城市的职能强度和资源依赖状况，因此本章所用到的数据范围只包括其市辖区。

② 新修订的《国民经济行业分类》（GB/T 4754—2002）中，采矿业主要包括：煤炭开采和洗选业、石油和天然气开采业、黑色金属矿采选业、有色金属矿采选业、非金属矿采选业、其他采矿业。

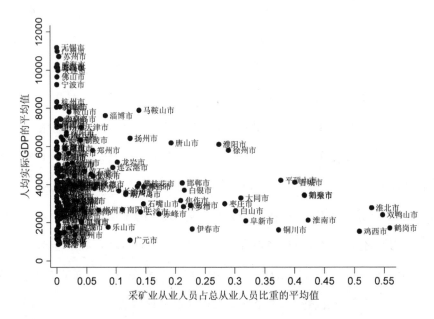

图 11.1　自然资源依赖与人均实际 GDP

注:采矿业从业人员占就业人员总数的比重=(采矿业从业人员/就业人员总数)×100%。

资料来源:1998—2018 年《中国城市统计年鉴》。

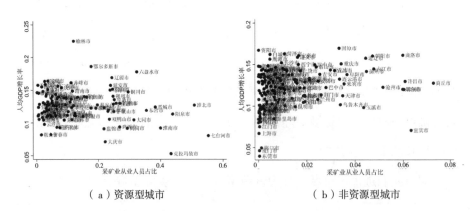

（a）资源型城市　　　　　　　　　（b）非资源型城市

图 11.2　城市类型与人均实际 GDP 的增长率(2009—2016 年)

资料来源:1998—2018 年《中国城市统计年鉴》。

图 11.2(a)所示的资源型城市组,资源依赖与经济增长之间依然是呈现负相关性,经济对自然资源的依赖性越高,人均 GDP 增长的速度越慢。但是一些

城市通过延长自然资源的产业链,向上游和下游产业链延伸,既减少了对资源采掘业的依赖,又使得经济长期增长得到保障。在图 11.2(b)中,我们又绘制了非资源型城市资源依赖和经济增长的关系,发现两者呈现出弱的正向关系,资源依赖性较低的城市经济增长较为强劲。

由于矿产资源开采具有很强的周期性,处于不同阶段的资源型城市的经济增长也会呈现不同的趋势,为了更准确地考察开采周期对资源型城市经济增长的影响,我们按照国家发改委确定的资源型名单和类型,把城市进一步分为成熟型资源型城市、成长型资源型城市、衰退型资源型城市和再生型资源型城市 4 类。在图 11.3 中我们看到,就人均 GDP 增长率而言,最高的城市类型是成长型资源型城市,其他几类资源型城市和非资源型城市的增长率并没有显著差异。就资源依赖性而言,最高的城市类型是衰退型资源型城市,最低的是再生型资源型城市,成长型资源型城市和成熟型资源型城市的依赖程度并没有太大差异。

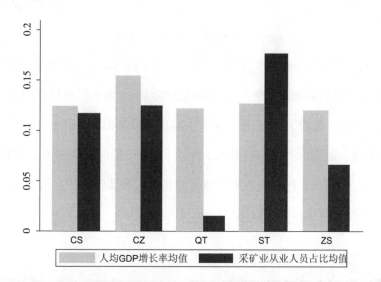

图 11.3 不同类型资源型城市人均 GDP 的增长率(2009—2016 年)

注:CS:成熟型资源型城市;CZ:成长型资源型城市;QT:非资源型城市;ST:衰退型资源型城市;ZS:再生型资源型城市。

资料来源:1998—2018 年《中国城市统计年鉴》。

　　自然资源丰裕的城市其主导产业往往是在当地优势资源基础上发展起来的,对于推动城市的发展具有重要意义。但是,随着经济的发展和自身规模的扩大,如果一个城市仍然依托单一的资源产业发展城市经济,导致资源产业一枝独大,人力资本等重要的经济增长决定因素被吸引到资源行业,产业结构处于"亚健康"状态时,形成了资源产业的"锁定效应"。加之,在我国现有的资源开发模式下,一个城市的资源产业又是由几个大型或者巨型资源型企业主导的,一旦遇到外部市场变化,资源型企业的衰退或者繁荣极有可能导致其他非资源型产业的衰退或者繁荣,形成资源型城市经济发展的特有的"多米洛骨牌效应",使得城市经济发展往往一损俱损,一荣俱荣。可见,以资源产业为主导的产业结构单一性制约着城市竞争力的提升,使得城市经济陷入资源的比较优势"陷阱",遭到自然资源的"诅咒",经济增长反而较差。

　　为了进一步分析资源丰裕对城市经济增长的影响,建立如下基本回归模型:

$$y_{it} = \beta_0 + \beta_1 N R_{it} + \beta_2 Z_{it} + \varepsilon_{it} \tag{11.1}$$

　　其中,y 表示被解释变量人均 GDP 的增长率,NR 为资源依赖的代理变量,Z 表示控制变量的向量集;i 表示横截面数据,t 表示时间序列数据;截距项为 β_0;随机误差项 ε_{it} 代表模型中被忽略的随横截面和时间而变化的因素。为了能够最大限度地利用面板数据的优点,减少可能存在的异方差性和序列相关性,尽量减少估计误差,本章的所有随机效应模型的估计方法为可行的广义最小二乘法(FGLS)。回归结果如表 11.1 所示。

表 11.1　资源依赖对城市经济增长的影响

回归方程	(1)*rpgdp*
pmw	-0.203^{**} (-2.50)

续表

回归方程	（1）*rpgdp*
*pgdp*97	$-1.81e-05$ *** (-6.51)
pinvest	0.041 *** (3.28)
density	-0.010 *** (-3.52)
edu	$4.97e-05$ *** (4.26)
private	0.136 *** (3.58)
gov	-0.257 *** (-4.44)
afdi	$1.06e-07$ ** (2.29)
dis_port	
sdis_port	
cdis_port	
常数项	0.154 *** (11.05)
样本量	2090
Waldχ^2	125.44

注:括号中的数值为 z 值;*** 、** 和 * 分别代表 1%、5% 和 10% 的显著性水平。

在方程(11.1)中,我们放入了一般经济增长模型包含的变量,从表 11.1 中我们可以看到,*pmw* 系数为负,这就表明自然资源丰裕与人均 GDP 增长率之间呈现负相关关系,在城市层面"资源诅咒"也是存在的,也验证了前文初步统计分析中得出的结论。自然资源丰裕的城市其主导产业往往是在当地优势资源基础上发展起来的,对于推动城市的发展具有重要意义。但是,随着经济的发展和自身规模的扩大,如果一个城市仍然依托单一的资源产业发展城市经济,导致资源产业一枝独大,人力资本等重要的经济增长决定因素被吸引到资源行业,产业结构处于"亚健康"状态时,形成了资源产业的"锁定效应"。加之,在我国现有的资源开发模式下,一个城市的资源产业又是由几个大型或者巨型资源型企业主导的,一旦遇到外部市场变化,资源型企业的衰退或者繁荣极有可能导致其他非资源型产业的衰退或者繁荣,形成资源型城市经济发展的特有的"多米洛骨牌效应",使得城市经济发展往往一损俱损,一荣俱荣。可见,以资源产业为主导的产业结构单一性制约着城市竞争力的提升,使得城市经济陷入资源的比较优势"陷阱",遭到自然资源的"诅咒",经济增长反而较差。

2013 年,国务院颁发的《全国资源型城市可持续发展规划(2013—2020年)》中公布了中国资源型城市名单,包括 262 个资源型城市,其中地级行政区(包括地级市、地区、自治州、盟等)126 个。①

第三节 地理距离的影响

自然资源对城市经济发展的影响自不待言,比如,大庆、东营和克拉玛依等城市的产生和发展壮大与其丰裕的石油资源密切相关,而攀枝花、马鞍山、包头、唐山等城市的发展与其丰富的铁矿石资源密切相关;但是,地理区位的差异也是造成中国城市间经济增长差距的重要原因之一。良好的地理区位条件使沿海城市借助运输成本方面的优势,充分利用了改革开放"红利",大量吸引外资,发展国际加工和制造贸易,迅速提高其经济增长水平。与此相反,中西部地区城市由于地理位置的限制,外向型贸易发展滞后,影

---

① 《国务院关于印发〈全国资源型城市可持续发展规划(2013—2020 年)〉的通知》,2013年 11 月 12 日,见 http://www.gov.cn/zfwj/2013-12/03/content_2540070.htm。

响了其经济增长水平。

地理位置的差异是造成中国城市间经济增长差距的重要原因之一，Geoffrey 曾经用距离的"暴政"来形象比喻地理位置对澳大利亚经济发展造成的影响①。根据统计，全国约 80% 的资源型城市分布在中西部地区，那么资源型城市的经济增长是否也受到了距离的影响？我国为了能够更为直观地考察两者的关系，考虑到在中国经济增长奇迹中，对外贸易起了举足轻重的作用，我们用各城市与中国重要港口城市的最短距离作为各城市地理位置的代理变量。在图 11.4 中我们绘制了地理位置和城市经济增长之间的散点图和趋势线。如图所示，各城市距离中国重要港口的最短距离与人均 GDP 的平均增长率之间呈现负相关关系，一个城市所处的地理位置对于城市的发展具有重要的影响，这就说明距离的影响确实是存在的。经济增长较快的城市大部分分布在东部地区，资源依赖程度较高的城市往往分布在中部和西部地区。这就说明城市所处的地理位置对于其经济增长也是至关重要的，在研究资源对经济增长的同时，我们不能忽略其所处的地理位置，资源的"诅咒"和距离的影响可能是相伴相生的。

显然，地理区位差异是造成中国城市间经济增长差距的重要原因之一，良好的地理区位条件使东部地区城市借助运输成本方面的优势，充分利用了改革开放"红利"，大量吸引外资，发展国际加工和制造贸易，迅速提高其经济增长水平。与此相反，中西部地区城市由于地理位置的限制，外向型贸易发展滞后，影响了其经济增长水平。东部地区较快增长的重要原因就是东部地区在

①　澳大利亚大部分地区位于温带，但离其他温带国家有数千英里，与其产品潜在的海外市场间的距离甚远，致使商品从澳大利亚运往欧洲，每磅或每个容积单位所需的运输费用要比从美洲运往欧洲的费用来得高，因此只有体积小、价值高的出口商品才有经济效益。另一方面，澳大利亚国内人口居住相当分散，致使国内运输成本高。Geoffrey（1966）用距离的"暴政"来形象比喻地理位置对澳大利亚经济发展造成的影响。

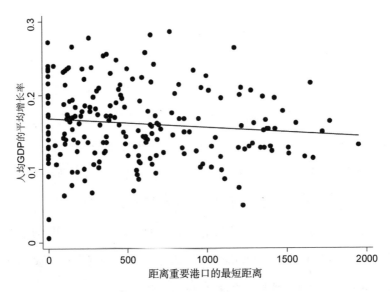

图 11.4　地理区位与经济增长

注:(1)ln 表示自然对数;(2)采掘业从业人员比重=(采掘业从业人员/就业人员总数)×100%;(3)回
　　归方程下方表示的为 t 值,括号中为 P 值;(4)中国重要港口城市包括:深圳、珠海、厦门、汕头、大
　　连、秦皇岛、天津、烟台、青岛、连云港、南通、上海、宁波、温州、福州、广州、湛江、北海;(5)所有距离
　　数据均是通过 Google Earth 5.0 软件计算得到。
资料来源:1998—2018 年《中国城市统计年鉴》。

地理上容易与外界交流①,地理位置显著影响各个省份间的增长差异②。考
虑到在中国几十年经济增长奇迹中,对外贸易起了举足轻重的作用,我们用各
城市与中国重要港口城市的最短距离衡量各城市地理位置。

　　为了能全面地考察地理区位对自然资源的影响,本节的地理区位变量
GEO 包括:(1)距离中国最重要港口城市的最短距离(*dis_port*)。加入这一项
是为了从出海便利性以及与世界市场的距离来考察地理因素对城市经济增长
的影响。1984 年,国务院确立的中国重要港口城市包括:深圳、珠海、厦门、汕

　　① Kim,Tschangho John & G.Knaap,"The spatial dispersion of economic activities and develop-
ment trends in China:1952–1985",*The Annals of Regional Science*,Vol.35,No.1(2001),pp.39–57.

　　② Sylvie Démurger,"Infrastructure Development and Economic Growth:An Explanation for Re-
gional Disparities in China?",*Journal of Comparative Economics*,Vol.29,No.1(2001),pp.95–117.

头、大连、秦皇岛、天津、烟台、青岛、连云港、南通、上海、宁波、温州、福州、广州、湛江、北海。(2)距离直辖市和副省级城市的最短距离(*dist_bigcity*)。加入这一项是为了从一个小区域的角度来考察大城市对周边城市的经济辐射能力,目前我国的直辖市和副省级城市包括:北京、天津、上海、重庆、哈尔滨、长春、沈阳、济南、南京、杭州、广州、武汉、成都、西安、大连、青岛、宁波、厦门、深圳。(3)距离上海、香港和天津的最短距离(*dis_agglom*)。加入这一项主要是因为它们是目前中国最具经济活力的三大经济板块珠三角、长三角和京津塘地区的中心城市,对周围城市形成了较强的经济集聚效应。本节所有距离数据均是通过 Google Earth 5.0 软件计算得到,单位为公里。

为了能够更好地考察资源依赖对城市经济发展的影响机制,根据初步统计分析的结果,我们构建了如下回归方程:

$$ragdp_{it} = \beta_0 + \beta_1 pmw_{it} + \beta_2 squpmw_{it} + \beta_3 agdp_{92_i} + \beta_4 hum_{it} + \beta_5 pfdi_{it}$$
$$+ \beta_6 private_{it} + \beta_7 financed_{it} + \beta_8 science_{it} + \varepsilon_{it} \tag{11.2}$$

根据已有文献的研究和初步统计观测,为了能够更好地考察资源依赖与城市经济增长之间的关系,本节的被解释变量为人均 GDP 的增长率 *ragdp*。本节的解释变量为 *pmw*,表示采掘业从业人员占总就业人员的比重,是各城市资源依赖的代理变量,采矿业从业人员比重越大,说明资源产业在城市经济增长中的地位越重要。根据初步统计分析的结论,我们还控制了其二次项 *sqpmw*。根据经济增长理论,资源依赖对经济增长的直接作用是正面的,但是根据"资源诅咒"的传导机制和初步统计观测,资源依赖对经济增长的间接作用是负面的。因此,*pmw* 预期系数符号为正,*sqpmw* 预期系数符号为负,即资源依赖与经济增长之间呈现倒 U 型关系。

根据既有研究本节的控制变量还包括:1992 年各城市的人均 GDP (*agdp*-92)。之所以选择 1992 年作为起点,是因为 1992 年邓小平南方谈话和同年党的十四大确立了建立社会主义市场经济体制的改革目标,我国现代

自然资源丰裕经济学

化建设和改革开放都进入了一个高速发展阶段,在有利宏观经济背景下,民营经济迎来了第二个高速发展的时期。根据经济增长理论中的趋同假说,其系数的预期符号为负。地理区位条件是造成中国城市间经济增长差距的重要原因。我们用各城市与中国重要港口城市的最短距离衡量各城市地理位置,根据上文的分析,预测系数为负。从事科学研究、技术服务和地质勘查业从业人员占总从业人员的比重($R\&D$),它表示一个城市的 R&D 投入水平。民营企业发展指数($private$),我们用民营企业从业人员的比重表示。改革开放以来,民营企业一直是中国经济增长的活力来源之一,因此,预期系数符号为正。金融机构贷款余额占 GDP 的比重($financed$),是金融深化的代理变量,金融深化更能够有效促进经济增长,因此,预期系数符号为正。以 FDI 为代表的跨国资本流动是经济全球化的最显著特征之一。国际经验表明,FDI 集资本、技术、市场和管理于一身,能够通过降低技术引进和吸收的成本,促进先进技术在东道国的扩散,优化东道国的资源配置效率,显著地促进东道国的经济增长。因此,预期系数符号为正。一个城市固定资产投资用 $invest$ 表示,中国的经济增长一直非常倚重于固定资产投资。具体的回归结果见表11.2。

表 11.2　分地区回归结果

	(1)东部城市	(2)中部城市	(3)西部城市
	ragdp	*ragdp*	*ragdp*
pmw	-1.600 ** (-2.06)	0.260 ** (2.36)	0.345 *** (2.64)
squpmw	2.856 ** (2.06)	-0.518 ** (-2.03)	-0.583 ** (-2.56)
agdp_92	-0.047 * (1.72)	-0.055 ** (-2.44)	-0.010 *** (-3.68)

续表

	（1）东部城市	（2）中部城市	（3）西部城市
	ragdp	*ragdp*	*ragdp*
hum	0.392 (1.13)	0.433* (1.85)	0.852* (1.81)
pfdi	0.361 (1.27)	0.301** (2.00)	
private	0.154** (2.44)	0.180 (1.54)	
financed	−0.090*** (−3.13)	−0.026*** (−4.12)	−0.026*** (−2.81)
science	3.092 (1.27)	1.094*** (3.20)	
常数项	0.292*** (6.33)	0.169*** (10.13)	0.188*** (8.06)
样本量	120	600	270
Waldχ²	15.95	41.74	24.42

注:括号中的数值为 z 值;***、** 和 * 分别代表 1%、5%和 10%的显著性水平。

　　从图 11.5 中我们看到总体样本、中部城市和西部城市资源依赖与人均 GDP 的增长率之间呈现倒 U 型关系。即当采掘业从业人员占总从业人员比重小于门槛值时,资源依赖与经济增长之间呈现正相关关系;当采掘业从业人员占总从业人员比重大于门槛值时,资源依赖与经济增长之间呈现负相关关系。但是,东部城市资源依赖与人均 GDP 的增长率之间呈现 J 型关系,“资源诅咒”在东部城市中并没有出现。这意味着,资源对于经济增长的影响与城市所处的地理位置有着直接的关系,距离的影响显然是存在的。图 11.5 直观地表示了两者之间的拟合情况,从图中还可以看到中部地区的门槛值小于西部地区的门槛值,说明相对于中部地区而言,西部地区遭受“资源诅咒”的可能性较小。这可能是由于在生产要素大量向东部地区集聚的情况下,由于西部地区要素流动的信息成本和运输成本较大。较之于中部地区,西部地区的资源产业集聚和产业结构升级更好地得到了本地市场的支持。这一结论也与已有的关于"中部塌陷"的文献相一致①,从而在一个侧面验证了"中部塌陷"的存在性。

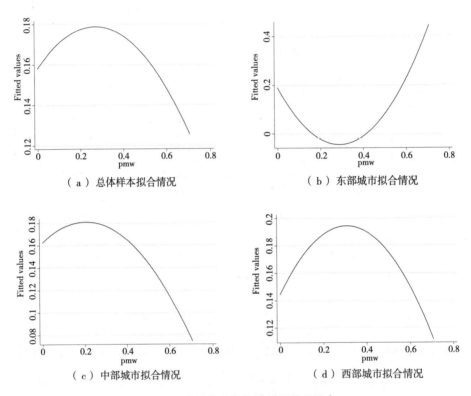

（a）总体样本拟合情况　　　　　　（b）东部城市拟合情况

（c）中部城市拟合情况　　　　　　（d）西部城市拟合情况

图 11.5　资源依赖与经济增长关系拟合

从地理角度来看,中部城市和西部城市资源依赖与人均 GDP 的增长率之间呈现倒 U 型关系。也就是说,当一个城市的自然资源较为丰裕,以至于其过分倚重于资源产业时,资源才会由"天使"转变为"恶魔","诅咒"一个城市的发展。但是,实证分析也揭示,东部地区城市资源依赖与人均 GDP 的增长

---

① 安虎森、殷广卫:《中部塌陷:现象及其内在机制推测》,《中南财经政法大学学报》2009年第 1 期。

率之间呈现 J 型关系,也就是说"资源诅咒"不但没有在东部地区城市中出现,反而加速了其经济增长。通过中西部地区与东部地区的比较,就说明与中国重要港口城市的距离较大,也是阻碍城市经济增长的重要因素,距离的影响也是显著存在的。

从资源依赖视角来看,在非资源型城市,资源依赖与人均 GDP 增长率正相关,资源依赖成为其经济增长的有利条件;在资源型城市,资源依赖与人均 GDP 增长率负相关,资源依赖却成为其经济增长的阻碍。在资源型城市,价格指数却与经济增长负相关,原因在于资源价格高时,更容易把物质资本和人力资本等重要的经济增长决定因素吸引到资源行业,使产业结构处于"亚健康"状态,也就更容易遭到资源的"诅咒"。

第四节　综合影响的区域差异性

中国大部分的自然资源分布在中西部地区,80%的资源型城市也分布在中西部地区,同时,由于中国仅仅东部临海,所以中国的重要港口全部分布在东部沿海地区,而东部沿海地区也是中国最具经济活力的地区。这种地理区位上的巨大差异,使我们有必要比较不同区域自然资源依赖与城市经济增长之间的相互关系。我们根据城市所在省份的地理位置来确定城市的地理位置,并分为东部、中部、西部三组。其中,东部地区包括北京、天津、河北、辽宁、上海、江苏、浙江、福建、山东、广东、海南;中部地区包括山西、吉林、黑龙江、安徽、江西、河南、湖北、湖南;西部地区包括四川、重庆、贵州、云南、西藏、陕西、内蒙古、甘肃、宁夏、青海、新疆、广西。为了能够更好地考察资源依赖、地理区位与城市经济增长之间相互关系的影响,我们在回归方程中加入了资源依赖与地理区位的交互项,并且对东部、中部和西部城市分别作了回归,以比较资源依赖对经济增长影响的区域差异。限于篇幅,表11.3只给出交互项的回归结果。

表 11.3　地理区位与资源依赖对经济增长的交互影响

样本来源	总体样本	东部城市	中部城市	西部城市
$Pmw \times dis\_port$	−0.000264*** (−2.68)	−0.000376 (−0.64)	−0.000290** (−2.21)	−0.000355* (−1.64)
$Pmw \times dis\_bigcity$	−0.000456** (−2.37)	−0.000554 (−0.61)	−0.000549** (−2.10)	−0.000504 (−1.55)
$Pmw \times dis\_agglom$	−0.000215** (−2.46)	−0.000250 (−0.61)	−0.000230** (−2.03)	−0.000359* (−1.67)
样本量	2090	924	748	418

注:括号中的数值为 z 值;*** 、** 和 * 分别代表 1%、5%和 10%的显著性水平。

尽管地理区位对城市经济增长的影响并非单纯的线性关系,也就是说并非距离重要港口城市、中心大城市和三大区域经济中心城市的距离越近经济增长越快,而是呈现非线性关系。但是,从表 11.3 中我们可以看到,从全样本来看,自然资源与地理区位的交互项却是非常显著的,而且系数为负,这就表明从自然资源和地理位置的联合影响来看,一个城市对自然资源的依赖越低,距离重要港口城市、中心大城市和三大区域经济中心城市的距离越近,其经济增长就越快。或者说,在自然资源依赖相同的情况下,距离重要港口城市、中心大城市和三大区域经济中心城市的距离越近,其经济增长越快。这就说明,尽管自然资源丰裕对城市经济增长的“诅咒”是存在的,但是,一个城市所处的地理区位能够有效减轻自然资源对经济增长的“诅咒”。

我们还比较了资源依赖和地理区位交互影响的地区差异。从表 11.3 中我们可以看到,在中部地区城市和西部地区城市,自然资源依赖与距离重要港口城市距离的交互项显著为负。同时,西部地区城市的系数要大于中部地区城市,说明对于西部地区城市而言,距离重要港口的距离更能有效减轻资源的“诅咒”效应。这可能是因为西部地区城市工业化水平相对较低,对自然资源的属地加工能力较弱,往往以原材料和资源密集型的初级产品输出为主,大量的自然资源需运往东部地区加工销售或者出口,因此地理区位和自然资源的交互项对经济增长都较为重要。同样的结论对自然资源依赖与距离三大区域经济中心城市距离交互项也成立。我们从表11.3中还可以看到,自然资源依赖与距离重要大城市距离的交互项对于西部地区并不显著,可能是因为西部地区大城市本身较少,只有西安、成都和重庆,各城市距离大城市的距离相对较大引起的。此外,我们看到,对于东部地区城市而言,自然资源依赖与地理区位的3个交互项都不显著,可见,东部地区城市经济增长对资源的依赖非常弱。

第五节 资源型城市产业结构演化:
以湖北省为例

湖北省资源型城市数量并不多,资源的依赖性也相对较低,目前基本已经摆脱了对自然资源的依赖。但是,湖北省资源型城市产业结构的演进具有很强的代表性,能够较好地说明资源型城市产业结构升级过程和资源开采周期的交织关系。因此,本节选择湖北省资源型城市作为案例进行分析。

一、湖北资源型城市发展现状

在湖北自然资源中,铁、铜、磷、锰、矾、石膏、岩盐、石油等金属、非金属和能源矿产储量丰富,从20世纪50年代开始,部分县市就依托本地区的矿产资源优势,形成了以自然资源开采和加工业为主导的产业结构。资源开采和加工业在工业化过程中都促进了该地区的经济增长和社会发展,并对湖北整体经济建设作出过突出贡献。然而,随着几十年来自然资源的高强度开采,部分地区矿产资源已濒临枯竭,伴随而来的是本地区经济增长疲软、失业人数攀升、生态破坏严重等一系列矛盾和问题。2008年3月和2009年3月,大冶市、黄石市、潜江市和钟祥市四个资源型城市分别被纳入国家第一批和第二批资源枯竭型城市转型试点名单,资源枯竭型城市的转型和发展问题成为湖北经济发展中亟待解决的难题。湖北省政府现已成立资源枯竭城市可持续发展领导小组,大力推进四个城市的转型工作。资源枯竭型城市转型成败对该城市本身经济和社会稳定以及湖北整体经济的又好又快发展都具有重要意义,四个城市中黄石和潜江两市已列入武汉"8+1"城市圈内,实现其转型和持续发展更有助于武汉城市圈"两型社会"建设的实现。而资源枯竭型城市转型包括经济转型、社会转型和生态转型三个方面,其中经济转型是社会转型和生态转型的基础,产业转型又是经济转型的核心,因而资源枯竭型城市转型应从产业转型入手。产业发展困境是造成资源枯竭型城市经济增长疲软、失业人数攀升等一系列矛盾和问题的重要原因,研究产业转型必须研究资源枯竭型城市目前面临的产业困境及其产业困境形成的内在机理,才能探寻有效的产业转型之路,才能促进资源枯竭型城市经济、社会、生态转型和长期持续性发展。

在湖北资源枯竭型城市产业发展中,突出的问题之一是资源的保有储量下降所带来的资源型主导产业发展的不可持续性。由于几十年来的高强度开采,大冶、黄石、钟祥、潜江四个城市的金属、非金属矿产及能源矿产的保有储量已从衰减走向枯竭,其中大冶铁矿、铜矿、煤炭资源保有储量占探明储量比重分别为28.6%、27.4%和25.6%;黄石铁矿、铜矿、煤炭资源保有储量占探明储量比重分别为23.03%、39.68%和24.25%;潜江石油保有储量占探明储量比重仅为16.98%;而钟祥磷矿资源这一比重为19.96%。① 按目前年开采量推算,这些城市现有资源开采年限大部分不足10年,同时在所剩资源中尾矿和贫矿占有相当比重。资源储量的下降直接导致了资源开采业的萎缩,黄石原142家铁矿开采企业目前仅存70家,潜江939口探井中已报废42.3%,钟

① 数据来源于湖北省政府政研网、黄石市经济委员会网、潜江市人民政府网、钟祥市人民政府门户网公开新闻数据。

祥 64 家磷矿开采企业现存 14 家。① 而且由于尾矿和贫矿比重较高,现有生存企业开采成本增加,经济效益低下。另一方面,资源开采业的萎缩和发展的不可持续性也影响了资源加工业的持续性发展。以金属或能源矿产为加工对象的黑色金属冶炼和压延加工业、有色金属冶炼和压延加工业、金属制品业、石油加工和炼焦业由于依托本地资源开采业而发展起来,随着金属和能源矿产开采量的下降,原料短缺的危机逐渐显现。而湖北属于中部省份,与东部沿海省份相比,当本省金属和能源矿产枯竭后,依靠进口矿产资源来发展本地资源加工业是不具有竞争力的,因而资源加工业已不具有拉动本地经济长期增长的潜力。

二、产业结构演进

根据产业生命周期理论,一国或地区的单一产业发展都要经历形成期、成长期、成熟期和衰退期(或蜕变期)四个阶段。湖北资源型城市中资源的开采业和加工业本身的发展状况其实并未违背单一产业发展的基本规律。但一国或地区的经济增长并不是取决于单一产业的生命历程,而是通过本地区主导产业有序更替引发的产业结构的演进升级而实现。主导产业是在一国或地区经济中所占比重大、综合效益高、具有引领带动作用、处于产业生命周期旺盛阶段的产业类型。根据产业结构演变基本规律,构成产业结构组成元素的不同产业在时间上交替更迭,旧产业衰退和新兴产业成长并存,步入衰退阶段的主导产业向市场前景好、产业关联性强并具有相当规模的新兴产业转换,形成主导产业的有序更替,才促进了本地区产业结构的演进升级和地区经济增长。然而在湖北资源枯竭型城市中,当自然资源濒临枯竭而资源型主导产业难以

---

① 数据来源于湖北省政府政研网、黄石市经济委员会网、潜江市人民政府网、钟祥市人民政府门户网公开新闻数据。

持续发展时,非资源型替代产业发展规模仍然不足,引领带动作用较弱,致使主导产业转换更替的路径受阻,制约了产业结构优化升级和经济的持续增长。

首先,从产值总量来看,湖北资源枯竭型城市中非资源型工业行业总体规模长期低于全国平均水平①,致使产业结构失衡现象长期存在。以黄石市和潜江市为例,1999年至2007年,在黄石市工业中,煤炭、金属和非金属矿产开采和加工业产值占工业总产值比重居于55.9%至67.7%之间,由此非资源型工业行业产值占工业总产值比重最高只达到44.1%;在潜江市工业中,接近一半的产值来源于石油开采和加工业,近十年来非资源型工业行业产值比重居于35.78%至53.36%之间,与全国同一时期70%以上的比重相比,低20—30个百分点(见表11.4),说明非资源型工业行业总体规模明显低于全国平均水平。由于资源的开采和加工业构成了重工业的主要组成部分,而资源枯竭型城市中非资源型工业行业总体发展规模仍较小,使得资源型城市中轻重工业比重失衡现象至今难以扭转。其中大冶和黄石两市尤为突出,即使在资源开采业已大幅度萎缩的状况下,2007年黄石市轻重工业比重还处于12.9:87.1,大冶则为16.8:83.2②。而在潜江市的产业结构中,更是呈现石油开采业"一业独大"的格局,在20世纪80年代,石油开采业产值一度达到其工农业总产值的70%以上,而2007年石油开采业产值占工业产值比重仍在40%以上。

表11.4 1999—2007年非资源型工业行业产值比重

单位:%

	1999 年	2000 年	2001 年	2002 年	2003 年	2004 年	2005 年	2006 年	2007 年
全国	77.77	73.26	73.93	75.11	74.22	72.34	72.40	70.70	70.41

---

① 指工业中除采掘业、石油加工和炼焦业、黑色金属冶炼和压延加工业、有色金属冶炼和压延加工业、非金属矿物制品业以及金属制品业以外的行业。

② 数据来源于《黄石市2007年国民经济和社会发展统计公报》和《湖北统计年鉴(2008)》。

续表

	1999 年	2000 年	2001 年	2002 年	2003 年	2004 年	2005 年	2006 年	2007 年
黄石	44.10	40.13	39.18	39.47	36.23	37.15	35.64	32.30	38.77
潜江	42.07	40.25	41.13	53.36	45.46	36.44	36.78	36.39	35.78

注:根据《中国统计年鉴》(2000—2008)、《黄石市统计年鉴》(2000—2008)、《潜江市统计年鉴》(1999—2007)中《规模以上工业企业主要经济指标》数据计算而得。非资源型工业行业产值比重指工业中非资源型产业产值占工业总产值的比例。

其次,从非资源型工业行业内部结构来看,尚未形成对本地经济具有引领带动作用的替代产业类型,以推进本地经济长期持续性增长。在资源型城市中,由于具有自然资源优势,资源的开采和加工业成为优先发展的产业类型,非资源型产业起步相对较晚,经过几十年的发展,产业规模和产值与资源型产业相比都存在较大差距。从 2007 年大冶、黄石、潜江和钟祥四市中工业各行业产值占工业总产值比重来看,除资源的开采和加工业外,产值比重最大的行业为设备与机械制造业、纺织业、服装鞋帽业、医药制造业、农副食品加工业等(见表 11.5)。但这些行业的产值比重大部分都低于 10%,与资源的开采和加工业长期在 40% 以上的产值比重相比,明显较小;同时在这些行业中,以纺织业、服装业和食品加工业等传统产业类型居多,设备与机械制造业虽在黄石和钟祥工业中占有一定比重,但实际上远远低于全国同期平均水平。① 可见,在湖北资源枯竭型城市中,非资源型产业支撑地方经济持续增长的力量不足。

表 11.5 2007 年湖北省四个资源枯竭型城市工业中产值比重最大的非资源型行业

城市	行 业 类 型
黄石	设备与机械制造业(7.23%)、饮料制造业(2.26%)、服装鞋帽业(1.68%)、医药制造业(1.02%)

① 根据《全国统计年鉴(2007)》统计数据计算,2007 年全国规模以上工业中设备与机械制造业产值占工业总产值比重为 30.53%。

城市	行 业 类 型
潜江	纺织业(9.86%)、食品加工业(7.76%)、服装鞋帽业(7.46%)、医药制造业(3.09%)
钟祥	纺织业(13.9%)、食品饲料业(11.07%)、设备与机械制造业(9.39%)
大冶	食品饮料业(8.34%)、纺织服装(8.79%)、设备与机械制造业(6.35%)

注:根据《黄石市统计年鉴(2008)》《潜江市统计年鉴(2007)》《钟祥市统计年鉴(2007)》《湖北统计年鉴(2008)》和大冶政府网公开数据相应表格计算而得。括号内为行业产值占规模以上工业产值比重。

三、产业困境的形成

湖北资源枯竭型城市产业困境的形成具有很强的内生性。产业格局之所以背离了产业结构演变的基本规律,出现自然资源濒临枯竭时,非资源型替代产业发展仍然不足,陷入主导产业更替受阻、经济增长乏力的困境之中,与自然资源禀赋在产业演进和经济增长中的特殊作用紧密相关。自然资源如同一把双刃剑,在地区产业发展和经济增长中发挥了正反两方面的作用。

一方面,自然资源禀赋为地区产业形成和经济增长带来了福音。产业的形成和发展需要一定的物质条件,自然资源禀赋作为生产要素之一,为地区产业形成和发展提供了基础能源和原材料,同时资源的开采和初级加工业发展所创造的财富又为其他产业部门形成提供了资本积累。在工业化过程中,矿产资源优势促进了黄石、大冶、潜江、钟祥等资源型城市的资源开采和加工业的形成和发展,这些产业的发展壮大吸纳了大量的就业人员,带动了地区生产总值的增加,促进了经济的起飞,黄石、潜江、大冶的经济实力在湖北县市中都曾居于前列。同时,矿产资源作为重要的基础能源和原材料,也为整个湖北省的冶金、化工、建材等行业发展奠定了基础。

另一方面,自然资源禀赋又如同施行着"诅咒",制约了本地区产业结构优化升级和经济持续增长。在产业演进过程中,由于自然资源优势的存在,使得湖北资源型城市的产业形成和经济增长过度依赖于自然资源,不仅产业格局从一开始就锁定于发展与自然资源相关的产业类型;同时在工业化过程中,资源型产业的成长和成熟又通过影响经济增长的其他要素的流动,对非资源型产业的发展产生了"挤出"①,从而造成资源型产业长期居于主导地位而非资源型替代产业发展不足的状况,阻碍了地区主导产业的更替和产业结构的正常优化升级,使得资源型城市经济增长与资源的开采和加工业这一单一产业的生命历程紧密相连。这样,当资源的开采和加工业由于自然资源濒临枯竭而难以持续发展时,资源型城市经济也面临持续增长的危机。资源的"诅咒"效应具体表现为:

一是自然资源优势对资源型城市产业格局开端的锁定。根据比较优势原理,自然资源丰富的地区具有开采自然资源的相对优势。湖北铁、铜、磷、石油、石膏等自然矿产资源相对丰富,使得矿产资源丰裕的地区采掘业发展具备比较优势,能够获得相对高的收益率,因而资源型城市在形成之初,资源开采业就成为优先发展的产业类型。大冶市历史上就因"大兴炉冶"而盛名,其冶铁业已有上千年的历史,成为当地经济发展中的重要组成部分。同时在我国工业化过程中,因国家工业建设需要,资源的开采和加工业作为重工业发展的先导产业,被置于优先发展的地位。黄石、大冶的铁矿、铜矿资源以及钟祥的磷矿资源都是湖北发展钢铁和有色工业、化学工业的重要原料来源,自 20 世纪 50 年代开始,在国家和地方政府的高度重视下,铁矿、铜矿、磷矿的开采和加工业迅速发展起来。1965 年在潜江发现石油后,基于石油资源在当时经济环境中的特殊地位,国家将潜江工业的发展重点放在了石油工业上,石油开采业和石油化工业由此成为潜江市的主导产业,并成为几十年来促进当地经济

---

① W.M.Corde,"Booming Sector and Dutch Disease Economic:Survey and Consolidation",*Economic Journal*,Vol.36,No.3(1984),pp.359-380.

增长的主要力量以及国家和地方财政收入的主要来源。这样在资源型城市发展的开端,产业结构就被锁定于以资源开采和加工业为主导的格局之中,并在整个工业化初期不断强化。

二是自然资源优势对非资源型产业发展所需的物质资本产生了"挤出"。资源的开采和加工业属于资本密集型产业,在建设之初需要巨额的物质资本投入,同时随着新矿山(矿井)的发现,还需要不断追加大量投资,以实现规模经济效益;另外,在资源型产业从成长走向成熟的过程中,由于资源开采业的繁荣所带来的高额利润刺激,吸引了全社会物质资本不断向资源型产业聚集。而在资源型产业从成熟步入衰退阶段后,由于占用资金多、规模大,具有很高的退出成本①,使得社会物质资本投向和资源型城市产业结构发展都呈现出很强的路径依赖性。这样,在社会物质资本长期向资源型产业聚集的情况下,非资源型产业发展所面临的物质资本则相对短缺,即资源型产业对物质资本的大量吸纳对非资源型产业发展所需的物质资本产生了"挤出",阻碍了非资源型产业的成长和壮大,进而影响了地区产业结构的优化。长期以来,湖北资源型城市资源的开采和加工业吸纳了大量社会物质资本,虽然20世纪90年代之后矿产资源储量和富矿比重都大幅度下降,但由于高退出成本和经济利润驱使,社会物质资本向资源型产业的投入数额并未出现大幅减少。从行业固定资产投资占全社会固定资产投资比重这一指标来看,湖北资源枯竭型城市中资源型产业固定资产投资比重仍大大高于全国平均水平。以黄石和潜江两市为例,1997年至2007年,黄石资源开采和加工业固定资产投资占全社会固定资产投资比重普遍在25%以上,潜江更是高达40%以上,是全国平均水平(不足11%)的2—4倍。虽然采掘业已大量萎缩,但2001年后,黄石和潜江两市分别对金属冶炼和压延加工业、石油加工业的物质资本投

---

① 宋冬林、汤吉军:《沉淀成本与资源型城市转型分析》,《中国工业经济》2004年第6期。

入大幅增加,使得这一产业比重始终居于高位,产业结构失衡现象难以扭转。

三是自然资源优势影响了资源型城市劳动力配置和人力资本的提升。资源型城市在形成之初,由于比较优势和国家建设需要,大量的劳动力聚集到资源的开采和初级加工业中;而在资源的开采和初级加工业成长过程中,相对较高的收益率和较低的进入门槛又进一步吸引了劳动力流入。既然自然资源可以带来较高利润并吸纳大量就业人口,致使资源型城市的经济增长和就业活动又过分依赖于资源型产业,缺乏发展其他产业以带动经济增长和就业增加的动力,这实质对非资源型产业的发展产生了负激励。湖北资源型城市中采掘业从业人员比重不仅在鼎盛时期高于其他行业,而且至今仍高于全国平均水平,其中潜江市尤为突出,石油开采从业人员占本地区单位从业人员比重甚至达到25%以上,是全国同期水平的5倍。另一方面,随着劳动力向资源的开采和加工业的大量流入,全社会的教育和职业培训活动都在很大程度上转向培养适应资源型产业发展需要的人才,导致本地区劳动力的专业技能向资源型产业靠拢。[1] 为促进资源开采业经济效率的提高和资源深加工业的发展,大量的科研资金和创新活动也主要集中于资源型产业。这样,长期以来就导致了本地区人力资本提升的单一性和配置的失衡,石油、冶铁人才众多,而其他产业部门发展所需的专业人才相对缺乏,创新活动不足,阻碍了非资源型产业的成长和壮大,导致非资源型产业发展不足的状况。

四、产业转型路径

基于湖北资源枯竭型城市产业困境形成的内在机理,产业转型过程中最关键的是要打破自然资源优势对产业结构演进的"诅咒"效应,促进主导产业

---

[1]　T.Gylfason,"Natural Resources,Education and Economic Development",*European Economic Review*,Vol.45,No.4(2001),pp.847-859.

转换更替,使经济增长彻底摆脱对自然资源的过度依赖。各资源枯竭型城市应结合自身经济社会基础和区位优势,走一条壮大非资源型替代产业、逐步实现主导产业多元化以替代资源型主导产业的产业转型之路。

首先,必须明确发展替代产业以实现主导产业转换才是资源枯竭型城市实现产业结构优化和经济持续增长的根本途径。发展接续产业和发展替代产业是产业转型可供选择的两种途径。前者是在原有资源型产业基础上,向前或向后延伸,形成相关产业;后者是发展与原有资源型产业不属同一类型的新的产业,根本摆脱对自然资源的依赖状况。对于资源鼎盛型城市而言,在自然资源的开采和初级加工业基础上发展自然资源的深加工业是可行的,一方面可以避免停止利用本地自然资源而造成的自然资源的浪费,另一方面也可以为本地区产业结构优化和主导产业转换提供充裕的时间和资金支持。而对于资源枯竭型城市而言,由于自然资源已濒临枯竭,资源的保有储量已难以维持较长时间的开采,只有发展非资源型产业来替代原有资源型主导产业才能促进经济的长期持续发展。例如,湖北大冶、黄石、潜江、钟祥四个城市已属于资源枯竭型城市类型,如果将产业转型的着眼点放在发展接续产业上,在短期内虽然可以促进经济增长、避免失业人口的增加,但由于矿产资源开采所剩年限已不长,在十年之后,接续产业本身也会因为原料短缺而失去竞争力,使得资源枯竭型城市不得不进行产业结构的再次调整。因而加快发展替代产业、实现主导产业多元化来替代资源型主导产业才是资源枯竭型城市产业结构优化和经济长期增长的最根本途径。

由于湖北资源枯竭型城市的经济社会基础不同,因而目前所处的经济发展阶段不尽相同,黄石、潜江两市已步入工业化的中期,而大冶、钟祥还处于工业化的初级阶段,这样,在替代主导产业的选择上,四个城市会存在较大差异。各个资源型城市应结合自身经济发展阶段,根据市场需求、产业关联度、就业吸纳和生态效益等因素优选出适合自身的替代产业类型,发展多元化替代产业群。比如黄石市,由于工业基础较好但就业问题突出,可将吸纳就业多的传统优势产业、代表先进技术的装备制造业和高新技术产业结合,构成多元化的替代产业群;对于钟祥市而言,工业基础较薄弱,在运用先进适用技术和理念改造传统工业的基础上,可充分利用历史文化特点,进一步做大做强旅游业并结合发展与农业关联度高的农副食品加工业等。

其次,应充分发挥政府调控在资源枯竭型城市产业转型中的重要作用。发展替代产业以促进主导产业的转换可以运用市场和政府调控两种手段。前者是由市场供求机制、价格机制和竞争机制引导社会资源从增长停滞的产业部门进入相对高增长、高收益的产业部门,从而实现主导产业的更替,是一种市场自发型转换。后者是在遵循市场规律的基础上,运用政府宏观调控手段,着重发展符合本地区经济社会状况和生态要求并具有市场前景的产业类型,以替代已丧失发展潜力的主导产业。资源枯竭型城市资源型产业长期独大的产业格局,一方面是由于自然资源优势和国家建设需要使城市建设之初主导产业就被锁定于自然资源的开采和初加工业;另一方面,很大程度上也是由于长期以来在市场机制的利润刺激下,自然资源优势使物质资本投资、人力资本提升都向资源开采和加工业靠拢,阻碍了非资源型产业的发展,进一步造成地区经济增长对资源型主导产业依赖性的强化。在目前资源枯竭型城市经济、社会、生态问题都突出的情况下,如果单纯依赖市场机制来促进非资源型产业发展以实现主导产业的自发更替,会造成大量的时间耗费和转换成本,尤其可能出现市场运行和产业转型目标不一致的后果。通过政府调控手段来促进替代产业发展,能在相对较短的时间内,引导有限的社会资源向非资源型产业转移,加快资源枯竭型城市替代产业发展和主导产业转换的步伐。

政府发挥调控手段主要是凭借投资政策、财税政策、金融政策、土地政策、人才政策来引导产业结构的发展方向,提供相应的政策优惠,以促进非资源型产业扩张来替代原有资源型主导产业。一方面,应通过政策进一步激励和扶持产业内骨干企业的发展。产业的扩张依托于产业内骨干企业的壮大,企业的壮大又依赖于企业核心产品竞争力的提升。在黄石、潜江这类资源枯竭型地级市中,一些传统优势产业和高新技术产业本身已具有一定规模,行业内也已形成具有一定发展实力的龙头企业,政府应运用宏观调控手段激励企业进一步加大产品创新、技术创新力度来做强企业产品品牌,不仅要创湖北名牌,更要创中国名牌;对于大冶、钟祥这类资源枯竭型县级市,非资源型产业规模较小、骨干企业少,政府应通过扶持中小企业、加强资源整合来促进替代产业的壮大。另一方面,为替代产业提供原料的后向关联产业、销售其产品的前向关联产业以及为其提供研发、咨询、中介、培训等各项生产服务的产业部门都是替代产业成长和壮大的重要因素。资源枯竭型城市中往往存在关联度低的单体企业多、配套企业较少的问题,政府还应注重通过政策调控来引导配套企业和关联产业的发展,为替代产业发展创造良好环境。

最后,资源枯竭型城市产业转型应充分利用自身区位优势。以湖北为例,作为中部省份,除自然资源外,在内陆交通、教育资源上具有明显优势,但省内各地区在交通、生态环境、文化、教育、经济社会基础等方面所具有的优势又不尽相同,资源枯竭型城市在打破对自然资源的长期依赖、促进非资源型替代产业发展的过程中不能脱离自身在区域经济中的分工地位,如果孤立地发展替代产业,很可能因势单力薄而造成替代产业对外竞争力弱,或因产业结构趋同而导致区域内部产业的恶性竞争。只有将自身纳入区域经济一体化之中,在替代产业发展过程中考虑与邻近地区的优势组合或优势互补,做好区域内产业群之间的协调发展,才能促进替代产业的壮大。在湖北四个资源枯竭型城市中,黄石、潜江都位于武汉"8+1"城市圈内,目前城市圈正在推进基础设施、产业布局、区域市场等一体化建设,构建20个产业集群和7大特色产业带①,这实际上

---

① 《武汉城市圈总体规划》(第四稿),参见武汉城市圈门户网站。

为这两个城市的替代产业发展提供了契机。同时,黄石、潜江两市在替代产业的发展和主导产业的转换中也应把握好城市圈整体规划要求和"两型社会"建设的需要,结合自身工业基础,发挥与城市圈内中心城市和次中心城市的优势组合,形成产业集群和特色产业带,在参与城市圈建设的过程中促进本地区替代产业的发展和主导产业的多元化转换,以走出产业发展困境,促进经济的持续增长。

五、产业转型绩效

湖北省资源型城市转型最为成功的是黄石市和大冶市。黄石市在减轻对采掘业的依赖、转型升级产业结构方面取得了显著成效,但也在产业结构转型过程中付出了沉重的代价。2014 年,黄石市关停 367 家"五小"企业,导致工业增速下跌 3.7%。2015 年,又关停了 120 多座非法矿山和 100 多家无序发展的模具钢企业,导致工业增速直跌 8%。但是,经过阵痛期之后,黄石市工业增加值迎来较快增长,2019 年,黄石市规模以上工业总产值同比增长 9.8%。其中,采矿业下降 5.6%,但是制造业增长 10.9%。就类型来看,传统的国有企业下降 33.3%,但集体企业增长 25.6%。同时,在延伸产业链方面也取得积极成效,金属制品业产值同比下降 6.9%;非金属矿物制品业同比增长 17.5%;有色金属冶炼及压延加工业同比增长 9.9%;黑色金属冶炼及压延加工业同比增长 6.6%。

作为黄石市管辖的县级市,大冶市的产业结构转型也取得积极成效。2019 年,大冶市采矿业占工业总产值的比重,从 2009 年的 80% 下降到 12%,并入选"全国综合实力百强县市"榜单。2019 年,全年全市规模以上工业总产值 850.2 亿元,比上年增长 10.7%。规模以上工业增加值比上年增长 9.1%。规模以上工业中,尽管采矿业增加值下降 13.1%,占规模以上工业增加值的比重为 14.40%,但是制造业增长 13.9%,占比 83.91%,替代采矿业成为经济增长的支柱行业。

表 11.6　2019 年大冶市规模以上工业行业增加值

行业名称	比上年增长(%)	比重(%)
酒、饮料和精制茶制造业	10.2	21.03
非金属矿物制品业	15.9	12.24
黑色金属冶炼和压延加工业	1.4	8.36
汽车制造业	121.3	7.54
黑色金属矿采选业	−22.7	7.46
专用设备制造业	0.5	7.03
有色金属矿采选业	12	5.74
有色金属冶炼和压延加工业	16	5.51
金属制品业	−7.2	4.08
通用设备制造业	7.2	2.85
纺织服装、服饰业	2	2.53
电气机械和器材制造业	45.7	2.08

资料来源:《大冶统计年鉴 2019》。

从表 11.6 我们看到,酒、饮料和精制茶制造业成为大冶市工业增加值贡献第一大行业,占比为 21.03%,传统支柱产业黑色金属矿采选业占比仅为 7.46%,而且环比增长率下降了 22.7%。同时,采矿业的下游产业冶炼、压延、制品等行业获得了较快发展,其中黑色金属冶炼和压延加工业与有色金属冶炼和压延加工业合计占比达到 13.87%。汽车制造业也获得了较快发展,在工业增加值中的占比达到了 7.54%,而且环比增长率达到了 121.3%。

第十二章 气候变化与资源型经济
可持续发展

第一节 全球气候变化的趋势

19 世纪以来,随着工业化快速发展,人们对化石燃料的消耗巨大,仅仅一个世纪过去,地球大气的二氧化碳浓度已经上升了近 30%,远远超过预期。1988 年,为了更好地应对气候问题,世界气象组织(WMO)和联合国环境规划署(UN-EP)联合成立了政府间气候变化专门委员会(IPCC),专门评估全球气候变化的最新科学进展,并给决策者提供适应和减缓气候变化的方案。2013 年 9 月 27 日,IPCC 在瑞典斯德哥尔摩召开新闻发布会,公布第五次评估报告,这份报告全面评估了气候变化对大气、海洋、冰冻圈、海平面、碳圈及生物圈的影响。

IPCC 第五次评估报告中对大气的观测结果表明,最近的三个十年不断刷新 1850 年后的气温最高纪录,从 1983—2012 年,北半球经历了自 1400 年以来最温暖的三十年。1880—2012 年,全球海陆表面平均温度上升了 0.85℃。1901—2012 年,全球几乎所有地区都观测到了地表温度的显著上升。自 20 世纪中叶以来,在全球范围内对流层已变暖,并且北半球这一趋势更为明显。除此以外,北半球中纬度地区的平均降水也有所增加,更多陆地区域出现强降水事件的数量可能已增加。

海洋对气候变化具有不可估量的重要性,海洋大量吸收大气中的热量和二氧化碳,是地球上最大的储热体。IPCC 在对海洋和海平面的观测中发现,海洋上层(0—700 米)已经变暖。全球尺度上,表层海水受到全球变暖的影响最大,在 1971—2010 年间,海洋表层 75 米内的海水平均每十年升温 0.11℃。19 世纪中叶以来海平面的上升速率比过去两千年的平均上升速率还要高,1901—2010 年,全球范围内的海平面平均上升了 0.19 米,冰川融化和气温升高导致的海洋热膨胀是造成海平面上升的原因。

对冰冻圈的观测结果表明,过去 20 年,格陵兰冰盖和南极冰盖大量融化,全球的冰川面积继续缩小。北极海冰和北半球的春季积雪也有所下降。1979—2012 年,北极年均海冰的缩小速率可能是每十年 3.5% 至 4.1%。自 20 世纪 80 年代以来,大多数地区多年冻土温度已升高,在美国阿拉斯加北部地区,冻土升温达到3℃,俄罗斯北部地区达到2℃并且多年冻土厚度和面积大幅减少。

IPCC 对碳和其他生物地球化学循环的观测显示,二氧化碳、甲烷和氧化亚氮的大气浓度至少已上升到过去 80 万年以来的最高水平。自从工业革命以来,由于矿物燃料的广泛应用、土地利用的变化,大气中二氧化碳浓度已经提高了 40%。二氧化碳进入大气层后浓度快速在全球范围内实现均等化,其寿命可以维持几百年之久,这导致了全球范围内持续性的气温升高。而海洋已经吸收了大约 30% 的人为二氧化碳排放,这又造成了海洋酸化。

不可否认,全球变暖是一个已经发生的客观事实,其中人类活动是导致这一现象的主要原因。工业革命后,经济活动和人口增长推动了人为温室气体排放的上升,温室气体浓度提高影响了整个气候系统。全球气候变暖问题也进一步加剧了气候系统不稳定性,给自然系统和人类系统带来了影响,造成极端天气事件频发,其强度也发生了明显变化。据 IPCC 的观测,20 世纪中叶以来,全球范围内极端暖事件增多,极端冷事件减少;高温热浪发生的频率更高,时间更长;陆地上的强降水时间增加;欧洲南部和非洲西部的干旱强度变得更强、持续时间更久;热带气旋强度持续增加。2020年,新冠肺炎全球大流行,全球频发的气候事件为疫情防控蒙上更深的阴影,厄尔尼诺与拉尼娜事件相继发生,日本7月遭遇"暴力梅雨",美国西部极端高温导致的山火面积史无前例,西伯利亚东北部6月观测到38℃的高温天气。气候问题一直威胁着人类生命安全、全球的生态系统以及社会经济发展,而气候系统不稳定加剧了这种威胁。世界气象组织发布的《2020年气候服务状况报告》中指出,在1970—2919年间,天气、气候和水相关的灾害占全球灾害的79%,造成了约200万人死亡和3.6万亿美元的经济损失;2010—2019年发生的自然灾害比前十年增加了9%,而与1991—2000年相比则增加了14%。目前,IPCC正在进行第六次评估报告的审核与评估,按照计划将于2022年公布,我们应对此报告高度关注,全面了解全球气候变化新进展,为更好应对气候变化做充足准备。

从全球尺度来看,气候危机是人类面临的共同挑战。气候变化与人类的活动息息相关,温室气体继续排放将会造成全球气候继续增暖,并导致气候系统所有组成部分发生变化。尽管存在一定的不确定性,但总体而言,未来中长期全球气候变化将呈现持续变暖趋势。如果按照目前的升温趋势,到2100年全球表面平均温度相比工业化前将升高约2.1℃—3.5℃,远高于2015年各国签署的《巴黎协定》中设定的1.5℃—2℃目标。[①] 随着全球平均温度继续上升,北极地区气候变暖速度将高于全球平均水平,陆地平均变暖幅度将大于海洋;中纬度大部分陆地地区和湿润的热带地区的极端降水事件很可能强度加大、频率增高;热量将从海面输送到深海,导致海洋温度升高并影响海洋环流;海平面仍会持续上升;北极冰盖面积将继续缩小,全球冰川体积减小,冻土范围将缩减。IPCC于2018年发布《IPCC全球升温1.5℃特别报告》,评估了

---

① IPCC, Climate Change 2021: The Physical Science Basis, https://www.ipcc.ch/report/sixth-assessment-report-working-group-i/.

全球温度升高 1.5℃ 与 2℃ 的气候影响,以及可能的减排路径。该报告强调了气候行动的紧迫性,并向国际社会传递清晰的信号,气候行动迫在眉睫,敦促各国政府在气候治理上加快行动,否则将威胁全人类的生存和发展,也将给世界经济带来更大损害。

根据《巴黎协定》,目前各国达成的协议即便所有承诺都得以兑现,全球气温仍有可能上升 3.2℃,从而带来更广泛、更具破坏性的气候影响。全球的整体减排力度须在现有水平上至少提升 5 倍,才能在未来 10 年中达成 1.5℃ 温控目标所要求的碳减排量[①]。从产量角度来看,世界需要每年减少 6% 的产量才能将全球变暖幅度控制在 1.5°C 以内。如表 12.1 所示,联合国环境署的评估中,从 2016—2020 年,世界的减排缺口进一步扩大,这意味着各国的减排力度低于排放增加的量。目前来看,化石能源的"减排缺口"仍然很大,各国计划在 2030 年生产的化石燃料总量比实现 1.5°C 温控目标所限定的生产水平高出一倍以上。[②]

表 12.1　不同情景和年份下全球温室气体排放与 2030 年的排放缺口

年份	2℃温控目标下的减排差距（$GtCO_2$）		1.5℃温控目标下的减排差距（$GtCO_2$）	
	有条件的国家自主贡献	无条件的国家自主贡献	有条件的国家自主贡献	无条件的国家自主贡献
2016	12	14	15	17
2017	11	13.5	16	19
2018	13	15	29	32
2019	12	15	29	32
2020	12	15	29	32

资料来源:UNEP,*Emissions Gao Report* 2016—2019。

---

①　UNEP, *Emissions Gao Report 2019*, https://www.unep.org/resources/emissions-gap-report-2019.

②　UNEP,*Emissions Gao Report 2020*,https://www.unep.org/emissions-gap-report-2020.

气候危机给资源型经济的发展带来巨大挑战,既直接影响资源开采活动,又间接影响资源经济的长远发展。在气候危机的背景下,为了达到1.5℃的温控目标,全球目前已有137个国家提出了碳中和目标,即实现净零排放。经研究表明,取代化石能源、实现能源转型是实现碳中和目标的重要路径。长期来看,全球市场未来极大可能会减少对化石能源以及相关产品的需求,寻找新的可替代绿色产品,这将会打击资源型经济产品的出口与销售,从而影响资源型经济的就业、税收等方方面面。除此以外,资源型经济的发展往往依赖于气候高敏的行业,其中包括采矿业、石油开采业等。例如,采矿业的大批项目位于环境恶劣的地方,其工人的作业环境受强降雨、泥石流、高温天气等极端天气的影响大,因此,气候变化可能会直接提高采矿业作业的物理难度。因此,在碳中和目标的背景下,资源型经济的转型不可避免。促进资源型经济加快转型步伐是减缓气候变化的重要任务之一,与此同时,我们也应思考如何使资源型经济发展兼具包容性,以更好应对转型阵痛。

第二节　全球减缓气候变化的机制

气候变化将是人类21世纪面临的最大挑战。气候变化的未来后果非常不确定,未来可能发生的气候损害规模至今还不得而知,减缓气候变化行动刻不容缓。各国政府正在通过建立减缓气候变化的体制机制来应对未来的气候风险。减缓气候变化是指通过减少人为温室气体排放或增加对温室气体的吸收,以稳定大气中温室气体浓度,进而降低气候变暖幅度。目前,我们熟知的减少温室气体排放的主要途径有提高能源利用率、推动化石能源向清洁能源转型、发展低碳经济、利用碳捕捉和储存技术等;增加碳汇的主要途径有加强森林保育工作,通过植树造林,扩大森林现有面积。本节概括了在全球尺度上,各国为了减缓气候变化达成的三大重要合作机制。

一、《联合国气候变化框架公约》

1992 年 5 月 9 日,《联合国气候变化框架公约》(以下简称《公约》)正式通过,于 1994 年 3 月 21 日正式生效。① 《公约》是世界上第一部应对气候变化的国际公约,构建了全球气候治理的基本框架。目前,国际社会以《公约》历次会议成果为基础,以国家层面政策为支撑,形成了共同应对气候变化的机制。《公约》的总目标是希望将大气中温室气体的浓度稳定在一定水平,以防止人为干扰地球气候系统,在这种水平下应足以使生态系统自然适应气候变化的情况,从而确保粮食生产不受威胁以及经济可持续发展。② 截至今日,加入该公约的缔约国共有 197 个。它的最高决策机构,即缔约方会议(the Conference of the Parties,COP)每年召开,以评估应对气候变化的最新进展以及展开新的气候谈判。

《公约》考虑到了各个国家的发展阶段不同,确立了"公平但有区别"的原则,鼓励发达国家优先减排,应对气候变化。其中,《公约》的第四条特别提及了各个缔约方在履行各项承诺时要考虑给其他缔约方带来的不利影响,尤其是"其经济高度依赖于矿物燃料和相关的能源密集产品的生产、加工和出口所带来的收入,和/或高度依赖于这种燃料和产品的消费,和/或高度依赖于矿物燃料的使用,而改用其他燃料又非常困难的那些缔约方"③。《公约》考虑到了资源密集型国家转型难度,给予了一定的优待政策,但这些条款在各个国家具体政策落实的时候是否起到有效作用仍待观察。

---

① 《联合国气候变化框架公约》,见 https://www.un.org/zh/documents/treaty/files/A-AC.237-18(PARTII)-ADD.1.shtml。

② World Health Organization,United Nations Framework Convention on Climate Change(UNFCCC),https://www.who.int/globalchange/climate/unfccc/en/.

③ 《联合国气候变化框架公约》,见 https://www.un.org/zh/documents/treaty/files/A-AC.237-18(PARTII)-ADD.1.shtml。

二、《京都议定书》

《京都议定书》于 1997 年正式通过,是世界上第一个具有法律约束力的温室气体减排协议。《京都议定书》是一个"自上而下"的气候治理模式,仅对发达国家施加排放限制,发展中国家并没有成为治理主体。《京都议定书》对发达国家下达了强制减排的任务,其中包含了两个承诺期:第一承诺期(2008—2012 年),发达国家承诺降低排放量,降到比 1990 年排放量平均低 5% 的水平;第二承诺期(2013—2020 年),缔约方承诺降低排放量,降到比 1990 年排放量至少低 18% 的水平。①

该议定书为其缔约方提供了三种基于市场的机制以实现其目标:(1)国际排放交易,《京都议定书》第 17 条规定的排放交易允许拥有多余排放单位的国家向超出排放目标的国家出售这种过剩配额。(2)清洁发展机制,如《京都议定书》第 12 条所定义,允许缔约国在发展中国家实施减排项目。此类项目可以获得可销售的认证减排信用,每个信用相当于 1 吨二氧化碳,可计入实现京都目标。(3)联合执行,即《京都议定书》第 6 条定义的联合执行机制,允许根据《京都议定书》作出减排或限制承诺的国家通过项目合作获得另一缔约方的减排量,这可以算作实现其京都目标。

三、《巴黎协定》

2015 年 12 月 12 日,在巴黎召开的《联合国气候变化框架公约》第 21 次缔约方会议(COP21)上《巴黎协定》(*The Paris Agreement*)获得通过②。截至

---

① 《京都议定书》,见 https://unfccc.int/resource/docs/convkp/kpchinese.pdf。
② United Nations Climate Change, Paris Agreements, https://unfccc.int/process-and-meetings/the-paris-agreement/the-paris-agreement。

2021 年,国际上有 195 个国家签署了《巴黎协定》①。《巴黎协定》的长期目标是使全球平均温度的上升幅度保持在比工业化前水平高 2°C 以下;并努力将温度升高限制在 1.5°C 以内,这将大大降低气候变化给人类带来的风险和影响。《巴黎协定》所确立的全球气候治理模式、运行规则、参与主体、减排路径等与《联合国气候变化框架公约》和《京都议定书》时代有所不同。根据《巴黎协定》,每个缔约方必须确定减排的计划,并定期报告其为全球变暖所做的贡献,以"自主贡献+全球盘点"的方式实现温控目标②,这与之前《京都议定书》有所区别,减排目标不再是强制任务而是国家自主决定的,全球气候治理方式由"自上而下"向"自下而上"转变,标志着全球气候治理进入了新的发展阶段。《巴黎协定》的制定周期为 5 年,要求缔约国采取富有雄心的气候行动,到 2020 年,各国将提交其国家自主贡献(Nationally Determined Contributions,NDCs)的气候行动计划。《巴黎协定》第 3 条也提出,国家自主贡献要体现有力度的努力,且努力将随着时间的推移而逐渐增加。为了弥补自主减排目标的不足,《巴黎协定》构建了"各国提交国家自主贡献——全球行动盘点——提高行动力度——各国再次提交国家自主贡献"的约束目标实现路径,说明各国的"自主贡献目标"只能增强,不能倒退,存在"棘轮机制"。

在减缓气候变化方面,《巴黎协定》提出了减缓气候变化的路径,要求全球温室气体排放尽快达到峰值,21 世纪下半叶在排放量与清除量之间实现一种平衡。《巴黎协定》第 6 条概述了各方在实现其国家确定的碳减排量方面可以采取的合作方法。通过这样做,它有助于将《巴黎协定》确立为全球碳市

---

① United Nations Treaty Collection, Paris Agreement, https://treaties. un. org/pages/ViewDetails.aspx? src=TREATY&mtdsg_no=XXVII-7-d&chapter=27&clang=_en.

② 巢清尘、张永香、高翔等:《巴黎协定——全球气候治理的新起点》,《气候变化研究进展》2016 年第 12 期。

场的框架。并提出建立一种可持续发展机制(Sustainable Development Mecha-nism,SDM),有助于减少温室气体并支持可持续发展。[①] SDM 被认为是清洁发展机制的继任者,通过该机制,各方可以合作实现其国家自主贡献的减排目标。可持续发展机制的双重任务:一是促进全球温室气体减排;二是支持可持续发展。尽管 2019 年有关《巴黎协定》第 6 条的谈判并没有成功,但为未来的全球气候治理提供了新的参考。

第三节　主要国家减缓气候变化的政策

随着气候变化的日益严重,各国就气候治理问题展开了全球范围的多轮磋商与谈判,从《联合国气候变化框架公约》到《巴黎协定》,全面的、有效的国际气候治理体系基本形成。在国际气候治理框架下,各国的减排政策和自主贡献度显得愈发重要。本节重点介绍了全球气候治理的三大主要参与者——欧盟、美国以及中国相关的减缓气候变化政策。

一、欧盟

欧盟在应对气候变化的行动中处于国际社会领先的地位,一方面积极推动国际上的气候谈判,另一方面在该区域内部的节能减排立法、低碳政策和相关新技术的发展等方面取得了不凡的成效,获得了国际社会的一致认可。欧盟减缓气候变化的政策主要有《欧洲气候变化计划》《气候能源—揽子计划》和《欧洲绿色协议》。

2000 年 6 月,欧盟委员会通过了《欧洲气候变化计划》(*European Climate Change Program*,ECCP),用来确定可以在欧洲范围内采取的最环保、最具经

① United Nations/ Framework Convention on Climate Change(2015)Adoption of the Paris A-greement,21st Conference of the Parties,Paris:United Nations.

济效益的政策和措施来减少温室气体排放,努力实现《京都议定书》确定的相关减排目标。其中,欧盟排放权交易系统(ETS)是 ECCP 最为显著的贡献。欧盟 ETS 于 2005 年 1 月 1 日正式启动,是世界上第一个主要的碳市场,并且仍然是全球最大的碳市场。[①] 它是欧盟应对气候变化政策的基石,也是其以经济有效的方式减少温室气体排放的关键工具。欧盟 ETS 在欧盟所有国家以及冰岛、列支敦士登和挪威实施,限制在这些国家之间运营的超过 11000 个重型耗能设备(发电站和工厂)以及航空公司的排放,整体覆盖了欧盟约 40% 的温室气体排放量。事实证明,欧盟排放权交易系统是有效降低成本的有效手段。在 2005 年至 2019 年之间,碳排放交易体系涵盖的设施的排放量下降了约 35%。[②]《气候能源一揽子计划》(*2020 Climate & Energy Package*)于 2007 年由欧盟领导人设定,在 2009 年正式通过了立法。[③] 其主要承诺了采取"20—20—20"的气候行动,主要包括以下三个方面:温室气体排放减少 20%;欧盟可再生能源消费占比达 20%;能源效率提高 20%。2019 年 12 月,欧盟委员会提出了《欧洲绿色协议》(*European Green Deal*),这是一项雄心勃勃的气候政策计划。它的总目标是使欧盟在 2050 年实现碳中和,成为世界上第一个"气候中和集团",并致力于从根源上实现欧洲经济和消费模式的转变。根据《欧洲绿色协议》,欧盟委员会在 2020 年 9 月提出,到 2030 年将欧盟的温室气体减排目标提高到至少 50% 到 55%[④]。目前,欧盟的所有部门中减排最快的是电力部门。在 1990 年至 2019 年间,该部门的排放量减少了 44%。煤炭已

---

① European Commission, Energy, Climate change, Environment, Climate Action, EU Action, EU Emissions Trading System(EU ETS), https://ec.europa.eu/clima/policies/ets_en.

② European Commission, Energy, Climate change, Environment, Climate Action, EU Action, EU Emissions Trading System(EU ETS), https://ec.europa.eu/clima/policies/ets_en.

③ European Commission, Energy, Climate change, Environment, Climate Action, EU Action, Climate strategies & targets, 2020 climate & energy package, https://ec.europa.eu/clima/policies/strategies/2020_en.

④ European Commission, Energy, Climate change, Environment, Climate Action, EU Action, EU Climate Action & Green Deal, https://ec.europa.eu/clima/policies/eu-climate-action_en.

越来越多地由可再生能源替代。2019 年,可再生能源在欧盟发电中的份额提高了 1.8 个百分点,达到 34.6%。同时,欧盟 27 国和英国的煤炭在发电中的份额下降到 14.6%,比 2018 年减少近 4.4%。随着瑞典和奥地利在 4 月成为无煤国家,煤炭的份额将在 2020 年继续下降。西班牙已经关闭了七个燃煤电厂,这些电厂的总装机容量几乎占欧盟总装机容量的一半。①

通过减少对新的化石燃料基础设施的投资和减少对现有基础设施的维护工作,欧盟石油和天然气进口量的下降是一个必然趋势。考虑到欧洲经济的规模,欧盟气候行动可能对全球能源市场产生不小的影响。目前,原油是欧盟迄今为止最大的进口能源产品,欧洲也是仅次于亚太地区的全球第二大石油净进口国,在 2020 年上半年所占份额达 69%,其次是天然气,占比 16%。② 其中,俄罗斯是欧盟最大的原油、天然气和固体化石燃料供应国。就天然气而言,在 2030 年的时间范围内,欧洲主要能源供应国俄罗斯可能会受益于《欧洲绿色协议》,因为天然气作为替代煤炭的过渡燃料,意味着欧洲天然气进口可能会有所增加。同样值得关注的是,电气化是实现《欧洲绿色协议》的主要驱动力之一。为了满足其对可再生能源不断增长的需求,欧洲的绿色电力和绿色氢贸易可能会激增。欧洲在未来几十年可能会依赖从邻近地区进口的太阳能和风能。

二、美国

美国作为世界上最大的温室气体排放国之一,在全球气候治理中的角色也是举足轻重的。美国在生态环境、社会经济和国家安全三个维度上面临着

---

① Climate Action Tracker, EU, https://climateactiontracker.org/countries/eu/.

② Eurostat Statistics Explained, EU imports of energy products-recent developments, https://ec. europa.eu/eurostat/statistics-explained/index.php/EU_imports_of_energy_products_-_recent_developments.

较大的"气候脆弱性"①,但在全球的气候行动中却时常缺位,其在气候国际合作上的领导力尚未凸显。这主要是因为,美国气候政策理念具有明显的两党属性,政策随政府更替表现出不稳定性和非连续性。同时,各个利益集团在现存政治体制之内通过政治程序对政府机构施加影响。经济成本考量、国内结构制约和现实减排困境也构成了影响美国气候政策的主要因素。

早在老布什政府时期,气候问题在全球已经引起了国际社会的广泛关注。然而,当时美国正在与苏联进行"冷战",面对复杂的国际环境,老布什政府并没有在气候问题上做过多的关注,并且由于当时气候科学仍然处于发展初期,科学界众说纷纭,缺乏令人信服的相关证据和结论。尽管在国际气候会议上,老布什政府表现出积极态度并迅速签署了《联合国气候变化框架公约》,但在谈判过程中,考虑到本国的经济利益,美国政府反对加入明确的减排目标,从而导致《公约》缺少具有约束性的目标。

1993 年克林顿当政后不久,于同年 10 月公布了《气候变化行动方案》(*The Climate Change Action Plan*),其中克林顿政府承认人类活动带来的气候灾难,认可了全球气候变暖的观点,并承诺了 2000 年把美国温室气体排放量减少到 1990 年的水平。在国际气候谈判上,克林顿政府改为支持建立具有约束力的减排目标,由于美国立场的转变极大地推动了全球气候谈判的进程,最终促成了《京都议定书》的达成与签署。尽管如此,克林顿政府在气候行动的执行力上并不高,他签署的《京都议定书》甚至没有提交给参议院批准。

小布什政府时期的气候政策经历了由漠视到应对的一系列调整②,由最开始奉行单边主义的气候政策到执政后期认可国际的减排合作,但整体而言并没有采取实际的减排行动。2001 年,小布什总统以担忧美国的经济发

---

① 马建英:《美国的气候治理政策及其困境》,《美国研究》2013 年第 4 期。
② 王维、周睿:《美国气候政策的演进及其析因》,《国际观察》2010 年第 5 期。

展为理由宣布美国将不执行《京都议定书》。但在第二任期，小布什政府在国际社会日益加快的气候谈判议程以及社会舆论的双重压力下，一改往日单边应对气候变化的态度，表达了重新加入国际气候合作的意愿。在2008年，小布什总统在一次讲话中表明，美国将在2025年遏止温室气体持续增长的趋势。

奥巴马政府在应对气候问题上采取了更为积极主动的态度。当选后不久，奥巴马宣布将全面的气候和能源法案作为他的最高立法优先事项。之后，美国众议院于2009年6月投票通过了《2009年美国清洁能源与安全法案》(ACESA)①，该能源法案旨在减缓全球变暖并减少污染，通过对美国大型温室气体排放源(发电厂、制造业设施和炼油厂)设置逐年下降的排放总量限额，并要求这些排放源到2050年减少到相当于2005年温室气体排放水平的83%。② 2014年11月，奥巴马政府宣布了美国同意在2025年之前将其排放量减少26%至28%的目标。2015年8月，奥巴马总统和美国环境保护署(EPA)共同制定了《清洁能源计划》，旨在减少美国发电厂的碳排放，并给每个州分配单独的目标，预计到2030年全美发电产生的二氧化碳排放量与2005年的水平相比将减少32%。③ 2016年，在奥巴马政府的带领下美国正式加入《巴黎协定》，并承诺2025年将温室气体减排26%至28%的目标。

特朗普政府时期美国在气候政策上重返了单边主义，否认气候变化的科学性，将全球变暖描述为"骗局"，并主张美国优先开采本土的化石燃料资源

---

① Center For Climate and Anergy Solutions，US Federal，Congress，Congress Climate History，https://www.c2es.org/content/congress-climate-history/.

② Congress.gov，Legislation，111th Congress，H. R. 2454-American Clean Energy and Security Act of 2009，https://www.congress.gov/bill/111th-congress/house-bill/2454.

③ The white house president Barack Obama，Climate change and president Obama's action plan，https://obamawhitehouse.archives.gov/president-obama-climate-action-plan.

以保障其能源独立性。特朗普担任总统的第一天,白宫网站宣布将取消奥巴马的《气候行动计划》,称该计划"有害且不必要"①。2017 年 3 月,特朗普签署了一项行政命令,正式宣布取消奥巴马的《清洁能源计划》,以重振煤炭行业。在特朗普执政期间,美国与气候环境相关政策已经回滚了 98 项②,推翻了奥巴马时代在气候政策上取得的各项成果,包括取消针对发电厂等高排放行业的碳污染限制。

2021 年 1 月,拜登上台后迅速履行了他在竞选时的承诺,将应对气候危机纳入优先事项,并将气候政策提高到关系美国外交政策和国家安全的战略高度,基本回归了奥巴马时期的减少碳排放的气候政策。宣誓就职仅几个小时,拜登即刻启动了一项为期 30 天的重新签约《巴黎协定》的程序,2021 年 2 月 19 日,美国正式重返《巴黎协定》。与此同时,拜登政府公布了雄心勃勃的应对气候变化政策,计划美国未来投入 2 万亿美元用于清洁能源,目标是到 2035 年实现电力部门无碳污染,在 2050 年实现美国的碳净零排放③,并在白宫内部设立了内部气候政策办公室,联合联邦机构的领导人建立了美国气候特别工作组负责协调美国的气候议程。然而,未来拜登政府能否履行相关承诺,仍然取决于拜登政府和美国内部诸多利益集团的博弈。

从美国政府的气候政策演变中,我们不难发现由于过于分散的分权体制以及两党的轮流执政,美国在应对气候问题上缺乏一致性和连贯性。美国的

---

① *An America First Energy Plan*, https://trumpwhitehouse.archives.gov/issues/energy-environment/.

② Popovich, Nadja, Albeck - Ripka, Livia, Pierre - Louis, Kendra, "The Trump Administration Rolled Back More Than 100 Environmental Rules. Here´s the Full List", *The New York Times*, 2019, https://www.nytimes.com/interactive/2020/climate/trump-environment-rollbacks-list.html.

③ The White House, FACT SHEET: President Biden Takes Executive Actions to Tackle the Climate Crisis at Home and Abroad, Create Jobs, and Restore Scientific Integrity Across Federal Government, https://www.whitehouse.gov/briefing-room/statements-releases/2021/01/27/fact-sheet-president-biden-takes-executive-actions-to-tackle-the-climate-crisis-at-home-and-abroad-create-jobs-and-restore-scientific-integrity-across-federal-government/.

民主党和共和党在气候政策上的争执根源于两党在执政理念上的分歧。民主党的核心执政理念是自由主义,支持改革变革,主张大政府,换句话说,政府有权干预经济和社会分配;相反,共和党则更为保守,主张小政府,认为个体的权利高于公共利益,反对政府过度监管。全球气候属于一种公有资源,两党在对公共物品上态度的差异决定了气候政策上的区别。在气候治理政策上,民主党认为政府应对气候资源进行合理的调配,而共和党依然保持"无为而治"的做法,认为政府无须干预资本主义市场经济以应对气候变化。因此,尽管目前拜登政府设定的美国气候政策目标是雄心勃勃的,但其实现不仅需要国会的支持,而且需要大规模的资金在新能源领域进行持续的投资,以及可靠的减排计划。在美国深陷疫情蔓延、高额赤字、经济泡沫、社会动荡等诸多棘手问题时,拜登政府的新能源气候政策前景仍有待观望。

表 12.2　美国各届政府(1989 年以来)与气候政策变化

序号	政府任期	时任总统	党派	采取的气候政策行动
1	1989.1—1993.1	乔治·H.W.布什	共和党	签署《联合国气候变化框架公约》
2	1993.1—2001.1	比尔·克林顿	民主党	签订《京都议定书》
3	2001.1—2009.1	乔治·沃克·布什	共和党	退出《京都议定书》
4	2009.1—2017.1	贝拉克·奥巴马	民主党	签署《巴黎协定》,颁布《清洁能源计划》
5	2017.1—2021.1	唐纳德·特朗普	共和党	退出《巴黎协定》
6	2021.1 至今	乔·拜登	民主党	重返《巴黎协定》

三、中国

中国是世界上最大的温室气体排放国和第二大经济体,中国的气候政策和气候行动在国际上有着举足轻重的地位。最近,中国在国际气候谈判上更为积极发声,主动承诺减排目标,谋求国际气候合作,在全球应对气候变化的行动中起到了越来越重要的作用。中国在气候政策上的立场主要分为以下三个阶段:

第一阶段《联合国气候变化框架公约》及《京都议定书》时代（1990—2009年），中国是全球气候治理的参与者。在《联合国气候变化框架公约》谈判中，受制于当时的资金、技术、国际地位等现实条件，中国政府在气候谈判中处于被动地位，并没有主动提出减排路径，但在《联合国气候变化框架公约》的签署和批准方面，中国表现得较为积极，是安理会五大常任理事国中最先签署《联合国气候变化框架公约》的国家。尽管中国一直全程参与国际气候变化谈判进程，但在这一阶段中国始终反对发展中国家的"自愿减排承诺"，并表明在达到中等发达国家水平之前中国不可能承担减排义务。

第二阶段后哥本哈根时代（2010—2019年），中国是全球气候治理的积极贡献者。哥本哈根峰会后，中国在国际气候治理中的立场从被动应付转变到主动出击，公开承诺定量的排放控制目标，并提出设立中国气候变化南南合作基金。中国在本国气候议程设定与行动上的力度也在加强。在气候能源领域，中国在哥本哈根峰会后也出台了一系列政策：第一，在节能与能效方面，"十二五"规划纳入了不少基于市场主导的措施；制定了优先管控大型高污染、高能耗企业的"抓大放小"节能减排工作方针；进行产业结构调整。第二，在可再生能源方面，"十二五"规划将可再生能源列为战略新兴产业，中国改变了对光伏反倾销裁决案的应对方式，光伏集中式和分布式利用的最大制度障碍逐渐消失。第三，在碳市场方面，一系列试点省市、制度规则为2017年全面启动全国碳排放权交易体系奠定了基础。第四，在适应气候变化方面，这一议题进入中国主流政策讨论，气候适应工作也成为不少地方气候变化立法的重点，但仍需要将气候风险评估系统融入发展规划。第五，在污染治理促生减排目标方面，国务院发布了《大气污染防治行动计划》，首次提出地方控煤目标；明确提出严格的用水总量控制。① 通过调整产业结构、优化能源结构、提

---

① 陈冀俍：《环境绿皮书：中国环境发展报告（2016—2017）》。

高能源效率和推进碳市场建设等一系列措施,2019 年中国碳强度比 2015 年下降 18.2%,比 2005 年下降 48.1%,相当于减少二氧化碳排放约 56.2 亿吨。

第三阶段双碳目标时代(2020 年至今),中国正在成为全球气候治理的引领者。近年来,在习近平总书记带领下,新阶段中国减少温室气体排放和推动绿色经济发展的决心和信心是有目共睹的。2020 年 9 月 22 日,习近平总书记在第七十五届联合国大会一般性辩论上,向全球宣布,"中国将提高国家自主贡献力度,采取更加有力的政策和措施,二氧化碳排放力争于 2030 年前达到峰值,努力争取 2060 年前实现碳中和"。2020 年 12 月,习近平总书记在气候雄心峰会上宣布中国进一步提高国家自主贡献目标:单位 GDP 二氧化碳排放比 2005 年下降 65%以上;非化石能源占一次能源消费比例达到 25%左右;森林蓄积比 2005 年增加 60 亿立方米;风电和太阳能装机容量达到 12 亿千瓦以上。新阶段,中国在缓解气候变化上的行动主要包括调整产业结构、节能提高能效、优化能源结构、控制非能源活动温室气体排放、增加碳汇、加强温室气体与大气污染物协同控制、低碳试点与地方行动。① 为了加快减排降碳进程,2021 年 7 月,全国碳市场全面启动,首批覆盖的电力行业的碳排放量超过 40 亿吨二氧化碳,这意味中国碳市场成为全球最大的碳排放权交易市场。

第四节　资源型经济的排放现状

对于资源型经济,学界有多种定义方式,不同学者的衡量指标也有较大差异。考虑到国家作为一个经济体更具代表性,我们将以资源丰裕国家来代表资源型经济。参考 2014 年世界银行《非洲可持续经济发展》报告,他们将资源丰裕国家定义为"在 2006—2011 年间国家的平均资源租金超过 GDP 的

---

① 生态环境部:《中国应对气候变化的政策与行动 2019 年度报告》,2019 年 11 月。

5%"。因此,我们将1970—2019年间的自然资源租金总额(不包括森林租金)对GDP的平均贡献比重超过5%的国家称之为资源丰裕国家。通过这个标准,我们基于世界银行1970—2019年的世界发展指标数据,筛选出了满足条件的49个国家,作为资源型经济的代表国家。表12.3列出了这49个不同资源丰裕程度的国家的自然资源租金(不包括森林租金)占GDP比重、年均碳排放总量、人均碳排放量以及GDP年均增长率。这些国家一般而言都有相当高的石油、天然气等化石能源储备量。排名第一的科威特石油储量居全球第四位,同时拥有丰富的天然气资源,其油气出口是国民经济的支柱。我们可以看到这些资源丰裕国家中,只有挪威是发达国家,其他均为发展中国家。

表 12.3　资源型经济代表国家

排名	国家	自然资源租金占GDP比重(%)	年均碳排放总量(千吨)	人均碳排放量(吨)	GDP年均增长率(%)
1	科威特	45.18	48688.40	23.87	4.57
2	土库曼斯坦	45.04	47490.00	9.81	5.60
3	阿曼	41.94	21616.42	8.83	5.47
4	利比亚	40.71	38768.15	8.38	5.31
5	沙特阿拉伯	40.37	274936.10	14.78	5.02
6	卡塔尔	39.66	35707.69	52.45	9.06
7	伊拉克	38.72	74473.41	3.44	7.54
8	南苏丹	32.00	1597.35	0.15	-4.93
9	刚果共和国	28.89	1385.11	0.51	3.56
10	文莱	27.82	6022.93	24.55	1.71
11	安哥拉	27.41	12467.80	0.74	3.68
12	也门共和国	25.34	9789.80	0.54	1.87
13	阿拉伯联合酋长国	24.76	86258.06	35.18	4.82
14	阿塞拜疆	24.33	34830.63	4.16	4.15
15	加蓬	22.94	5003.66	5.19	3.77
16	伊朗	22.62	309249.20	5.13	2.43

续表

排名	国家	自然资源租金占GDP比重(%)	年均碳排放总量(千吨)	人均碳排放量(吨)	GDP年均增长率(%)
17	巴布亚新几内亚	20.53	3005.54	0.55	3.57
18	阿尔及利亚	20.46	82022.60	2.92	3.62
19	东帝汶	20.15	279.67	0.25	4.53
20	赤道几内亚	19.62	2459.31	2.94	14.16
21	委内瑞拉	18.27	127423.90	5.96	2.40
22	哈萨克斯坦	18.15	194086.00	12.11	3.01
23	乌兹别克斯坦	16.51	113914.90	4.41	4.39
24	蒙古国	16.26	10727.15	4.60	4.78
25	叙利亚	16.09	36204.14	2.55	5.56
26	苏里南	15.47	1923.69	4.51	1.82
27	特立尼达和多巴哥	14.54	24723.77	19.86	2.96
28	尼日利亚	12.90	70411.94	0.66	3.94
29	俄罗斯	12.49	2444263.00	17.23	0.83
30	毛里塔尼亚	12.36	1360.54	0.56	2.84
31	赞比亚	11.17	3007.10	0.40	3.22
32	埃及	11.13	107981.10	1.60	5.24
33	圭亚那	10.42	1573.61	2.09	1.87
34	智利	9.77	44892.04	3.07	3.94
35	几内亚	8.91	1458.61	0.20	4.37
36	印度尼西亚	8.65	227920.40	1.09	5.56
37	厄瓜多尔	8.45	21568.20	1.83	3.79
38	巴林	7.37	15442.28	23.41	4.01
39	刚果民主共和国	7.34	2717.01	0.08	1.23
40	乍得	6.90	461.11	0.06	3.92
41	马来西亚	6.39	103264.20	4.44	6.28
42	秘鲁	6.23	29481.12	1.27	3.32
43	突尼斯	6.06	16049.60	1.79	4.42
44	玻利维亚	5.97	8930.55	1.10	3.30

续表

排名	国家	自然资源租金占GDP比重（%）	年均碳排放总量（千吨）	人均碳排放量（吨）	GDP年均增长率（%）
45	新喀里多尼亚	5.82	2363.89	12.57	3.86
46	挪威	5.71	39079.30	8.85	2.85
47	南非	5.17	339136.70	8.60	2.43
48	中国	5.11	3926679.00	3.16	9.03
49	越南	5.01	58769.06	0.75	6.47

资料来源：World Bank, World Development Indicators, 见 https://databank.shihang.org/。

由于化石能源开采和燃烧过程中产生大量的二氧化碳，依赖于相关行业的资源型经济的碳排放量有可能高于非资源型经济。为了探究资源型经济的碳排放总量是否如预想般高于其他国家，我们比较了这一组资源丰裕国家和其他国家的碳排放情况。图 12.1 将资源型经济与非资源型经济 1970—2016 年间的碳排放进行了对比。通过观察，我们可以清楚地看到资源型经济的平均碳排放总量一直高于非资源型经济，并且在 2000 年后资源型经济的碳排放总量开始大幅攀升，2010 年后平均碳排放总量接近 3.5 亿吨，而非资源型经济的二氧化碳排放量保持一个相对稳定的水平，2000 年开始非资源型经济的平均碳排放量在 1 亿吨左右，资源型经济和非资源型经济二者之间碳排放量的差距越来越大。同时，可以看到近年来，资源型经济的碳排放似有达峰的趋势。

我们将资源型经济与非资源型经济 1970—2016 年间的人均碳排放进行了对比，具体情况如图 12.2 所示。其中，资源型经济的人均碳排放显著高于非资源型经济的人均碳排放。无论是资源型经济还是非资源型经济的人均碳排放在 20 世纪 70 年代后都出现了明显的下降趋势，这可能是受到历史上两次石油危机的影响。1990 年后，资源型经济的人均碳排放开始呈现波动上升趋势，尽管有下降区间但能否保持仍待观察。而非资源型经济的人均碳排放则保持了一个较低的水平，保持平缓，呈下降趋势。

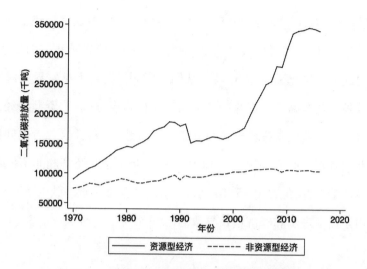

图 12.1　资源型经济与非资源型经济碳排放对比

注:实线代表 1970—2019 年全球自然资源租金(不包括森林租金)占 GDP 比重超过 5%的国家的二氧
　　化碳排放的平均值。虚线代表非资源丰裕国家的二氧化碳排放的平均值。

资料来源:World Bank,World Development Indicators,更新于:04/09/2020,https://databank.shihang.org/。

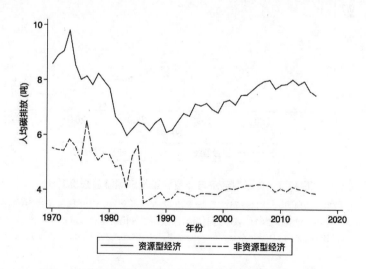

图 12.2　资源型经济与非资源型经济人均碳排放对比

注:实线代表 1970—2019 年全球自然资源租金(不包括森林租金)占 GDP 比重超过 5%的国家的人均
　　二氧化碳排放的平均值。虚线代表非资源丰裕国家的人均二氧化碳排放的平均值。

资料来源:World Bank,World Development Indicators,更新于:04/09/2020,https://databank.shihang.org/。

　　接着,我们对比了资源型经济和非资源型经济的碳强度趋势变化。碳强度是指单位 GDP 的二氧化碳排放量,即每单位的经济增长排放的二氧化碳,其计算公式是二氧化碳总量/GDP。从图 12.3 中,我们不难发现资源型经济的碳排放强度基本高于非资源型经济的碳排放强度,这表明资源型经济的经济增长带来的二氧化碳排放要显著高于非资源型经济,并且二者之间碳强度的差异并没有随着时间而减少。1970—1995 年资源型经济和非资源型经济的碳强度波动上升,但在 1995 年以后,二者的碳强度呈现一致的下降趋势,这可能是由于技术进步和经济增长导致的。

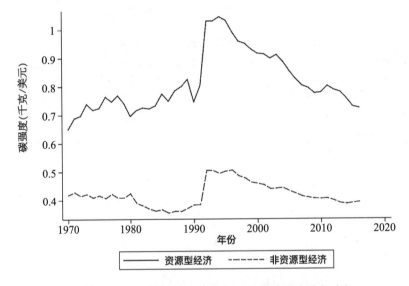

图 12.3　资源型经济与非资源型经济碳排放强度对比

注:实线代表 1970—2014 年全球自然资源租金(不包括森林租金)占 GDP 比重超过 5%的国家的二氧
　　化碳排放强度的平均值。虚线代表非资源丰裕国家的二氧化碳排放强度的平均值。
资料来源:World Bank,World Development Indicators,更新于:04/09/2020,https://databank.shihang.org/。

　　综上所述,从时间尺度上看,资源型经济的碳排放指标,无论是从碳排放总量、人均碳排放量还是碳强度来说,都高于非资源型经济,这意味着资源型经济相较于非资源型经济对气候变化应负的责任更大。从全球气候治理角度出发,研究如何控制并减少资源型经济的二氧化碳排放将会带来更大减排效益。

第五节 气候变化对资源型经济的影响

随着气候变化问题的日益严重,低碳发展已经成为全球共识,转向清洁的能源结构被认为是控制温室气体排放的重要手段。目前,世界能源结构正在发生快速转型,在最快转型情境下,到2040年石油占比将减少到22%,煤占比更是将减少到8%;与此同时,可再生能源占比将增加到33%[①],其中世界能源供应增量的一半将来自可再生能源。为了达成全球升温控制在1.5℃的目标,控制温室气体排放是在全球气候治理中核心关注的问题。对高度依赖矿物能源的国家来说,采取快速严苛的减排行动而又管理不当的话,可能对资源型经济的发展有较大的负面影响。

相比一般国家而言,资源型经济将面临更大的气候变化压力。气候变化导致的化石能源使用的限制,将深度改变全球能源贸易模式,从而对资源型地区的发展产生不对称的影响。有研究认为,在无碳捕集与封存技术的极端情境下,预计到2100年,化石燃料将逐步淘汰,导致目前中东和非洲的能源出口国变成能源进口国,与此同时北美和东欧国家变成能源出口国。同样的逻辑,能源效率的提升会对某些传统行业,特别是化石能源采掘业,产生不利影响。具体而言,气候变化对资源型经济的影响既有直接影响,又有间接影响,见图12.4。

气候变化对资源型经济的直接影响主要是因为资源行业属于气候变化敏感行业,气候变化带来的极端气候事件也必然对资源型经济产生严重影响。全球变暖以及极端天气事件可能会影响能源生产和传输。例如,采矿业的大批项目位于环境恶劣的边远地区,并且一般需要地下开采作业,其工人的作业

---

① BP:《BP 世界能源统计年鉴》,2018 年。

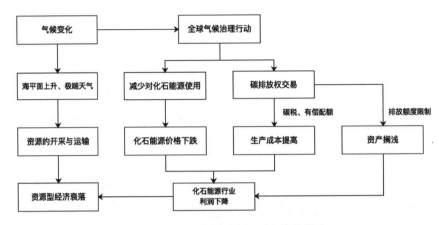

图 12.4 气候变化对资源型经济的影响

环境受强降雨、泥石流、高温天气等极端天气的影响较大,极端天气容易导致矿井的安全事故,如矿井塌方、洪水漫灌、瓦斯爆炸等,因此,气候变化会加大采矿业作业的难度和风险。除此以外,大量的石油和煤气管道分布在沿海地区,容易受到海平面升高的影响,若在纬度高的寒冷地带又易受到融化的永久冻土层的影响,因而气候变化会使得能源行业运输基础设施面临着风险。

气候变化对资源型经济的间接影响包括以下三个方面:

其一,气候变化使得人们开始关注气候治理,全球气候治理行动全面展开,而能源转型是控制温室气体排放的重要途径。长期来看,在能源转型的背景下,未来各国对化石能源的依赖程度逐渐减轻,对化石能源的需求量不断下降,世界能源价格下跌,客观上加速了资源经济的衰竭步伐。化石能源需求的减少和其价格下跌,对于依赖化石能源出口维持财政平衡的国家而言不得不面对的困境是财政收入的锐减,尤其是如果该国经济支柱产业是化石能源出口,那么全球化石能源价格的下跌将会对该国家的经济产生致命打击。

其二,气候变化使得集聚在资源型经济的资源密集型企业面临较大的减排压力,使其国际竞争力受损。全球目前有 21 个已经建立的碳排放交易系统,实施碳排放交易的司法管辖区占全球 GDP 的 42%①,与此同时,还有很多国家和地区已经在计划实施或者考虑实施建立碳排放交易体系,全球碳市场建立的趋势日趋明显。尽管目前大多数碳市场均会对资源密集型企业分配免费的排放配额,但当免费配额逐渐降低甚至取消的时候,资源密集型企业的生产成本将大大增加。欧盟计划设立"碳边境调节机制"(CBAM),这使得即便处于碳排放交易系统以外的资源型企业若要出口高碳排放的商品给欧盟国家仍将承担高额的碳关税。

其三,全球低碳经济转型可能会给资源型经济带来搁浅资产的风险。搁浅资产主要指的是由于市场环境的变化前期投资的资产无法产生预期的经济回报。由于碳排放额度的限制,有些化石燃料可能无法被燃烧和使用,这会导致资源型经济难以收回前期为了开采化石燃料进行的大额投资,或者是前期投资的化石能源商品失去持续获得盈利的能力,从而造成资产搁浅。

资源型经济自身具有的产业结构单一、资源枯竭和生态环境恶化等顽疾,使得气候变化很可能把资源型经济拖入新的"资源诅咒"困境,不仅使其失去减缓气候变化的能力,也使其可持续发展面临重大的挑战,陷入减缓气候变化和可持续发展"双输"困局的风险日益增加。

第六节　资源型经济的应对策略

气候变化是全球共同面对的严峻考验。随着极端高温天气、干旱、洪灾、飓风等灾害性天气频发,人们对气候变化的关注度不断提高,国际社会应对气候变化行动也在加速。如何在应对气候变化行动中实现资源型经济可持续发

---

① 国际碳行动伙伴组织(ICAP):《全球碳市场进展 2020 年度报告》,2020 年。

展,这对于资源型经济是一项极大的挑战。本节将就资源型经济的应对策略进行探讨与分析。

第一,在国家层面,制定资源型经济中长期的可持续发展战略。改变产业结构可以增强资源型城市的可持续发展能力,但是在短期内仅仅通过转变产业结构来实现碳减排并不现实。因此,政府需要聚焦于资源型经济的中长期发展战略,探索出一种在减缓气候变化和实现可持续发展之间的协同机制,并实现与既有政策体系的相容性。就中国而言,中国已经将应对气候变化纳入国家中长期战略,并向世界承诺:2030 年,单位国内生产总值 CO_2 排放比 2005年下降 60%—65%;CO_2 排放在 2030 年左右达到峰值并争取尽早达峰。据测算,在正常达峰情景下,2030 年 126 个资源型城市将以 72.65 亿吨的 CO_2 排放量达峰,约占当年全国 CO_2 排放总量的 60%,显然,以资源型行业为主的资源型城市的减排努力是中国实现国家自主贡献目标的关键所在之一。中国资源型城市既是基础能源和重要原材料的供应地,也是我国区域经济的重要组成部分,其总数占全国城市总数的 18%,涉及人口 1.54 亿人。倘若采用一刀切的减排政策可能会导致资源型经济的停摆,从而影响当地经济的可持续发展和导致大批当地居民失业问题。首先,国家应在资源型经济转型上发挥导向作用,制定可持续发展中长期战略,并敦促地方政府协调实施具体的政策措施,引导资源型经济减排降碳与可持续发展协同。其次,国家提供资金扶持,给予资源型城市的转型和环境整治项目相应的财政拨款、税收优惠、投资补贴、环保资助等政策,促进传统产业转型升级。

第二,在城市层面,加快产业结构多元化发展。大多数资源型城市面临的困境是产业结构单一,经济发展长期依赖资源开发。一旦资源产业的发展受到全球气候行动的限制,资源型城市极易受到致命的打击。在"3060"双碳目标下,中国的资源型城市转型迫在眉睫。尽管短期内难以达成目标,但产业结构多元化发展是有效解决当地可持续发展问题的根本方法。因此,资源型城市应当加快产业结构调整和经济转型步伐,努力摆脱资源依赖,因地制宜发挥区域优势,大力寻求新的经济增长点,尽快发展接续产业,寻找绿色支柱产业,促进产业结构多元化发展。例如,提前布局清洁能源资产,为城市低碳转型做好准备。同时,培训传统行业的工人使其能够应对新的工作岗位。

第三,在行业层面,推动企业适应性战略转型。传统行业由于其高排放、高耗能的特性在全球气候治理行动中承担着巨大减排压力,而在全球减排力度越来越大的趋势下,部分传统行业的企业面临着关闭、停办、合并、转产的风险。因此,对于传统行业,推动企业进行气候变化适应性战略转型是迫切的转型需求。首先,传统行业应促进产业链向深度和广度延伸,提高产品附加值。比如,我们熟知的石油行业,可以从只生产石油燃料,延伸到生产橡胶轮胎、尼龙制品、塑料制品等高附加值产品。对于我国来说,因为我国缺油少气的能源结构,煤炭成为我国能源消费的重要组成部分,现代煤化工行业存在能源利用率低、碳排放规模大等问题。面对"3060"双碳目标,适度的发展现代煤化工产业是减少碳排放、促进能源转型的一个重要举措,也给传统煤炭行业留下了一定转型缓冲期。同时,企业要提高技术创新能力,增强企业的核心竞争力。由于资源型经济本身的特点,在发展初期,资源丰富国家往往直接利用丰富的自然资源的出口换取高额收益,从而极易忽视对创新技术的投资与发展。创新能力既是提高产品附加值的关键,也是促进经济可持续增长的重要因素。因此,资源型经济要加大对科技创新的投资力度。对于一些极度贫困又依赖资源出口的不发达国家,应主动寻求国际社会的帮助与支持,并制定和完善引进外资和技术的制度与法律法规,打造合规和开放的投资环境,促成国际合作,共同协商减排路径。

总而言之,在气候变化日益严重背景下,破解资源型经济可持续发展的实践难题,建立起具有气候韧性的发展路径,是我们现阶段全球气候治理行动的重要目标。资源型经济的可持续发展有助于实现从减缓气候变化和可持续发展可能出现的"双输"困局到"双赢"局面的转变。

第十三章　资源收益管理的国际经验

第一节　国际经验概述

根据永久收入假说,消费水平取决于永久性收入,而不是暂时性收入。由于资源价格经常出现波动,资源产量也不可能永久维持在高水平,因此,资源收益很难带来消费的永久性增加,更不可能持续地推动经济增长。所以,根据永久收入假说或者所谓的"一鸟在手"原则,资源型发展中国家应该建立主权财富基金,通过购买国外资产,以基金的形式将资源收益转化为永久的、可持续的金融资产。这样做的优势在于,一方面,平滑资源收益波动给经济增长带来的影响;另一方面,让资源收益远离权力和政治中心,提高其利用效率。从实践来看,美国的阿拉斯加州、挪威、博茨瓦纳等国家或者地区成功地逃离了自然资源的诅咒,而这些国家或地区的共同特征是建立了主权财富基金,将资源收益转为可以带来永久性收入的金融资产。例如,阿拉斯加的永久基金、挪威的石油基金、博茨瓦纳的政府储蓄。此外,除了跨代基金,也应该建立流动基金,在一定程度上规避资源价格的易变性,从而降低经济成本和政治风险。

有些学者提出反对意见,他们认为在发展中国家,永久收入假说必须被修正。因为,发展中国家的典型特征就是资本稀缺,不应该根据永久收入假说或者"一鸟在手"原则把资源收益用于积累主权财富基金,而是应该用于国内投资和推动经济增长,资源收益提供了一个放松资本约束的路径。同时,资源收益也能够降低私人部门的借贷成本,推动国内经济的资本深化。但是,必须在资本深化和增加消费需求之间平衡。其实,在资源收益管理方面,政府除了购买国外资产、建设基础设施和向私人部门转移三种方式,还有广泛的政策工具可供选择,例如减少税收扭曲、调节私人部门行为、推动农业和工业发展等。

实际上,在资源收益管理方面,建立主权财富基金或者用于国内投资都有一定的缺陷。尽管资源收益应该被用于国内投资,而不是主权财富基金和代际基金。但是,这两类基金应该被用来预防资源价格和收益的波动,而不是永久收入假说所倡导的增加未来的消费。即便对于发展中国家,资本是稀缺的,但也处于增加消费的路径上,所以前一代(往往相对贫穷)的消费应该比永久收入假说建议的比例更多,储蓄应该被用于国内投资和积累国外资产。所以,对资源丰裕的国家而言,它们所面临的最基本的经济问题就是,如何把地下资产转化为包括人力资本、国内物质资本(包括私人和公共)及国外金融资产在内的资产组合,从而使居民具有持续的收入流。根据这一原则,挪威和荷兰等资本丰裕国家应该建立未来一代基金,尼日利亚等发展中国家应该把大部分比例用于国内投资。

在当今资源丰裕的发展中国家大量存在政治和制度缺陷的背景下,把资源收益转变为具有生产性的能够推动经济增长的物质资本和人力资本是一项艰巨的任务。由于资源收益的易变性,这些国家无法把较大比例的资源收益用于储蓄,也无法保证能够带来经济多元化的投资回报。如何把资源收益转化为经济增长的要素,学者们的一致的意见是:在制度较为完善、经济运行效率高的国家,资源收益对经济增长具有正效应;在制度不完善、经济运行效率低的国家,资源收益对经济增长具有负效应。因此,最为关键的问题是政府必须从推动经济增长的角度管理资源收益。如果政府能够把资源收益用于为私人部门提供资本和向能够提高私人部门生产率的公共部门投资,那么就能够加快国内的经济增长。挪威、阿拉斯加等国家和地区在资源收益管理方面积累了丰富的经验,下文将对国外主要的资源收益管理模式进行总结和比较,分析这些模式的适用条件和优缺点,为后续研究提供国际经验借鉴。

第二节　挪威的经验

一、挪威全球养老基金简介

为了克服油价下跌和资源枯竭对挪威经济的影响,更为了应对老龄化问题,1990 年,挪威议会批准建立了挪威全球养老基金(Government Pension Fund Global),按照主权财富基金形式运作。目前该基金在全球 77 个国家投资超过9000 家公司。如图 13.1 所示,截至 2017 年 3 月 31 日,该基金由股本投资、固定收益投资和不动产投资三部分组成,其中股本投资的比重接近三分之二,达到64.6%;其后是固定收益投资,比例达到 32.9%;不动产投资仅仅占 2.5%。

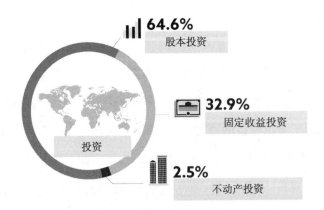

图 13.1　挪威全球养老基金的资产结构

资料来源:根据挪威全球养老基金官方网站数据整理,见 https://www.regjeringen.no/en/topics/the-e-conomy/the-government-pension-fund/id1441/。

自 1990 年基金正式运营以来市值不断提高,2017 年第一季度,基金市值达到了 78670 亿挪威克朗。自有数据统计的 1998 年以来,股本投资从 1998 年的 550 亿挪威克朗,增加到 2017 年的 50820 亿挪威克朗,翻了 900 多倍。固定收益投资从 1998 年的 880 亿挪威克朗,增加到 2017 年的 25920 亿挪威克朗。基金从 2013 年开始持有不动产,但是不动产资产的规模变化不大,从 2013 年的 250 亿挪威克朗增加到 2017 年的 1940 亿挪威克朗。其具体的市值变化见图 13.2。

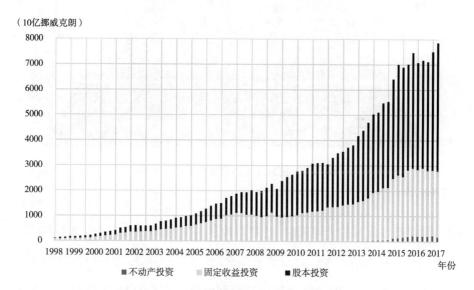

图 13.2　挪威全球养老基金的市值

注:2017 年开始不动产投资包括专有的未上市的不动产。

资料来源:根据挪威全球养老基金官方网站数据整理,见 https://www.regjeringen.no/en/topics/the-economy/the-government-pension-fund/id1441/。

二、挪威全球养老基金的治理结构

为了保证投资获得稳定收益,也为了保障投资的独立性,挪威全球养老基金建立了多方主体相互制衡的治理体系,在图 13.3 中,我们绘制了其复杂的治理结构。挪威国会是基金最高的管制与授权机构,它把相关权力授给财政

图 13.3　挪威全球养老基金的治理结构

资料来源:挪威中央银行投资管理(NBIM)网站,见 https://www.nbim.no/。

部。财政部是重要的管理机构,但是财政部并非权力独揽,它的决策和活动需要接受审计署的监管。财政部把基金向下委托给挪威中央银行执行委员会管理,执行委员会的决策和行为又受到监督委员会的监督,而且需要接受独立审计。为了更好地管理基金运营,挪威中央银行又成立了挪威中央银行投资管理(NBIM)和挪威中央银行不动产管理(NBREM)两个机构,具体负责确定投资策略,但是它们的活动也要受挪威中央银行执行委员会监管,而且要接受挪威中央银行的内部审计。最后一级就是内部和外部经理人,他们负责具体业务的操作和执行。他们接受挪威中央银行投资管理和挪威中央银行不动产管理两个机构的直接领导。可见,不仅各个治理主体有明确的职责,而且除了顶端的国会外,其他每一级都有相应的监管机构,每一级的权力都受到监督。同时,我们看到,在基金的治理结构中没有挪威政府参与,这样就可以有效降低政府行为对基金运营的干扰。

三、挪威全球养老基金的投资策略

(一)地域分布

挪威全球养老基金的投资策略较为稳健,主要是进行分散化投资,其投资不仅是投资地域的分散化,而且还考虑了国家的分散化以及行业的分散化。基金的投资遍布六大洲,地域分布相当广泛。

尽管在六大洲都有投资,但是各大洲投资的权重是不一样的,其中投向北美洲的资金是最多的,达到43%;投向欧洲的资金规模处于第二,达到了37%;亚洲达到了16%;投向大洋洲的比例仅为2%;非洲也仅为1%左右;有1%的资金投向了国际组织;投向中东地区的资金不足1%。可见,基金投资主要投向具有活力的经济体。具体见图13.4。

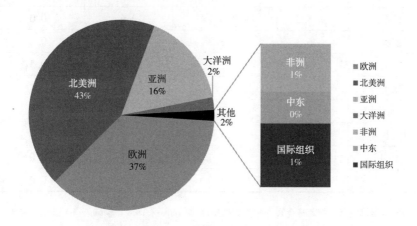

图13.4　挪威全球养老基金投资的地域分布

资料来源:挪威中央银行投资管理(NBIM)网站,见 https://www.nbim.no/。

（二）国家分布

在各大洲,也并非只投向一个国家,而是在很多国家进行分散投资,投资国家数超过 77 个。在表 13.1 中,我们看到持有总资产比例最高的国家是美国,比例达到 37.2%,其中股权资产比例是 23.2%,固定收益资产比例是 12.5%。第二大投资国是英国,持有总资产比例达到 9.1%。第三大投资国是日本,持有总资产比例达到了 8.3%。其后是德国和法国,持有总资产比例分别达到了 6.8% 和 5.2%。如果把前五大国家持有总资产加起来,比重达到了 66.6%。

表 13.1　挪威全球养老基金持有资产比重最高的 10 个国家

单位:%

国家	总资产	股权	固定收益	不动产
美国	37.2	23.2	12.5	1.5
英国	9.1	6.1	2.3	0.7
日本	8.3	5.7	2.6	0.0
德国	6.8	3.3	3.3	0.2
法国	5.2	3.2	1.5	0.5
瑞士	3.7	3.0	0.6	0.1
加拿大	2.8	1.3	1.5	0.0
澳大利亚	2.1	1.3	0.8	0.0
中国	2.0	1.7	0.3	0.0
韩国	1.9	1.0	0.9	0.0

资料来源:根据挪威全球养老基金官方网站数据整理,见 https://www.regjeringen.no/en/topics/the-e-conomy/the-government-pension-fund/id1441/。

（三）行业分布

表 13.2 统计了挪威全球养老基金资产的行业分布。排名前十的行业

分别是:金融、工业、消费品、服务、卫生保健、技术、石油天然气、基础材料、通讯和公共事业。其中投资比例最高的为金融业,投资占比达到了23.3%;排名第二的是工业,投资占比达到了14.1%;排名第三的是消费品业,投资占比达到了13.7%。值得注意的是,石油天然气行业投资占比并不高,仅6.4%。

表13.2 2016年挪威全球养老基金分行业股权投资回报率及投资比例

单位:%

行业	投资回报率(国际货币)	投资比例
金融	7.9	23.3
工业	14.0	14.1
消费品	3.3	13.7
服务	3.5	10.3
卫生保健	−4.6	10.2
技术	14.9	9.5
石油天然气	29.1	6.4
基础材料	25.1	5.6
通讯	4.6	3.2
公共事业	7.1	3.1

资料来源:根据挪威全球养老基金官方网站数据整理,见 https://www.regjeringen.no/en/topics/the-e-conomy/the-government-pension-fund/id1441/。

(四)公司分布

在表13.3中我们看到,尽管挪威全球养老基金在全球投资了9000多家公司,但是其实大部分资产仍然集中在一些全球著名的公司。持有资产排名前五的公司是:雀巢、壳牌、苹果、谷歌和微软。但是这些公司的行业背景也具有一定差异,并非把所有资产都投向几家大公司。

表 13.3　挪威全球养老基金持有资产最多的前 20 家公司

公司	国家	持有资产(百万挪威克朗)
雀巢	瑞士	50985
壳牌	英国	46153
苹果	美国	44965
谷歌	美国	36566
微软	美国	34665
罗氏制药	瑞士	32896
诺华制药	瑞士	32349
黑石	美国	27762
埃克森美孚	美国	26391
强生	美国	25971
汇丰	英国	25501
保诚	英国	23614
摩根大通	美国	23211
百威	比利时	22786
富国银行	美国	22559
亚马逊	美国	21988
AT&T	美国	19355
通用电子	美国	18917
美国银行	美国	18153
三星电子	韩国	17755

资料来源:根据挪威全球养老基金官方网站数据整理,见 https://www.regjeringen.no/en/topics/the-e-conomy/the-government-pension-fund/id1441/。

四、投资回报率

在图 13.5 中,我们呈现了挪威全球养老基金的投资回报率。很显然,自 2005 年以来,除了 2008 年和 2009 年投资回报率受金融危机影响之外,其他年份基金的投资回报率一直较为稳健。当然,以季度为单位时,投资回报率的变化较为明显,具有较高的波动性;但是以年为单位时,投资回报率则较为稳健,并未出现长时间的较大幅度的波动。

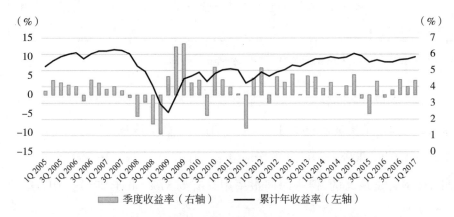

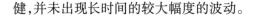

图 13.5　挪威全球养老基金的投资回报率(2005—2017 年)

资料来源:根据挪威全球养老基金官方网站数据整理,见 https://www.regjeringen.no/en/topics/the-e-conomy/the-government-pension-fund/id1441/。

就基金的回报率而言,必须考虑基金的运营成本和通货膨胀率,否则可能无法真实地反映基金的运营情况。因此,我们在表 13.4 和表 13.5 中,统计了挪威全球养老基金的净投资回报率。其中表 13.4 采用了变动的时间间隔,就名义回报率而言,该基金的表现非常优秀,特别是最近 12 个月的表现。而且不同时期该基金的年管理成本都未超过千分之一,最高的年份为万分之九,最低的年份只有万分之六。加之通货膨胀率也比较低,所以基金的净回报率也维持在一个比较优秀的水平,特别是最近 5 年的表现抢眼。

表 13.4　挪威全球养老基金的回报率

单位:%

	自成立以来	最近 10 年	最近 5 年	最近 3 年	最近 12 个月
名义回报率	5.83	5.48	8.53	6.44	11.66
相对回报率	0.26	0.06	0.16	−0.02	0.46
通货膨胀率	1.77	1.78	1.23	1.05	1.88
年管理成本	0.09	0.08	0.06	0.06	0.06

续表

	自成立以来	最近 10 年	最近 5 年	最近 3 年	最近 12 个月
基金净回报率	3.9	3.55	7.15	5.27	9.54

资料来源:挪威中央银行投资管理(NBIM)网站,见 http://www.nbim.no/。

如果采取等时间分类方法,我们会发现,1997 年的亚洲金融危机和 2008 年的国际金融危机都显著影响了基金的回报率,导致 1998—2002 年的净回报率只有 1.62%,2008—2012 年的净回报率只有 1.01%。2003—2007 年的名义回报率尽管是最高的,但是净回报率则只有 6.37%,低于 2013—2017 年的 7.24%。

表 13.5 挪威全球养老基金的回报率

单位:%

	1998—2002 年	2003—2007 年	2008—2012 年	2013—2017 年
名义回报率	3.19	8.92	3.14	8.63
相对回报率	0.41	0.4	0.01	0.21
通货膨胀率	1.46	2.3	2.01	1.24
年管理成本	0.08	0.1	0.1	0.06
基金净回报率	1.62	6.37	1.01	7.24

资料来源:根据挪威全球养老基金官方网站数据整理,见 https://www.regjeringen.no/en/topics/the-e-conomy/the-government-pension-fund/id1441/。

在图 13.6 中,我们呈现了不同资产的投资回报率,显然符合风险越大、收益越高的基本规则。股权投资的回报率较高,但是风险也较大,明显具有更大的波动性;固定收益投资回报率较低,但是风险也较小,总体收益率变化不大。尽管股权投资和固定收益投资的风险和回报率存在较大差异,但是两者都具有基本一致的变化趋势。

在图 13.7 中,我们绘制了不同洲的投资回报率。显然,挪威全球养老基金在欧洲的投资回报率一直以来都是最高的,其后是亚洲和大洋洲。美洲、非

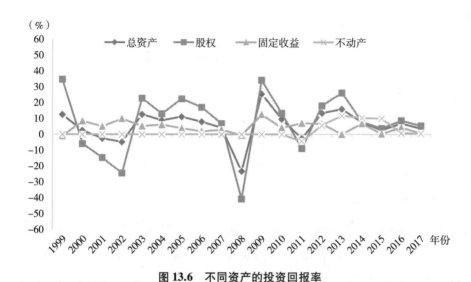

图 13.6　不同资产的投资回报率

资料来源:根据挪威全球养老基金官方网站数据整理, 见 https://www.regjeringen.no/en/topics/the-economy/the-government-pension-fund/id1441/。

洲和中东的投资回报率总体而言并不高。特别是 2008 年以后,这种差异性愈加明显。因此,进行多元化的地域组合投资是非常必要的投资策略。

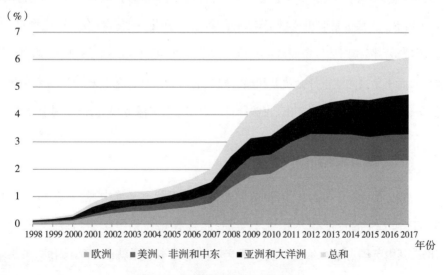

图 13.7　投资回报率的区域差异

资料来源:根据挪威全球养老基金官方网站数据整理, 见 https://www.regjeringen.no/en/topics/the-economy/the-government-pension-fund/id1441/。

第三节　阿拉斯加的经验

一、阿拉斯加永久基金概况

阿拉斯加永久基金是由美国阿拉斯加州政府管理的一支永久基金。1976年全体阿拉斯加人投票通过了宪法修正案,并由宪法授权成立永久基金。根据阿拉斯加宪法第9条第15款规定,矿山租金、矿业权使用费、矿业权出售收益、联邦矿产收入分成和州政府收到的奖金这些收入的25%必须纳入美国阿拉斯加永久基金。永久基金只能用于法律授权的投资,所有收益也必须存入一般基金账户。

1976年到1980年由财政部门负责管理。1980年之后由阿拉斯加永久基金公司(Alaska Peymanent Fund Corporation,APFC)负责管理。截至2016年年底,石油收益为基金提供了550亿美元。委员会设定的基金投资目标是年收益率超过 CPI 5%。基金采取组合投资策略,既投资于公共资产也投资于个人资产,但是无论是在阿拉斯加投资或者在其他地方投资,在可接受的风险范围内必须产生收益,而不是投向注重社会效益和经济效益的项目。整体基金被分为本金和收益储备,其中本金不能用于支出,收益储备可以用于公共服务投资,也可用于分红。

二、投资策略

就投资地域分布而言,阿拉斯加永久基金显然过于集中,截至2020年7月30日,其72%的资产仍然投资于美洲,而且有62%集中于美国;欧洲投资了18%,其中英国占了6%;亚洲投资了9%,其中日本一国就占6%。因此,虽然基金投资的地理分布较为广泛,涵盖了4大洲。但是主要集中在美国、英国和日本,3国持有的总资产规模达到了74%。因此,地域上进行分散化投资的策略并不显著。具体见图 13.8。

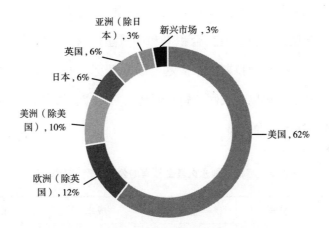

图 13.8　阿拉斯加永久基金投资的地域分布

资料来源：根据阿拉斯加永久基金公司网站整理得到，见 https://apfc.org/。

作为基金进行组合投资是基本的投资策略。从图 13.9 中我们看到，阿拉斯加永久基金的资产大部分在美国，在美国的资产中又以股票和债券为主，其中股票资产占到 34%，债券资产占到 25%，不动产占到 10%。

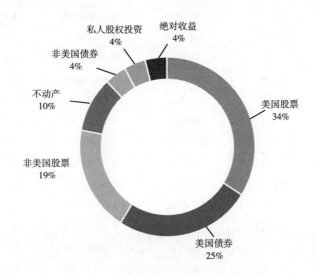

图 13.9　阿拉斯加永久基金的资产组合

资料来源：根据阿拉斯加永久基金公司网站整理得到，见 https://apfc.org/。

　　阿拉斯加永久基金持有的公司资产进行了较好的分散化,持有资产最高的前 20 家公司中,大部分为美国公司,在其他国家投资较少。但是有 4 家中国公司,分别是腾讯、阿里巴巴、台积电和中国建行,有一家韩国公司三星电子。就行业分布来看,阿拉斯加永久基金似乎偏爱 IT 行业和制药行业,持有资产排名前 20 的公司以互联网公司和制药公司为主。可见其在行业间的分散较为有效。具体见表 13.6。

表 13.6　阿拉斯加永久基金持有的公司资产(前 20 名)

排名	公司	股票	成本	市值
1	苹果	1410377	$ 98273439	$ 202614760
2	谷歌	196375	$ 105036178	$ 165051602
3	微软	2149188	$ 94481762	$ 141545522
4	三星电子	69726	$ 84681766	$ 128440929
5	脸书	854309	$ 59588990	$ 121354593
6	腾讯	3983195	$ 82831110	$ 114193637
7	阿里巴巴	1036530	$ 93640764	$ 111769030
8	思科	2908796	$ 75065924	$ 98317305
9	VISA	1063778	$ 50304391	$ 94537951
10	强生	736944	$ 68494528	$ 91786375
11	博通	382426	$ 46276880	$ 83735997
12	亚马逊	88704	$ 37401767	$ 78639644
13	罗氏	305802	$ 60877180	$ 78149909
14	美国银行	2979483	$ 50264915	$ 70286004
15	辉瑞	2041025	$ 54364227	$ 69823465
16	台积电	2022059	$ 44611297	$ 66404418
17	希尔	1136162	$ 69654691	$ 66219469
18	中国建行	80474569	$ 61034469	$ 64719302
19	拜耳	543804	$ 51562373	$ 62844643
20	爱力根	260204	$ 63844204	$ 62167940

资料来源:根据阿拉斯加永久基金公司网站整理得到,见 https://apfc.org/。

三、投资回报率

就投资回报率而言,阿拉斯加永久基金取得了不错的业绩。从图 13.10 中我们看到,其 5 年累计收益率接近 27%,年平均收益率 5.4%。所有资产中表现最为优异的是不动产,5 年累计收益率达到 136%,年均收益率 27.2%。无论是国内债券还是非国内债券,投资回报表现都比较稳定,呈缓慢上升的趋势。股票类资产的投资回报表现较为一般,低于平均水平,其中非国内股票的投资回报表现优于国内股票。

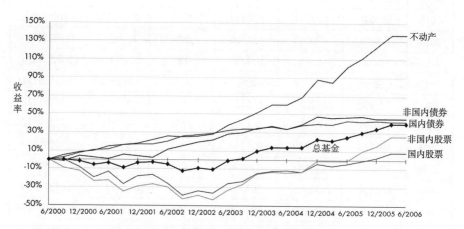

图 13.10　阿拉斯加永久基金投资回报率

资料来源:根据阿拉斯加永久基金公司网站整理得到,见 https://apfc.org/。

四、基金分红

阿拉斯加永久基金的收益被用于给当地居民派发现金分红,从而有效克服资源枯竭和代际之间的不公平性。从表 13.7 中我们看到,1982—2016 年,阿拉斯加居民每年都可以收到一笔大小不一的现金。分红金额最高的年份为 2015 年,派发的红包金额为 2072 美元,86.4% 的居民收到了现金分红,总分红

金额为 13.2 亿美元。分红金额最低的年份为 1984 年,金额为 331 美元,
91.86%的居民收到了现金分红,总分红金额为 1.59 亿美元。1982—2016 年,
人均派发分红已经达到 37027 美元,总派发金融达到了约 211 亿美元。

　　显然,阿拉斯加永久基金让所有阿拉斯加居民从资源财富中受益,成为刺
激阿拉斯加经济活动的动力,而且开创了资源收益市场化运作的样板。

表 13.7　阿拉斯加永久基金的分红情况

年份	州总人口	申请人数	支付人数	分红金额 (美元)	同比变化	总额(美元)
2016	739828	675599	635997	1022	−0.50754	649988934
2015	737625	672741	637014	2072	0.109731	1319893008
2014	735601	670053	631306	1884	1.09279	1189380504
2013	736399	668362	631470	900	0.060036	568323000
2012	732298	673978	610633	878	−0.25759	536135774
2011	722190	672237	615122	1174	−0.07813	722153228
2010	710231	663938	611522	1281	−0.0336	783359682
2009	692314	654462	621146	1305	−0.35784	810595530
2008	679720	641291	610096	2069	0.282133	1262288624
2007	674510	628895	595237	1654	0.497221	984521998
2006	670053	623792	594029	1106.96	0.302461	657566341.8
2005	663253	627595	596936	845.76	−0.08408	504864591.4
2004	656834	625535	599243	919.84	−0.16437	551207681.1
2003	647747	619552	595571	1107.56	−0.27366	659630616.8
2002	640544	612377	589420	1540.76	−0.16275	908154759.2
2001	632241	608600	586230	1850.28	−0.05277	1084689644
2000	627533	607910	583098	1963.86	0.129423	1145122838
1999	622000	589738	572877	1769.84	0.164076	1013900630
1998	617082	581803	565256	1540.88	0.210921	870991665.3
1997	609655	573057	554769	1296.54	0.165011	719280199.3
1996	605212	564362	546045	1130.68	0.150611	617402160.6
1995	601581	563020	541842	990.3	0.020141	536586132.6

年份	州总人口	申请人数	支付人数	分红金额（美元）	同比变化	总额（美元）
1994	600622	557836	534599	983.9	0.049332	525991956.1
1993	596906	549066	527946	949.46	0.047242	501263609.2
1992	586722	542263	522636	915.84	0.003593	478650954.2
1991	569054	533692	512098	931.34	0.00612	476937351.3
1990	553171	531494	497608	952.63	0.06965	474036309
1989	538900	524272	507547	873.16	0.034298	443169738.5
1988	535000	532227	518150	826.93	0.142685	428473779.5
1987	541300	535578	529478	708.19	0.266392	374971024.8
1986	550700	540202	532294	556.26	0.413569	296093860.4
1985	543900	525145	518479	404	0.313543	209465516
1984	524000	490413	481349	331.29	−0.09677	159466110.2
1983	499100	465567	457209	386.15		176551255.4
1982	464300	484344	469741	1000		469741000
总额		20630996	19733993	40121.41		23110850007

资料来源：根据阿拉斯加永久基金公司网站整理得到，见 https://apfc.org/。

第十四章　资源收益管理与分享机制设计

第一节　资源收益管理与分享的基本原则

一、建立资源收益管理与分享机制的必要性

作为天赐财富,对于未完成工业化的地区而言,资源开发是提高国民收入和降低贫困率的重要渠道,但是大量的研究表明,"资源诅咒"却如影随形,始终伴随着资源型地区。而"资源诅咒"悖论之所以出现,其背后反映的是管理资源收益机制的缺乏,如果资源收益管理得好,不仅可以提高当地居民的公共服务水平,也可以转变为经济增长的长期要素,推动可持续发展;如果资源收益管理得不好,不仅资源收益大部分被私人占有,加大了收入差距,诱发社会矛盾冲突,而且滋生腐败,导致可持续增长乏力。

在制度不完善的环境下,只要有一个强势的政府,资源收益就能够带来增长,但是无论如何,如果把资源收益给了弱势的政府,反而会给经济带来损害效用。腐败是资源型国家经济上表现糟糕的主要原因,因为资源收益诱发寻租,以至于个人追逐资源收益,而无暇提高生产率。同时,资源收益被用于维

持权力,导致责任心下降和资源收益配置的不当。大多数资源型生产国家,在经历正的资源收益冲击之后,个人投资和储蓄的激励变弱。假设劳动生产效率内生地依赖于投资水平,储蓄和投资的下降将导致产出水平的下降,最终超过了资源收入的增加,导致"资源诅咒"。

世界银行《增长报告:可持续增长和包容性发展的战略》认为,资源开发过程中的管理漏洞和缺陷是导致"荷兰病"或"资源诅咒"的重要原因。自然资源创造了收入、供给了外汇、提供了政府收益,但是,当低于一个确定水平时,它们对经济增长表现的净冲击往往是负面的。政府的质量本身也会被资源收益侵蚀,导致资源收益管理失当的恶性循环,在最坏的情况下,就会导致冲突。因为,资源收益培养了所有群体的寻租行为,使得政府提高经济表现或者提高居民收益分享的努力都变得没有效果,反而导致"资源诅咒"。此外,资源产业繁荣重新配置了要素的流向,使要素从制造业部门转移到初级产品部门。而制造业往往具有规模报酬递增和正的外部性,因此这种转移降低了生产率和投资概率,一些政府往往把资源收益用于公共消费而不是公共投资,使得资源效率下降,最终导致"资源诅咒"。

资源收益除了包含资源开发过程中投入的各种要素报酬,还需要考虑国家对资源的所有权,资源开发对生态环境的破坏,资源开发的跨代公平性等因素,因此资源收益的分配涉及中央政府、地方政府、资源企业、村委会和开发地居民等多方利益主体。资源收益如果分配不当,就有可能诱发各利益主体之间的矛盾冲突,威胁到资源型地区的可持续发展,因此不能仅仅采用生产要素分配原则,还必须采取社会共享原则。但是,在现实中,由于缺乏合理的、明确的产权体系,资源收益往往被混同于资源企业的经营收益,不仅使得国家的权利虚置,造成国家财富的流失,也使得资源收益落入个人腰包,无法成为经济增长的动力源泉。

综上,资源收益的管理与分享不是简单的分钱,也不是简单的投资,必须考虑资源型地区的经济与社会现实,也必须考虑资源与环境因素,构建一个立体式的资源收益管理与共享机制。

二、包容性原则

资源开发是提高国民收入和降低贫困率的重要渠道之一,但是在资源开发过程中,资源收益很容易被一小部分人控制,导致收入分配的恶化,诱发矛盾冲突。当然,资源开发并非"单一律"地恶化收入分配。资源收益既有可能恶化收入分配,也有可能改善收入分配,其中政府的作用是至关重要的。当资源直接被用于出口而不是作为国内生产的中间投入品时,拥有资源的家庭与没有资源的家庭之间的收入差距将会不断扩大。在种族差异较大的社会,资源收益会加大收入分配差距,但在种族差异较小的社会,资源收益会改善收入分配差距。如果产权安排不合理或者不明晰,既得利益者为了确保当前和未来对自然资源的排他性占有,便会通过现金或者股票的形式大肆贿赂政府官员。资源开发导致的收入分配恶化,如果不加以控制,就会诱发国内冲突,严重的甚至会爆发国内战争,因此资源型国家,特别是发展中国家,国内武装冲突的可能性和持续时间都显著高于非资源型国家,因为自然资源可能通过使获胜者受益或为战争提供资金来源导致内战。

开发地居民既是资源开发的受益人,也是生态环境恶化的直接承受人,处于矛盾冲突的核心地位。但是在中国目前的法律和制度体系下,他们往往处于弱势地位,很多权利得不到有效保障。土地和拆迁补偿是开发地居民最主要的受益渠道,但这一渠道往往是一次性的,且发生在资源开发初期。由于知识结构几乎无法满足工业化开采的要求,开发地居民只能从事运输业和服务业,导致在后期,从资源开发中受益的方式单一、渠道不稳定、程度较低。加之,开发地居民还要承受资源开发带来的生态环境恶化和健康受损,忍受物价上涨和失业等"痛苦成本",导致资源开发企业与开发地居民、不同村居民之间的矛盾冲突频发,部分甚至威胁到资源开发地的社会稳定与可持续发展。

从中央到地方政府都已经认识到,资源开发相关的矛盾冲突不仅对开发地的社会稳定和可持续发展构成严重威胁,也对我国区域经济协调发展和未来国家能源安全构成严重威胁。因此,"十二五"规划纲要、2012 年政府工作报告、党的十八大报告和《关于深化收入分配制度改革的若干意见》多次提到,建立公共资源出让收益共享机制。因此,必须基于包容性原则,建立资源收益管理与分享机制,让开发地居民充分享受资源开发带来的好处,以弥补其在环境、健康、经济与社会等方面付出的代价,为解决资源丰裕型地区的独特经济社会问题提供保障,也为资源型地区的可持续发展提供有力的社会支撑。

三、可持续性原则

由于矿产资源出让收益具有可耗竭性和波动性,一旦资源开发进入枯竭期,这些渠道就会断裂,加之生态环境的恶化和产业结构的扭曲,极有可能使后代居民陷入返贫的困境,经济发展也因此陷入衰退。所以,必须把资源出让收益的一部分转化为物质资本、人力资本等长期增长要素,以较低的资源代价和社会代价规避"资源诅咒"效应,实现可持续发展。

就产业结构而言,资源型地区往往面临着资源产业"一业独大"的困境,其他产业都依附于资源产业,从而使资源型地区的经济发展面临双重考验。一是整体经济抵抗经济风险的能力较弱,极易出现"一荣俱荣,一损俱损"的局面。二是可持续发展能力较差,导致所有物质资本、人力资本和技术知识都锁定于资源产业,一旦资源枯竭,经济发展就面临着"资源竭经济衰"的局面。其实,资源型地区产业结构的形成也是有其内在规律的,主要是由作为固定资产投资主要来源的资源收益流向塑造。因为作为资源型地区最主要的资本来源,资源收益的流向决定着其他物质资本和人力资本的流向,并且不断加强,最终形成固化的产业结构格局。

就目前我国资源收益的流向和配置的现状而言:一方面,通过政府税收和私人渠道,大量的资源收益离开了资源开发地,使资源收益和非资源产业之间在地理上处于隔离状态,无法为当地的非资源产业提供资本要素和消费市场;另一方面,留在资源开发地的资源收益绝大部分仍然被投向资源产业,并把其他生产要素也集聚到资源产业,严重挤压了非资源产业的生产空间。这种资源收益流向和配置的现状,弱化了资源收益与资源型地区经济发展之间的联系,使资源收益无法为非资源产业的发展作出贡献,导致当地的产业结构"一业独大"。此外,资源收益的流向决定了其他要素的流向,使得生产要素从制造业部门转移到资源开发部门,从而导致制造业中普遍存在的规模报酬递增和外溢效应无法实现,降低了全社会的生产效率。

因此,破解"资源诅咒"窘境,跳出"资源依赖型陷阱"的思路主要有两个。一是建立非资源产业培育基金,破除非资源接续替代产业孕育发展的阻力,从根本上扭转"一业独大"的产业结构。二是建立创新基金,提升资源产业的创新能力,增加其国际竞争力和附加值,带动上下游产业共同发展,并向其他产业扩散。无论是非资源产业培育基金,还是创新基金,都需要建立合理的资源收益管理与分享机制。

四、资源收益管理与分享的主体

虽然,建立资源收益管理与分享机制是破解资源密集型地区社会和经济问题的突破口,但资源收益管理与分享涉及多方面利益,既要考虑国家的资源所有权、生态环境的修复和后代居民的福利,还要考虑矿难和价格波动给资源企业带来的经营风险和经济利益的平衡,最后还涉及区域经济发展的协调。因此,资源收益管理必须有一个统筹的主体。地方政府往往处于资源收益矛盾交织的中心,也处于社会矛盾冲突的中心,又是经济可持续发展的责任主体,因此必须责无旁贷地承担起资源收益管理的重任,并不断增强自身管理资源收益的能力。学者们也认为,在政府治理水平高的国家,资源收益对经济增长具有正效应;在政府治理水平低的国家,资源收益对经济增长具有负效应。因此,政府在资源收益管理中处于核心地位。

世界上资源丰裕型国家或者地区并不在少数,有很多转型成功的案例可供借鉴。这些案例都有一个共同的特征,那就是政府都在其中发挥主导作用。例如,阿拉斯加的永久基金、挪威的石油基金、博茨瓦纳的政府储蓄,将资源收益转为可以带来永久收入的金融资产。再如,挪威加强了资源开采行业与经济其他部门的前向和后向联系,建立平稳基金阻隔资源贸易条件变化的冲击,建立国家创新体系,推动资源产业重视技术研发,逐渐由资源密集型行业转变为技术密集型行业,技术水平始终处于世界前沿。

此外,资源收益管理对地方政府而言也是一项全新的挑战。一方面,地方政府必须更新管理的理念,把包容性和可持续性作为基本的指导原则,不能仅仅关注暂时的社会稳定,或者短期的经济增长。另一方面,地方政府必须组建专业的管理团队,按照市场化、公司化的原则,运营各类基金。这样,地方政府才能不断提升其资源收益的管理能力。

资源型国家或者地区社会经济矛盾频发的主要诱因,在资源开发初期,表现为资源收益管理失当与分配不公;在资源开发后期,表现为资源枯竭导致的经济增长乏力,因此必须基于包容性和可持续性双重视角,改革现有的资源收益分配体系。其实,资源收益的分配与管理既要考虑包容性,也要考虑可持续性,建立具有包容性和可持续性双重视角的资源收益管理机制。考虑包容性可以破解资源开发地社会矛盾冲突频现的棘手问题,考虑可持续性可以把资源收益通过一系列的政策措施,转化为人力资本、物质资本等长期增长的核心要素,实现可持续发展。因此,资源收益的管理机制必须是多视角、多层次的立体式管理机制,至少应该包括公共服务保障机制、动态收益分享机制、资源产业创新机制、资源收益转换机制和生态环境治理机制等方面。

第二节 中国资源收益分配现状及改革重点

一、中国资源收益分配的现状

中国资源型地区的优势在于资源,但矛盾也源于资源。在资源开发过程中会出现一系列相伴相生的社会经济与环境问题,例如,当地居民健康受损,生活成本上升,丧失了土地等基本的生产生活基础,长期处于失业状态或被迫举家外迁。大气、土壤和地下水污染,采空区塌陷,地下水位下降,地表植被枯死。这些问题的出现导致资源开发企业与当地居民、政府与当地居民、不同地区的居民之间的矛盾冲突明显增多。如果这些矛盾冲突得不到有效解决,轻者会诱发当地居民的大规模上访,重者会演变为大规模群体性对抗,造成社会的不稳定和不和谐。近几年在全国造成重大影响的群体性对抗事件,大多发生在资源型地区。

表 14.1 年均立案的资源开发中违法类型及数量(2000—2013 年)

省份	总立案数	开采	勘察	补偿费	总计
贵州	23279	20143	233	119	20495
山西	16926	13994	486	34	14514
湖南	14611	13481	134	125	13740
广西	10075	9261	121	144	9526
福建	9199	8192	115	51	8358
辽宁	8654	7348	221	30	7599
四川	8542	6251	206	115	6572
河南	8125	6742	291	160	7193
重庆	7745	6607	50	196	6853
云南	7456	6607	150	66	6823
山东	7447	6155	86	324	6565
河北	6935	6083	214	29	6326

省份	总立案数	开采	勘察	补偿费	总计
新疆	4925	4216	567	63	4846
内蒙古	4688	4050	228	21	4299
江西	4521	3896	49	65	4010
广东	4451	4108	46	45	4199
湖北	3931	3452	30	87	3569
陕西	3631	3157	130	56	3343
浙江	3527	3275	14	25	3314
黑龙江	2957	2759	23	18	2800
吉林	2679	2436	79	15	2530
安徽	2107	1809	73	33	1915
甘肃	1938	1531	94	11	1636
海南	1398	1315	4	21	1340
北京	1100	1036	2	0	1038
江苏	1068	966	7	10	983
宁夏	758	697	12	9	718
青海	440	401	13	2	416
天津	246	206	3	6	215
西藏	99	91	3	5	99
上海	1	0	1	0	1

资料来源:根据《中国国土资源统计年鉴》(2000—2014 年)整理得到。

在表 14.1 中,我们呈现了资源开发过程中的违法类型和数量,显然在开采、勘查和补偿费三类违法类型中,最大比例是开采类违法。但是,需要引起注意的是,并非资源丰裕的地区,违法立案数就一定多,例如贵州和湖南并非资源最丰裕的地区,但是违法立案数却分别排名第一和第二,而且远远超过其他省份。当然,资源丰裕的山西省的违法立案数也较多,排在第三位。但是资源较为丰裕的内蒙古、宁夏和陕西等省份则相对较少。

在表 14.2 中,我们呈现了开采违法案件中不同类型的案件的数据。其中违法的无证开采数量最多,其中尤以贵州最为突出。越界开采违法案件的比例也比较高,非法转让探矿权比例较小,破坏性开采的比例更小。这就反映了我国在采矿权领域的相关法律还不是非常完备,执行机构往往代表国家行使权力,但是在巨大的利益面前,很多官员容易被贿赂,和不法分子一起从事非法的开采活动。或者由于产权不明晰,各地之间往往容易形成交叉开采,或者共同无证开采。

表 14.2 开采违法类型及数量(2000—2013 年)

省份	无证开采	越界开采	非法转让采矿权	破坏性开采	其它	总计
贵州	18018	4167	1258	80	2246	25769
山西	13762	4205	380	49	426	18822
湖南	9405	4589	601	125	553	15273
广西	8799	860	30	86	624	10399
福建	7561	1186	376	67	690	9880
辽宁	6496	2131	240	50	268	9185
四川	4694	2041	328	91	934	8088
河南	5661	1926	408	64	626	8685
重庆	6260	1489	142	45	562	8498
云南	6422	1121	62	143	185	7933
山东	6107	1325	167	34	530	8163
河北	5402	1425	194	9	271	7301
新疆	3424	474	48	75	354	4375
内蒙古	3509	829	119	83	298	4838
江西	2993	920	266	136	449	4764
广东	3875	447	40	20	247	4629
湖北	2916	756	124	28	386	4210
陕西	2489	787	131	70	292	3769
浙江	2599	731	76	12	287	3705
黑龙江	1691	1070	82	10	223	3076
吉林	1986	462	56	132	111	2747

续表

省份	无证开采	越界开采	非法转让采矿权	破坏性开采	其它	总计
安徽	1079	592	156	77	291	2195
甘肃	1689	360	15	14	63	2141
海南	1234	160	23	4	10	1431
北京	1089	70	3	0	2	1164
江苏	617	181	15	6	318	1137
宁夏	579	127	18	10	50	784
青海	314	87	13	3	17	434
天津	226	31	1	5	8	271
西藏	76	7	0	2	6	91
上海	0	0	0	0	0	0

资料来源:根据《中国国土资源统计年鉴》(2000—2014年)整理得到。

由于资源收益分配主体不明确和管理失当,收益容易被少数人或少数利益集团获取,并在利益追逐中产生寻租、掠夺性开发等现象,资源收益不能有效转化为投资,是形成"资源诅咒"的主要原因。因此,"资源诅咒"的出现并不是资源本身的问题,而是缺乏一个有效的资源收益分配机制,导致大量资源收益被浪费或错配,无法转化为经济增长的要素。

由于中国相关法律体系不完善,很多企业把资源收益等同于经营收益,完全忽略了资源的产权收益,使资源企业获得了超过竞争性行业的超额利润。不明确的权属体系和超额利润结合在一起,导致在资源开发过程中普遍存在寻租、官商勾结和内幕交易等现象,也助长了掠夺性开采,不仅使得开采效率大幅度下降,也使得矿难频发。

二、中国资源收益分配改革重点

第一,建立包容性的资源收益分享机制。导致资源地社会矛盾集中多发的主要原因就在于,资源开发地居民在承受生态环境恶化、健康受损、物价上涨和失地等痛苦成本的同时,却无法公正地分享资源收益。据世界银行测算,开发地居民获得的收益仅占资源总收益的 0.5% 左右。这一问题也逐渐受到国家的重视,"十二五"规划纲要明确提出,"完善公开、公平、公正的公共资源出让制度,建立国有土地、海域、森林、矿产等公共资源出让收益全民共享机制,出让收益主要用于公共服务支出"。2011 年又全面推开了资源税,增加了地方财政收入。部分地方政府也开始探索资源收益的分享机制,例如,陕西省神木县推出了全民医保、12 年免费义务教育等居民分享机制;内蒙古自治区人民政府出台了《关于进一步规范矿业开发秩序依法保护环境保障民生的指导意见》,提出将建立健全矿山开发利益补偿和分享机制,切实保护矿区农牧民合理利益。贵州省和云南省在部分地市也推行了相关的政策。可见,从中央到各级地方政府,都已经认识到资源开发引发的社会矛盾对于资源开发地的社会稳定构成严重阻碍。

第二,建立可持续性的资源收益转换机制。目前,开发地居民的主要收益渠道是土地补偿费、移民安置费和劳务收入。由于矿产资源出让收益具有可耗竭性和波动性,一旦资源开发进入枯竭期,这些收益渠道就会断裂,加之生态环境的恶化和产业结构的扭曲,极有可能使后代居民陷入返贫的困境,经济发展也因此会陷入衰退。因此,必须把资源出让收益的一部分转化为物质资本、人力资本等长期增长要素,培育非资源产业发展,以较低的资源代价和社会代价规避"资源诅咒"效应,实现可持续发展。

总结而言,资源型经济具有两个重要特点:一是受价格和储量的影响,资源收益具有波动性和耗竭性。二是伴随资源开发而来的往往是生态环境的恶化和产业结构的扭曲。解决这两个问题的关键在于建立资源收益管理与分享机制。通过资源收益管理,在促进资源有序开发和社会稳定的同时,把资源出让收益通过财富基金、创新基金和公共服务等多种形式,转化为物质资本、人力资本等长期经济增长的核心要素,促进资源密集型区域的包容性增长和可持续发展。

第三节　资源收益管理与分享机制体系

资源收益的管理与分享必须基于包容性和可持续性原则,以社会稳定和可持续发展为根本出发点,建立多角度、多层次的立体式管理机制,至少应该包括公共服务保障机制、动态收益分享机制、资源产业创新机制、资源收益转换机制和生态环境治理机制等多种机制。

一、公共服务保障机制

公共服务保障机制的目的是让所有人都可以平等地获得基本的公共服务。根据前述研究,资源开发不仅恶化了要素开发地的收入分配,也使得开发地居民无法从事传统的优势工作,并处于失业状态,从而导致一部分居民仍然处于低收入水平,因此建立公共服务保障机制,可以提升开发地居民的参与感和获得感,有效地化解社会矛盾。公共服务保障机制包括基本医疗服务保障机制、养老保障机制、低收入家庭保障机制、基本教育保障机制等基本内容。使得当代居民不因贫困而失去基本的生存条件,也使得未来一代居民不因贫困而失去发展的权利与机会。其实,部分地方政府已开始探索把资源收益用于建立公共服务保障体系,取得了良好效果。例如,陕西省神木县通过全民大额医保,打破了我国惯有的医保身份限制,全县居民享受统一的报销标准和报销比例。同时,神木县实行12年免费义务教育,除了9年义务教育,还有免费的3年幼儿园教育,不仅大大减轻了部分家庭的教育负担,也使得教育资源实现了均等化,人人都可以享受高质量的免费义务教育。神木县也建立了覆盖全县居民的退休养老金制度,大大减轻了未被纳入社保范围的农民的养老之忧。通过改善农村道路、水电等多种形式,让开发地居民享受更高水平的公共服务。

二、动态收益分享机制

开发地居民获得资源收益的方式较为单一,基本只有拆迁补偿和土地补偿,而且是在资源开发初期一次性发放,导致开发地居民无法分享资源价格上涨带来的额外红利,在资源价格高企的情况下,就会加重开发地居民的"剥夺感",出现封路、抗议等不理智行为。当然,造成如此现象的原因较为复杂,其中法律层面的模糊规定是最重要原因。内蒙古自治区、贵州省和云南省等地根据长期实践工作的经验,允许开发地居民以土地入股,从事资源开发活动。这既解决了当地的就业问题,也可以让当地居民的收益随着资源价格的变化而变化,动态和长期参与资源开发收益的分成,从而更有利于保护开发地居民的合理利益。

三、资源产业创新机制

传统上把资源产业当成了夕阳产业,认为其已经没有进一步发展的空间。其实,资源产业作为基础产业有其存在的强大现实依据,同时资源产业也需要适应新的形势,进行设备升级和技术创新。例如挪威、美国等国的资源产业技术水平处于全球领先水平,不仅可以大大提高资源开采的利用率和回收率,而且可以大大节省开采成本。更为重要的是可以进行技术和设备的输出,从而形成一个庞大的资源装备制造业,大大促进了出口。我国在资源开采行业仍然处于技术跟随阶段,很多核心和关键设备仍然依赖进口。如果能够通过创新,提升资源产业的技术密集度,并带动相关的上下游产业共同发展,就可以有效提升资源产业的发展可持续性和全球竞争力。因此,国家应针对资源产业的特点,将一部分资源收益转换为创新基金,资助资源型企业的研发活动,不断提高其技术竞争力。

四、资源收益转换机制

由于资源出让收益具有可耗竭性和波动性,一旦资源开发进入枯竭期,这些收益渠道就会断裂,加之生态环境的恶化和产业结构的扭曲,极有可能使后代居民陷入返贫的困境,经济发展也会陷入衰退。因此,必须把资源出让收益的一部分转化为物质资本、人力资本等长期增长要素,以较低的资源代价和社会代价规避"资源诅咒"。中国的资源型城市与国外的资源型城市发展存在很大差异,在国外由于人口稀少,往往资源枯竭的时候,整个城市就会被荒废,但是中国的资源型城市仍然有较为庞大的人口,不可能采取国外的模式。因此,资源收益分享不能简单进行分钱,必须基于资源型城市的可持续发展视角,把资源收益的一部分转化为物质资本、人力资本等长期增长要素。

五、生态环境治理机制

根据目前的开采技术,资源开发必然带来生态环境的恶化,生态环境的破坏不仅使得开发地居民无法从事种植业,也会通过地下水污染和粉尘等渠道,直接影响开发地居民的身体健康。而且这种影响是长期的,很难评估短期的危害,因此资源企业往往以此为由,逃避责任,不愿承担其应尽的环境治理责任,导致资源开发地的生态环境一直处于恶化状态。开发地居民是生态环境恶化的直接承受者,根据"污染者付费原则",地方政府应把一部分资源收益转化为生态环境治理基金,并赋予农村集体一定的环境产权,让开发地居民在环境破坏中的主观价值损失得以有效弥补。

参 考 文 献

［英］奥蒂主编:《资源富足与经济发展》,张效廉译,首都经济贸易大学出版社 2006 年版。

艾洪德、徐明圣、郭凯:《我国区域金融发展与区域经济增长关系的实证分析》,《财经问题研究》2004 年第 7 期。

安虎森、殷广卫:《中部塌陷:现象及其内在机制推测》,《中南财经政法大学学报》2009 年第 1 期。

安锦、王建伟:《资源诅咒:测度修正与政策改进》,《中国人口·资源与环境》2015 年第 3 期。

［英］安格斯·麦迪森:《世界经济千年统计》,伍晓鹰等译,北京大学出版社 2009 年版。

白重恩:《抑制政企储蓄促进社会消费》,《经济参考报》2009 年 11 月 4 日。

白重恩、钱震杰:《国民收入的要素分配:统计数据背后的故事》,《经济研究》2009 年第 3 期。

白重恩、钱震杰:《劳动收入份额决定因素:来自中国省际面板数据的证据》,《世界经济》2010 年第 12 期。

白永秀、岳利萍:《资源共享机制初探》,《光明日报》2005 年 3 月 15 日。

蔡昉:《中国人口与劳动问题报告 No. 6》,社会科学文献出版社 2005 年版。

巢清尘、张永香、高翔:《巴黎协定——全球气候治理的新起点》,《气候变化研究进展》2016 年第 1 期。

陈祖海、雷朱家华、刘驰:《民族地区能源开发与经济增长效率研究——基于"资源诅咒"假说》,《中国人口·资源与环境》2015 年第 6 期。

丁菊红、邓可斌:《政府干预、自然资源与经济增长:基于中国地区层面的研究》,《中国工业经济》2007 年第 7 期。

董利红、严太华:《技术投入、对外开放程度与"资源诅咒":从中国省际面板数据看贸易条件》,《国际贸易问题》2015 年第 9 期。

[美]戴维·N.韦尔:《经济增长》,金志农等译,中国人民大学出版社 2007 年版。

方颖、纪衎、赵扬:《中国是否存在"资源诅咒"》,《世界经济》2011 年第 4 期。

冯宗宪、姜昕、王青:《中国省际层面"资源诅咒"问题的再检验》,《中国人口·资源与环境》2010 年第 10 期。

干春晖、郑若谷:《改革开放以来产业结构演进与生产率增长研究——对中国 1978～2007 年"结构红利假说"的检验》,《中国工业经济》2009 年第 2 期。

干春晖、郑若谷、余典范:《中国产业结构变迁对经济增长和波动的影响》,《经济研究》2011 年第 5 期。

何雄浪、姜泽林:《自然资源禀赋与经济增长:资源诅咒还是资源福音?——基于劳动力结构的一个理论与实证分析框架》,《财经研究》2016 年第 12 期。

胡援成、肖德勇:《经济发展门槛与自然资源诅咒——基于我国省际层面的面板数据实证研究》,《管理世界》2007 年第 4 期。

胡魁:《中国矿业年鉴》,地震出版社 2002 年版。

胡华:《资源诅咒命题在中国各区域成立吗？——基于省际面板数据的实证研究》,《云南财经大学学报》2012 年第 3 期。

景普秋:《基于矿产开发特殊性的收益分配机制研究》,《中国工业经济》2010 年第 9 期。

景普秋:《逃离"资源诅咒"正当时》,《中国社会科学报》2016 年 8 月 10 日。

靖学青:《自然资源开发与中国经济增长——"资源诅咒"假说的反证》,《经济问题》2012 年第 3 期。

江时学:《"荷兰病"与发展中国家的初级产品出口》,《世界经济》1994 年第 4 期。

库兹涅茨:《经济增长理论导论》,载莱卡希曼编:《国内外经济福利的国家政策》,转引自郭熙保主编:《经济发展:理论与政策》,中国社会科学出版社 2000 年版。

罗纳德·尤·门多萨、哈罗德·杰罗姆·麦克阿瑟、安妮·翁·洛佩斯、张波、胡晓晓:《诅咒还是福音？矿产资源收益管理策略综述》,《经济社会体制比较》2017 年第 2 期。

[美]W.W.罗斯托:《经济增长的阶段》,郭熙保等译,中国社会科学出版社 2001 年版。

[美]罗斯托:《管理策略综述》,《经济社会体制比较》2017 年第 2 期。

罗长远:《卡尔多"特征事实"再思考:对劳动收入占比的分析》,《世界经济》2008 年第 11 期。

刘海洋:《资源禀赋、干中学效应与经济增长》,《经济经纬》2008 年第

1 期。

刘伟、张辉:《中国经济增长中的产业结构变迁和技术进步》,《经济研究》2008 年第 11 期。

刘勇:《区域经济发展与地区主导产业》,商务印书馆 2006 年版。

吕铁:《制造业结构变化对生产率增长的影响研究》,《管理世界》2002 年第 2 期。

李少星、颜培霞:《自然资源禀赋与城市化水平关系的多尺度考察》,《中国人口·资源与环境》2007 年第 6 期。

李稻葵、刘霖林、王红领:《GDP 中劳动份额演变的 U 型规律》,《经济研究》2009 年第 1 期。

林毅夫等:《欠发达地区资源开发补偿机制若干问题的思考》,科学出版社 2009 年版。

马建英:《美国的气候治理政策及其困境》,《美国研究》2013 年第 4 期。

马宇、程道金:《"资源福音"还是"资源诅咒"——基于门槛面板模型的实证研究》,《财贸研究》2017 年第 1 期。

梅冠群:《中国经济增长中"资源诅咒"的短期存在性识别研究》,《南京社会科学》2016 年第 8 期。

梅丹、周松:《中国城市金融发展与经济增长关系的实证研究:1990—2005》,《经济地理》2008 年第 1 期。

[英]马尔萨斯:《政治经济学原理》,商务印书馆 1962 年版。

彭爽、张晓东:《"资源诅咒"传导机制:腐败与地方政府治理》,《经济评论》2015 年第 5 期。

秦志琴、郭文炯:《区域空间结构的"资源诅咒"效应分析——基于山西的实证》,《中国人口·资源与环境》2016 年第 9 期。

钱纳里、鲁宾逊、赛尔奎因:《工业化和经济增长的比较研究》,上海三联书店 1989 年版。

邵帅、齐中英:《西部地区的能源开发与经济增长——基于"资源诅咒"假说的实证分析》,《经济研究》2008 年第 4 期。

邵帅、杨莉莉:《自然资源丰裕、资源产业依赖与中国区域经济增长》,《管理世界》2010 年第 9 期。

邵帅、杨莉莉:《自然资源开发、内生技术进步与区域经济增长》,《经济研究》2011 年第 S2 期。

生态环境部:《中国应对气候变化的政策与行动 2019 年度报告》,2019 年 11 月。

孙永平、邹欣:《构建立体式资源收益管理机制》,《中国社会科学报》2017 年 6 月 14 日。

孙永平、张平、叶初升:《资源收益、创新要素与创新能力》,《南京社会科学》2016 年第 11 期。

孙永平、徐恒宇、汪博:《资源开发对要素收入分配的影响研究》,《经济评论》2016 年第 4 期。

孙永平:《关注开发地居民利益　公平分配资源收益》,《中国社会科学报》2014 年 11 月 24 日。

孙永平、方晋:《"资源诅咒"悖论之辩》,《湖北经济学院学报》2014 年第 6 期。

孙永平、叶初升:《自然资源丰裕与产业结构扭曲:影响机制与多维测度》,《南京社会科学》2012 年第 6 期。

孙永平:《资源约束与经济增长:数理模型与历史事实》,《湖北经济学院学报》2012 年第 3 期。

孙永平、叶初升:《资源型城市经济增长——资源的"诅咒"还是距离的"暴政"》,《经济经纬》2012 年第 2 期。

孙永平、叶初升:《资源依赖、地理区位与城市经济增长》,《当代经济科学》2011 年第 1 期。

王琼、孙永平:《湖北资源枯竭型城市产业困境形成机理及转型分析》,《江汉论坛》2010 年第 8 期。

孙永平、赵锐:《"资源诅咒"悖论国外实证研究的最新进展及其争论》,《经济评论》2010 年第 3 期。

孙大超、司明:《自然资源丰裕度与中国区域经济增长——对"资源诅咒"假说的质疑》,《中南财经政法大学学报》2012 年第 1 期。

世界银行、国家民族事务委员会项目课题组:《中国少数民族地区自然资源开发社区受益机制研究》,中央民族大学出版社 2009 年版。

沈燕:《社会保障对人力资本及其经济增长的影响——基于中国 1989—2008 年的数据》,《社会保障研究》2012 年第 4 期。

宋冬林、汤吉军:《沉淀成本与资源型城市转型分析》,《中国工业经济》2004 年第 6 期。

舒尔茨:《穷人的经济学》,载王宏昌等编译:《诺贝尔经济学奖金获得者演讲集 1978—2007》,中国社会科学出版社 2008 年版。

[日]速水佑次郎:《发展经济学——从贫困到富裕》,社会科学文献出版社 2003 年版。

王柏杰、郭鑫:《地方政府行为、"资源诅咒"与产业结构失衡——来自 43 个资源型地级市调查数据的证据》,《山西财经大学学报》2017 年第 6 期。

万建香、汪寿阳:《社会资本与技术创新能否打破"资源诅咒"?——基于面板门槛效应的研究》,《经济研究》2016 年第 12 期。

王元:《重视单一产业性城市的可持续发展》,《人民日报》2000 年 1 月 11 日。

文礼朋、郭熙保:《初级产品出口导向发展理论述评——自然资源丰富的中小国家的经济发展思路》,《国外社会科学》2008 年第 1 期。

万广华:《收入分配的度量与分解:一个对于研究方法的评介》,《世界经济文汇》2004 年第 1 期。

王承武、蒲春玲:《新疆能源矿产资源开发利益共享机制研究》,《经济地理》2011 年第 7 期。

王青云:《资源型城市经济转型研究》,中国经济出版社 2003 年版。

王维、周睿:《美国气候政策的演进及其析因》,《国际观察》2010 年第 5 期。

薛雅伟、张在旭、李宏勋、栾俊毓:《资源产业空间集聚与区域经济增长:"资源诅咒"效应实证》,《中国人口·资源与环境》2016 年第 8 期。

徐康宁、王剑:《自然资源丰裕程度与经济发展水平关系的研究》,《经济研究》2006 年第 1 期。

邢天添:《西部地区资源开发补偿机制优化研究》,《中央财经大学学报》2011 年第 1 期。

于立宏:《可耗竭资源与经济增长:理论进展》,《浙江社会科学》2007 年第 5 期。

张复明、景普秋:《资源型经济的形成:自强机制与个案研究》,《中国社会科学》2008 年第 5 期。

张复明:《资源型区域面临的发展难题及其破解思路》,《中国软科学》2011 年第 6 期。

张贡生:《"资源诅咒"论:一个值得商榷的命题》,《财贸研究》2008 年第 6 期。

张军、陈诗一、Jefferson:《结构改革与中国工业增长》,《经济研究》2009 年第 7 期。

张在旭、薛雅伟、郝增亮、马颖:《中国油气资源城市"资源诅咒"效应实证》,《中国人口·资源与环境》2015 年第 10 期。

战炤磊:《资源禀赋型产业全要素生产率变化:优势还是诅咒?》,《产业经济研究》2014 年第 6 期。

周询、周力、王海涛:《资源禀赋与城商行跨区域经营——基于金融业数据的"资源诅咒"假说检验》,《上海经济研究》2015 年第 9 期。

赵曦、丁如曦:《资源诅咒与中国西部民族地区资源开发机制设计》,《西南民族大学学报(人文社会科学版)》2014 年第 12 期。

赵宇空:《中国矿业城市:持续发展与结构调整》,吉林科学技术出版社 1995 年版。

邹骥等:《论全球气候治理——构建人类发展路径创新的国际体制》,中国计划出版社 2015 年版。

Acosta, Pablo A., E. K. K. Lartey & F. S. Mandelman, "Remittances and the Dutch Disease", *Journal of International Economics*, Vol.79, 2009(No.1).

Adrian Wood & Kersti Berge, "Exporting Manufactures: Human Resources, Natural Resources, and Trade Policy", *The Journal of Development Studies*, Vol.34, 1997(No.1).

Aghion, P. & P. Howitt, "A Model of Growth through Creative Destruction", *Econometrica*, Vol.60, 1992(No.2).

Alan Heston, Robert Summers & Bettina Aten, *Penn World Table Version* 6.3, Center for International Comparisons of Production, Income and Prices at the University of Pennsylvania, 2009.

Amin, Samir, *Unequal Development: An Essay on the Social Formations of Peripheral Capitalism*, New York: Monthly Review Press, 1976.

Andersen, Jørgen Juel, Silje Aslaksen, "Constitutions and The Resource Curse", *Journal of Development Economics*, 2008.

Arezki, Rabah & V. D. P. Rick, "Can the Natural Resource Curse Be Turned Into a Blessing? The Role of Trade Policies and Institutions", Oxcarre Working Papers, Vol.7, 2008(No.55).

Auty, R.M., *Sustaining Development in Mineral Economies: The Resource Curse Thesis*, London: Rout ledge, 1993.

Auty, Richard M. & A. H. Gelb, "Political Economy of Resource-Abundant States", *Resource Abundance & Economic Development*, 2001.

Auty R., *Resource Abundance and Economic Development*, Oxford: Oxford University Press, 2001.

Badeeb, Ramez Abubakr, H.H.Lean & J.Clark, "The Evolution of the Natural Resource Curse Thesis: A Critical Literature Survey", *Resources Policy*, Vol. 51, 2017.

Balassa, B., *The Process of Industrial Development and Alternative Development Strategies*, Princeton University, International Finance Section, Essays in International Finance, 1980(No.141).

Baldwin, R.E., *Economic Development and Export Growth: A Study of Northern Rodhesia* 1920-1960, Berkeley: University of California Press, 1966.

Balázs Égert & Carol S.Leonard, "Dutch Disease Scare in Kazakhstan: Is It Real?", *Open Economies Review*, Vol.19, 2008(No.2).

Barder, Owen, "A Policymakers' Guide to Dutch Disease", Center for Global Development, *Working Papers*, Vol.22, 2006(No.1).

Behzadan, Nazanin, R.Chisik, H.Onder & B.Battaile, "Does Inequality Drive the Dutch Disease? Theory and Evidence", *Journal of International Economics*, Vol.106, 2017.

Beine, Michel, C.S.Bos & S.Coulombe., "Does the Canadian Economy Suffer from Dutch Disease?", *Resource & Energy Economics*, Vol.34, 2012(No.4).

Bjørnland, H. C. & L. A. Thorsrud, "Boom or Gloom? Examining the Dutch Disease in Two-speed Economies", *The Economic Journal*, Vol.20, 2014(No.35).

Bhattacharyya, S.& Roland Hodler, "Natural Resources, Democracy and Corruption", *European Economic Review*, Vol.54, 2010(No.4).

Birdsall, N., T. Pinckney & R. Sabot, "Natural resources, Human Capital, and Growth", *In Resource Abundance and Economic Development*, R. M. Auty, Oxford: Oxford University Press, 2001.

Billon, P. L., "The Political Ecology of War: Natural Resources and Armed Conflicts", *Political Geography*, Vol.20, 2001(No.5).

Bounlouane Douangngeune, Yujiro Hayami, Yoshihisa Godo, "Education and Natural Resources in Economic Development: Thail and Compared with Japan and Korea", *Journal of Asian Economics*, Vol.16, 2005.

Borge, Lars Erik, P. Parmer & R. Torvik, "Local Natural Resource Curse?", *Journal of Public Economic*, Vol.131, 2015.

Bravo-Ortega, C.& J.D.Gregorio, *The Relative Richness of the Poor? Natural Resources, Human Capital and Economic Growth*, The World Bank Policy Research Working Papers Series, 2005(No.3484).

Brander & Taylor, "The Simple Economics of Easter Island: A Ricardo-Malthus Model of Renewable Resource Use", *The American Economic Review*, Vol.88, 1998(No.1).

Breisinger, Clemens & J.Thurlow, "Asian-driven Resource Booms in Africa: Rethinking the Impacts on Development", Ifpri Discussion Papers, 2008.

Bretschger, L.& S.Smulders, "Sustainability and Substitution of Exhaustible Natural Resources How Structural Change Affects Long-term R&D-investments",

Journal of Economic Dynamics & Control, Vol.36, 2012(No.4).

Bruno, Michael & J. Sachs, "Energy and Resource Allocation: A Dynamic Model of the 'Dutch Disease'", *Review of Economic Studies*, Vol.49, 1982(No.5).

Brunnschweiler, Christa N.& Erwin H.Bulte, "Natural Resources and Violent Conflict: Resource Abundance, Dependence, and The Onset of Civil Wars", *Oxford Economic Papers*, Vol.61, 2009(No.4).

Brunnschweiler Christa N., "Cursing the Blessings? Natural Resource Abundance, Institutions, and Economic Growth", *World Development*, Vol.36, 2008(No.3).

Bulte, E.H., R.Damania & R.T.Deacon, "Resource Intensity, Institutions, and Development", *World Development*, Vol.33, 2005(No.7).

Bulte, Erwin & Christa Brunnschweiler, "The On-going Debate on Natural Resources and Development", *VoxEU*, 2012(No.28).

Buccellato, T.& M.Alessandrini, "Natural Resources: A Blessing or a Curse? The Role of Inequality", SOAS Working Paper, 2009(No.98).

Caselli, Francesco & Tom Cunningham, "Leader Behavior and The Natural Resource Curse", *Oxford Economic Papers*, Vol.61, 2009.

Cavalcanti, T., K.Mohaddes & M.Raissi Growth, "Development and Natural Resources: New Evidence Using a Heterogeneous Panel Analysis", *The Quarterly Review of Economics and Finance*, Vol.51, 2011(No.946).

Cheng, K.Y.& P.Lin, "Spillover Effects of FDI on Innovation in China: Evidence from the Provincial Data", *China Economic Review*, Vol.15, 2004(No.1).

Cott Pegg, "Is There a Dutch Disease in Botswana?", *Resources Policy*, Vol. 35, 2010.

Collier, P. & B. Goderis, "Commodity Prices, Growth, and The Natural Resource Curse: Reconciling a Conundrum", OxCarre Research Paper, 2008.

Collier, P. & A. Hoeffler, "Testing the Neocon Agenda: Democracy in Resource-rich Societies", *European Economic Review*, Vol.53, 2009(No.3).

Collier, P.& A.Hoeffler, "Resource Rents, Governance and Conflict", *Journal of Conflict Resolution*, Vol.49, 2005(No.4).

Corden, W.M.& J.P.Neary, "Booming Sector and De-Industrialisation in a Small Open Economy", *The Economic Journal*, Vol.92, 1982(No.368).

Corden, W.M., "Booming Sector and Dutch Disease Economics: Survey and Consolidation", *Oxford Economic Papers*, Vol.36, 1984(No.3).

Cockx, Lara, N.Francken, "Natural Resources: A Curse on Education Spending?", *Energy Policy*, Vol.92, 2016.

Davis, G.A.& J.E.Tilton, "The Resource Curse", *Natural Resources Forum*, Vol.29, 2005(No.3).

Drake, P.J., "Resources versus Foreign Borrowing in Economic Development", *The Economic Journal*, Vol.82, 1972.

de Soysa, Indra & Eric Neumayer, "Resource Wealth and The Risk of Civil War Onset: Results from a New Dataset of Natural Resource Rents, 1970-1999", *Conflict Management and Peace Science*, Vol.24, 2007(No.3).

Démurger, Sylvie, "Infrastructure Development and Economic Growth: An Explanation for Regional Disparities in China?", *Journal of Comparative Economics*, Vol.29, 2001(No.1).

Dunning, Thad, *Crude Democracy: Natural Resource Wealth and Political Regimes*, New York: Cambridge University Press, 2008.

Doraisami, Anita, "Has Malasyia Really Escaped the Resources Curse? A Closer look at the Political Economy of Oil Revenue Management and Expenditures", *Resources Policy*, Vol.45, 2015.

Dixit, Avinash K.& R.S.Pindyck, *Investment Under Uncertainty*, Princeton University Press, 1994.

Erwin H.Bulte, Richard Damania, Robert T.Deacon, "Resource Intensity, Institutions, and Development", *World Development*, Vol.33, 2005(No.7).

Esfahani, Hadi Salehi & Mohaddes, Kamiar & Pesaran, M.Hashem, "Oil Exports and the Iranian Economy", *The Quarterly Review of Economics and Finance*, Vol.53, 2013(No.3).

Emmanuel K.K.Lartey, "Capital Inflows, Dutch Disease Effects, and Monetary Policy in a Small Open Economy", *Review of International Economics*, Vol.16, 2008 (No.5).

Fagerberg, J. , D.C.Mowery & B.Verspagen, *Innovation, Path Dependency, and Policy*, Oxford: Oxford University Press, 2009.

Farhadi, Minoo, M. R. Islam & S. Moslehi, "Economic Freedom and Productivity Growth in Resource - rich Economies", World Development, Vol. 72, 2015.

Falkinger, Josef & V. Grossmann, "Distribution of Natural Resources, Entrepreneurship, and Economic Development: Growth Dynamics with Two Elites", IZA Discussion Papers, 2005(No.1756).

Fum, R.M.& H.Roland, "Natural Resources and Income Inequality: The role of Ethnic Divisions", *Economics Letters*, Vol.107, 2010(No.3).

Fuchslocher C.T. , "Understanding the Development of Technology - intensive Suppliers in Resource - based Developing Economies", *Research Policy*, Vol.39, 2010(No.2).

Gelb, A. H. & Associates, *Windfall Gains: Blessing or Curse?*, New York: Oxford University Press, 1988.

Geoffrey, B., *The Tyranny of Distance: How Distance Shaped Australia's History*, Melbourne: Sun Books, 1966.

Goderis, B.& W.Malone, *Natural Resource Booms and Inequality: Theory and Evidence*, CSAE Working Paper Series 11, 2008.

Growitsch, C., H. Hecking & T. Panke, "Supply Disruptions and Regional Price Effects in a Spatial Oligopoly: An Application to the Global Gas Market", *Review of International Economics*, Vol.22, 2014(No.5).

Grabher, G., *The Weakness of Strong Ties: The Lock - in of Regional Development in the Ruhr Area*, in Grabher (ed.), *The Embedded Firm: on the Socio-economics of Industrial Networks*, London and New York: Routledge, 1993.

Goodman, James & David Worth, "The Minerals Boom and Australia's Resource Curse", *Journal of Australian Political Economy*, Vol.61, 2008(No.6).

Gylfason, Thorvaldur, T. T. Herbertsson & G. Zoega, "A Mixed Blessing: Natural Resources and Economic Growth", *Macroeconomic Dynamics*, Vol.3, 1999 (No.2).

Gylfason, T., "Natural Resources, Education, and Economic Development", *European Economic Review*, Vol.45, 2001(No.4-6).

Gylfason, T., "Lessons from the Dutch Disease: Causes, Treatment, and Cures Development", Institute of Economic Studies Working Paper, 2001.

Gylfason, T.& G.Zoega, "Natural Resources and Economic Growth: The Role of Investment", *World Economy*, Vol.29, 2006(No.8).

Gylfason, T.& G.Zoega, "Inequality and Growth: Do Natural Resources Matter?", CESifo Working Paper, Vol.712, 2003(No.5).

Harris, C.D., "A Functional Classification of Cities in the United Stages", *Geographical Review*, Vol.33, 1943(No.1).

Hailu, Degol & C. Kipgen, "The Extractives Dependence Index (EDI)", *Resources Policy*, Vol.51, 2017.

Hall, R.E. & C.I. Jones, "Why do Some Countries Produce So Much More Output Per Worker than Others", *Quarterly Journal of Economics*, Vol.114, 1999(No.1).

Hausmann, R. & R. Rigobon, "An Alternative Interpretation of the Resource Curse: Theory and Policy Implications", NBER Working Paper, 2003(No.9424).

Herb, Michael, "No Representation without Taxation? Rents, Development, and Democracy", *Comparative Politics*, Vol.37, 2005.

Herbertsson, Skuladottir & Zoega, "Three Symptoms and A Cure: A Contribution To The Economics Of The Dutch Disease", CEPR Discussion Papers, 2000 (No.2364).

Hersh, A. & C. Weller, "Dose Manufacturing Matter?", *Challenge*, Vol. 46, 2003(No.46).

Heinz Welsch, "Resource Abundance and Internal Armed Conflict: Types of Natural Resources and The Incidence of 'New Wars'", *Ecological Economics*, Vol. 67, 2008.

Hirschman, A.O., *The Strategy of Economic Development*, New Haven CT: Yale University Press, 1958.

Hjort, Jonas, "Citizen Funds and Dutch Disease in Developing Countries", *Resource Policy*, Vol.31, 2006.

Horváth, Roman & A. Zeynalov, "Natural Resources, Manufacturing and Institutions in Post-Soviet Countries", *Resources Policy*, Vol.50, 2016.

Hu, A.G., G.H. Jefferson, "FDI Impact and Spillover: Evidence from China's Electronic and Textile Industries", *The World Economy*, Vol.25, 2002(No.8).

Huppmann, D. & F. Holz, "Crude Oil Market Power: A Shift in Recent

Years?", *Energy Journal*, Vol.33, 2012(No.4).

James, Alexander, "The Resource Curse: A Statistical Mirage?", *Journal of Development Economics*, Vol.114, 2015(No.3).

James, Alexander, "Natural Resources and Education Outcomes in the United States", *Resource and Energy Economics*, Vol.49, 2017.

Joya, Omar, "Growth and Volatility in Resource-rich Countries: Does Diversification Help?", *Structural Change & Economic Dynamics*, Vol.35, 2015.

Kim, Tschangho John & G.Knaap, "The Spatial Dispersion of Economic Activities and Development Trends in China: 1952-1985", *The Annals of Regional Science*, Vol.35, 2001(No.1).

Karl, Terry Lynn, *The Paradox of Plenty*, California: University of California Press, 1997.

Krueger, Anne O. Growth, "Distortions and Patterns of Trade Among Many Countries", *Journal of International Economics*, Vol.10, 1980(No.1).

Kolstad, I.& A.Wiig, "It's the Rents, Stupid! The Political Economy of the Resource Curse", *Energy Policy*, Vol.37, 2009(No.12).

Leamer, E.E., H.Maul, S.Rodriguez & P.K.Schott, "Does Natural Resource Abundance Increase Latin American Income Inequality?", *Journal of Development Economics*, Vol.59, 1999(No.1).

López-Feldman, J.Mora & J.Taylor, "Does Natural Resource Extraction Mitigate Poverty and Inequality? Evidence from Rural Mexico", *Environment and Development Economics*, Vol.12, 2007(No.2).

Matsuyama, K., "Increasing Returns, Industrialization, and Indeterminacy of Equilibrium", *Quarterly Journal of Economics*, Vol.106, 1992(No.2).

Mehlum, H., K.Moene & R.Torvik, "Institutions and the Resource Curse",

The Economic Journal, Vol.116, 2006(No.508).

Mikesell, R., "Explaining the Resource Curse, with Special Reference to Mineral -Exporting Countries", *Resources Policy*, Vol.23, 1997(No.4).

María, Dolores Guilló, Fidel Perez-Sebastian, "Neoclassical Growth and the Natural Resource Curse Puzzle", *Journal of International Economics*, Vol.97, 2015 (No.2).

Miller, Rebecca, "Natural Resource Extraction and Political Trust", *Resources Policy*, Vol.45, 2015.

Moradbeigi, Maryam & S. H. Law, "Growth Volatility and Resource Curse: Does Financial Development Dampen the Oil Shocks?", *Resources Policy*, Vol. 48, 2016.

Murphy, Kevin M., A.Shleifer & R. W. Vishny, "Industrialization and the Big Push", *Journal of Political Economy*, Vol.97, 1989(No.5).

North, Douglass C., "Institutions", *Journal of Economic Perspectives*, Vol.5, 1991(No.1).

Nurkse, R., *Problems of Capital Formation in Under-developed Countries*, New York: Oxford University Press, 1953.

Olsson, Ola, "Conflict Diamonds", *Journal of Development Economics*, Vol.82, 2007(No.2).

Ortega, B., J. D. Gregorio, "The Relative Richness of the Poor? Natural Resources, Human Capital and Economic Growth", Central Bank of Chile Working Papers, 2005.

Ouoba, Youmanli, "Natural Resources: Funds and Economic Performance of Resource-rich Countries", *Resources Policy*, Vol.50, 2016.

Papyrakis E. & R. Gerlagh, "Resource Abundance and Economic Growth in the United States", *European Economic Review*, Vol.51, 2007(No.4).

Paldam M., "Dutch Disease and Rent Seeking: The Limits to Growth Revisited", *Brookings Papers on Economic Activity*, Vol.2, 1997.

Parcero, Osiris J. & E. Papyrakis, "Income Inequality and the Oil Resource Curse", *Resource & Energy Economics*, Vol.45, 2016.

Parlee, Brenda L., "Avoiding the Resource Curse: Indigenous Communities and Canada's Oil Sands", *World Development*, Vol.45, 2015.

Pegg, Cott, "Is there a Dutch Disease in Botswana?", *Resources Policy*, Vol.35, 2010(No.3).

Peretto, P.F. & S. Valente, "Resources, Innovation and Growth in the Global Economy", *Journal of Monetary Economics*, Vol.58, 2011(No.4).

Prebisch, Raul, *The Economic Development of Latin America and Its Principal Problems*, New York: United Nations.

Popovich, Nadja, Albeck - Ripka, Livia Pierre - Louis, Kendra, "The Trump Administration Rolled Back More Than 100 Environmental Rules. Here's the Full List", *The New York Times*, June 2, 2019.

Rahmati, Mohammad H. & A. Karimirad, "Subsidy and Natural Resource Curse: Evidence from Plant Level Observations in Iran", *Resources Policy*, Vol.52, 2017.

Rajan, Raghuram G. & A. Subramanian, "Aid, Dutch Disease, and Manufacturing Growth", *Journal of Development Economics*, 2010.

Ross, Michael L., "How Do Natural Resources Influence Civil War? Evidence from Thirteen Cases", *International Organization*, Vol.58, 2004(No.1).

Ross, M., "How Can Mineral Rich States Reduce Inequality?", In *Escaping the Resource Curse*, J.D.Sachs, J.E.Stiglitz & M.Humphreys, New York: Columbia

University Press, 2007.

Rostow, W., *The Stages of Economic Growth*, Cambridge: Cambridge University Press, 1960.

Robinson, James A., R.Torvik & T.Verdier, "The Political Economy of Public Income Volatility: With an Application to the Resource Curse", *Journal of Public Economics*, Vol.145, 2017.

Sachs & Warner, "Natural Resource Abundance and Economic Growth", NBER Working Paper, 1995(No.5398).

Sachs & Warner, "The Big Push, Natural Resource Booms and Growth", *Journal of Development Economics*, Vol.59, 1999(No.1).

Sachs & Warner, "The Curse of Natural Resources", *European Economic Review*, Vol.45, 2001.

Stephen Haber, Victor Menaldo, "Do Natural Resources Fuel Authoritarianism? A Reappraisal of the Resource Curse", *American Political Science Review*, Vol.105, 2011(No.1).

Stijns, Jean Philippes, "Natural Resource Abundance and Human Capital Accumulation", *World Development*, Vol.34, 2006(No.6).

Seers, D., "The Mechanism of an Open Petroleum Economy", *Social and Economic Studies*, Vol.13, 1964(No.2).

Sæther, B., A.Isaksen & A.Karlsen, "Innovation by Co-evolution in Natural Resource Industries: The Norwegian Experience", *Geoforum*, Vol.42, 2011(No.3).

Song, Malin, J.Wang & J.Zhao, "Coal Endowment, Resource Curse, and High Coal-consuming Industries Location: Analysis Based on Large-scale Data", *Resources Conservation & Recycling*, 2016.

Siakwah, Pius, "Are Natural Resource Windfalls a Blessing or a Curse in

Democratic Settings? Globalised Assemblages and the Problematic Impacts of Oil on Ghana's Development", *Resources Policy*, Vol.52, 2017.

Sovacool, Benjamin K., et al., "Energy Governance, Transnational Rules, and the Resource Curse: Exploring the Effectiveness of the Extractive Industries Transparency Initiative (EITI)", *World Development*, Vol.83, 2016.

Taylor, L., *Structuralist Macroeconomics: Applicable Models for the Third World*, New York: Basic Books Publishers, 1983.

The White House, " FACT SHEET: President Biden Takes Executive Actions to Tackle the Climate Crisis at Home and Abroad, Create Jobs, and Restore Scientific Integrity Across Federal Government", 2021.

Tornell, P.& A.Lane, "The Voracity Effect", *American Economic Review*, Vol. 89, 1999(No.1).

Truby, J.& M.Paulus, "Market Structure Scenarios in International Steam Coal Trade", *The Energy Journal*, Vol.33, 2012(No.3).

United Nations Environment Programme, *Emissions Gao Report 2019*, 2019.

United Nations Environment Programme, *Emissions Gao Report 2020*, 2020.

Vaz, Paulo Henrique, "Discovery of Natural Resources: A Class of General Equilibrium Models", *Energy Economics*, Vol.61, 2017.

Wallerstein, I., *The Modern World−System, Vol.I: Capitalist Agriculture and the Origins of the European World−Economy in the Sixteenth Century*, New York: Academic Press, 1974.

Welsch, H., "Resource Abundance and Internal Armed Conflict: Types of Natural Resources and the Incidence of New Wars", *Ecological Economics*, Vol.67, 2008(No.3).

Wick, Katharina & E.H.Bulte, " Contesting Resources−rent Seeking, Conflict and the Natural Resource Curse", *Public Choice*, Vol.128, 2006(No.3).

Woolcock, Michael, Lant Pritchett & Jonathan Isham, "*The Social Foundations of Poor Economic Growth in Resource - rich Economies*", in R. M. Auty (ed.) Resource Abundance and Economic Development, 2001, New York: Oxford University Press.

Wright, Gavin, "The Origins of American Industrial Success, 1879–1940", *American Economic Review*, Vol.80, 1990(No.4).

Wright, Gavin, *Resource Based Growth, Then and Now*, Stanford University/World Bank, Washington, D.C., 2001.

Wigley, S., "The resource curse and child mortality, 1961–2011", *Social Science & Medicine*, Vol.176, 2017.

图 表 索 引